——— 经济学名著译丛 ———

生存之路

〔美〕威廉·福格特　著
贾文娟　译

Road to Survival

William Vogt

ROAD TO SURVIVAL

本书根据 William Sloane Associates 出版社 1948 年版译出

目　　录

序言 …………………… 伯纳德·曼恩斯·巴鲁克　1
自序 ………………………………………………… 4
第一章　土地的回应 ……………………………… 11
第二章　能量——从土地到人 …………………… 26
第三章　人类的观念 ……………………………… 54
第四章　工业人——美妙的幻想 ………………… 66
第五章　知地善用 ………………………………… 89
第六章　长刀 ……………………………………… 119
第七章　边缘土地 ………………………………… 158
第八章　人口增长与战争爆发 …………………… 197
第九章　人与地理 ………………………………… 216
第十章　奄奄一息的土地 ………………………… 240
第十一章　时不我待 ……………………………… 261
第十二章　我们的未来 …………………………… 280

参考文献 …………………………………………… 285
索引 ………………………………………………… 295

序　　言

　　现代战争成本与和平时期的生活支出急剧上升致使我们负债累累，整个经济体系都已受到威胁。我们的债务包括国家债务、州级债务和市政债务，还有对退伍军人的法律义务和政府不断增加的必须为各类社会福利所承担的责任。我们真正的财富不是政府印制的钞票，而是来自于大地，这些财富，如矿物、粮食、木材、水和野生动物，总量都是有限的。对地表的破坏，以及对土地提供的产品的大肆浪费，深刻影响着每个人的当下与未来。

　　地球上的资源极为丰富，这让我们相信资源用之不竭。但正如本书指出的，如今全球大部分地区都面临"资源资本"严重枯竭的现状；不止一个国家已经破产。过去，这种破产葬送了许多文明；如果不改变生产生活方式，厄运将再次降临。

　　人类对土地的滥用和破坏导致大部分土地生产力急剧下降：以前一个工时的劳动可以生产的东西，现在需要十个、五十个甚至一百个工时。远东和波多黎各的农用地、费尽周折才能搜刮到零星锯木的森林、美国东南部地区许多肥力耗尽的弃耕地都是例证。有人幽默但也不失准确地说，在美国过度放牧的一些西部牧场，牛必须跑得非常快、非常远才能找到足够的食物，这种奔波让它们疲惫不堪；土地滥用影响了牛的工时。

我们身陷上述种种困境的主要原因之一是，有史以来我们很少将人看做环境的一部分。医学界花了两千多年的时间才明白，医生必须治愈的不是某个病变器官，甚至不是某种疾病，而是**病人**本身。我们现在才开始理解，仅改善政治和经济制度是不够的；人类必须与**整个环境**建立健全、健康的关系，这不仅关乎人类生存，也关系到人类是否能够提升生活水平，是否每个人都将拥有充分的机会施展才能。对我们来说，当务之急就是要与地球建立良好的生物物理关系。

无论是否顺从民意，各国商界领袖、著名学者和政府领导都会深刻影响我们当下的命运，他们的决定、决策也为我们的明天指明了方向，所以他们必须理解：人类离不开环境，而且环境中的各种关系极其复杂且始终处于动态变化中。可惜他们和其他人一样，似乎看不到在人类协助造就的这个世界中，人应该占据怎样的关键地位。我希望他们能够阅读本书，并认真思考书中对人类在世界中的处境所做的分析。

《生存之路》一书所精心挑选的实例大多来自作者丰富的亲身经历，我认为从这个角度讲，它具有首创性，它要告诉我们，作为整体环境的一部分，世界各地的人们在如何对待环境，而环境又在如何影响人类。它不是枯燥无味的研究，它关系到我们的生存基础，关系到我们 20 多亿男女老少的衣食住行，关系到我们是否能拥有和平的当下和未来。

和任何一本科学著作一样，《生存之路》回答了一些问题，但提出了更多问题。尽管我并不赞成福格特先生的所有结论，但我相信在这一历史动荡时期，《生存之路》这部著作不仅值得，同时也需要我们给予认真思考与评估。

伯纳德·曼恩斯·巴鲁克

自　　序

　　我们生活的这个时代，变化之大、震荡之猛，前所未有。今天我们认为的事实到了明天可能就会发现是一种错觉。许多我们生活中深信不疑的真理在新的参照系里却变成了不得不接受的谬见、幻觉。或许我们会发现，根据环境变化适时做出调整并不容易，但现代世界的确在不断重塑着我们的参照系。甚至就在这本书写作和出版所需的很短时间内，一些最富戏剧色彩、最具影响力的不祥活动（包括广岛原子弹事件）也登上了历史舞台。

　　要生存就必须接受变化，必须调整我们的生活以适应变化。这就要求我们主动寻求秩序，也就是在表面混乱不堪的现象中寻找法则。我们对这些法则的理解也在改变，但可以肯定的是，即使是原子裂变引起的连锁反应也存在法则。"因""果"的相互作用是有秩序，有规则的。理解了它们的关系，才能有准备地驾驭它，或至少可以适应它。

　　写这本书就是想阐明人与环境的某些关系，我们今天面临的诸多困惑与困境都和这些关系密不可分。它们必然对人类的未来造成巨大影响，无视其存在，人类文明只能走向覆灭。

　　很多现象本身并不是坏事。如果人类能适应它，与之和谐共存（人类完全可以做到），就能较轻松或确定地摆脱我们面临的千头万绪的问题。没有简单易行的方案，但生态方案却是必不可少的方案之一。

阅读本书的每一位读者都应该和我在写作本书的过程中越来越坚信的那样，为我们身为美国人而深感幸运。我希望更多人可以有这样的感受，同时也希望更多人能深刻领会到，我们不仅有责任在自己的国家做一名有担当的公民，也有责任在全球大家庭中扮演好这样的角色。我们没有善待自己的国家，如果没有得天独厚的物产，铺张浪费、滥用土地的习惯不可能使我们继续享有富裕的生活。当前我们剩余的财富仍有不少，在节俭物力，审慎使用的同时，也必须从道德和自我保护的角度出发，用我们的资源来帮助物产匮乏的民族。但在向他国伸出援手时，必须要有理性的头脑，而不能像著名记者林肯·斯蒂芬斯（Lincoln Steffens）所说的"用屁股"思考问题。

一些读者可能会发现，书中个别章节提出了可能会引起一些人反感的强烈批评。我曾写过有关拉丁美洲国家的调查报告，这些文字让我的拉丁美洲朋友十分震惊，但他们看到我是在努力涂上合适的颜色以如实反映当地现实。我希望本书读者也能有这样的理解。如果一个人因患肺结核而脸部发红，却非要自称这是健康人的红光满面，那对任何人来说都是没有好处的。另外，进步暗含批评批判，要进步就必须重新评估，如此才会有发展创造。科学尤其要靠自由批判的轴承向前滚动。环境保护，作为一门应用科学，只有通过持续不断的批判和纠正过去的错误才能有所进步。

本书引用了各种各样的材料，涉及方方面面的内容，难以逐一列出。我曾和加拿大马尼托巴省的猎捕者、南美洲巴塔哥尼亚高原上的牧羊人谈过话,也曾和很多科学家、劳工领导人、渔民、船长、农场主、农夫、百万富翁、总统、内阁大臣、外交家、新闻记者、木材商、工程师等有过交流。我从他们很多人身上获益良多;另外,我阅读过的大量著作和论文为本书提供了丰富的背景知识。

我对各洲情况的介绍并不完整,也不具有最终结论性,没有人能做到这一点。书中难免有疏漏,我希望读者可以将它们放置于本书的整体论题和内容下予以衡量,而不致苛责。必须强调的是,书中的观点都属于我的个人见解,不代表和我有关的任何组织的观点。

非常感谢金融家、政治顾问伯纳德·巴鲁克(Bernard M. Baruch)先生为本书作序,很早以前我便发现,他对生态问题的理解远在其他政府领导人之上。

感谢以下出版商和作者同意我从他们享有版权的作品中引用图表或大段文字:

卡斯特罗博士(Rodolfo Barón Castro),我从他1942年出版的《萨尔瓦多的人口》(*La Población de El Salvador*)一书中引用了人口数据。

设在华盛顿的布鲁金斯学会,我引用了莫尔顿博士(Harold G. Moulton)《资本的形成》(*The Formation of Capital*)一书中的部分内容。

双日出版社(Doubleday and Company),我摘用了韦兰特博士(George C. Vaillant)《墨西哥的阿兹特克人》(*Aztecs of Mexico*)和怀特(R. O. Whyte)与杰克斯(G.V. Jacks)合著的《消失的土地》(*Vanishing Lands*)中的部分文字。

斯坦福大学食品研究所的勃兰特博士（Karl Brandt），我引用了1944年他对美国外交关系委员会所做的演讲。

科日布斯基（Alfred Korzybski），我引用了他1941年在兰开斯特科学出版社出版的《科学与理智》（Science and Sanity）一书中的结构差异。

伊利诺伊大学出版社，我摘选了克雷文博士（Avery O. Craven）的著作《弗吉尼亚州和马里兰州农业史上的土壤衰竭》（Soil Exhaustion as a Factor in the Agricultural History of Virginia and Maryland）中的部分内容。

宾夕法尼亚大学出版社，我选摘了该社1941年出版的《可再生资源的保护》（Conservation of Renewable Resources）一书中的内容。

麦格劳-希尔公司旗下的怀特利塞出版社（Whittlesey House），我引用了克雷西博士（George B. Cressey）《亚洲的土地和人民》（Asia's Lands and People）中的部分内容。

威廉·莫洛出版公司（William Morrow and Co., Inc.），我引用了莫勒（Edgar Ansel Mowrer）和拉赫曼（Marthe Rajchman）在该公司出版的《全球战争：世界战略地图集》（Global War, an Atlas of World Strategy）中的图表。

同时也要感谢列入参考书目的一些作者和出版社，我未经准许，简短引用了他们著作中的内容。

另外，我还想特别感谢一些人的帮助。首先要对哈罗伊教授（M. Jean-Paul Harroy）致以诚挚的谢意，经他同意，本书第十章从他的大作《非洲——垂死的土地》（Afrique-terre qui meurt）一书中引用了大量资料。优生学家伯奇（Guy Irving Burch）不仅同意我引用他与其他作者合著的《人类生育与生存》（*Human Breeding and Survival*）〔原名《人口与战争》（*Population Roads to Peace or War*）〕中的内容，同时还为本书部分章节与文末的参考书目提出了中肯的建议和意见。谨此致谢。伯奇、艾尔德里奇女士（F. R. Eldridge）、格雷厄姆（Edward H. Graham）、萨尔（Charles F. Sarle）、库克（Robert C. Cook）和希基（Joseph J. Hickey）都曾阅读书稿部分或全部内容，并提出建设性意见。如果书中仍有错误，责任完全在我个人。

弗乐格女士（Annette L. Flugger）为本书编制的索引体现出她对内容主题的独到理解，威廉·斯隆出版社（William Sloane Associates）的泰勒女士（Helen K. Taylor）为本书作了严谨细致的编辑校对，这是任何一个作者都求之不得的。在此，对二人的帮助表示衷心感谢。

最后，还要特别感谢我的妻子，她的建议让书中的不少内容更加清晰，也更有趣味。她是研究者，又是抄写员，没有她的督促和帮助，我绝不可能在繁忙的日程中完成此书。

威廉·福格特
1948年4月于华盛顿

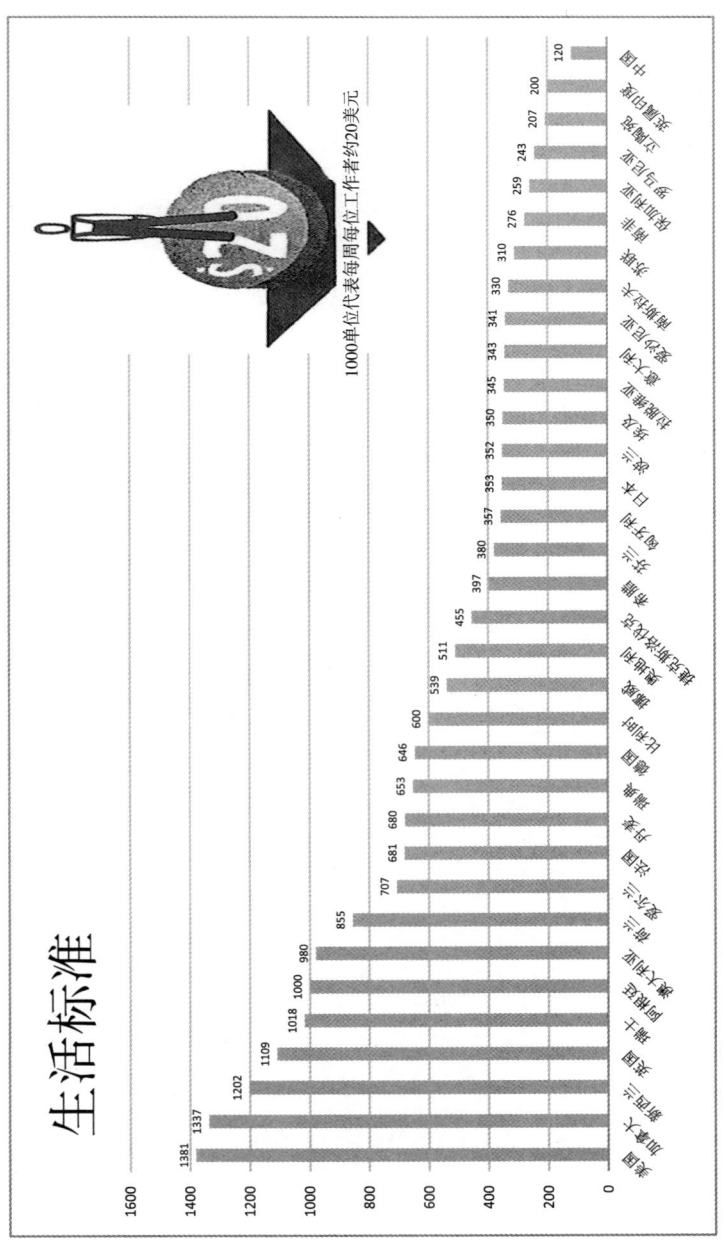

图 1

本图参考了莫勒和拉赫曼的《全球战争：世界战略地图集》（威廉·莫洛出版公司 1942 年出版）

第一章　土地的回应

一艘大船行驶在塔斯曼海上，一排排灰色的海浪就像长长的钟摆，缓慢地从船尾向前翻卷。大船开始晃动，偏离航向。船长马丁斯和平常一样，早早起身，他来到操舵室检查行驶方向，然后又走上驾驶台。晚霞呈现出奇特的紫铜色，在遥远的北方，台风来临前常能看到这种绚烂的晚霞。马丁斯焦急地望向远方；他估计从西边刮来的大风约有五级。看天空，不像是有暴风雨的样子，但他还是再次来到操舵室查看气压表。气压较高，说明不会有什么麻烦。

他又走上驾驶台，查看天色。这时，他发现驾驶台上一些隐蔽的角落蒙上了一层薄薄的褐色灰尘。他有些生气，自言自语地咕哝着，埋怨船员们不够勤快。他又看了看天空，这才意识到像薄雾一样的尘土正从天而降。六小时后，他就要到达奥克兰了，身后一千多英里都没有陆地。他满腹狐疑地再次查看，确认风向。没错，风的确是从西边刮来的，而且这灰尘一定是从澳大利亚刮来的。

他盯着天空观察了半个小时才转身回去喝咖啡。在悉尼的时候，他就听人说偏远地区土地情况严峻，很多水井干涸，风车抽上来的只有空气；羊群大批渴死，或被屠杀。他有一船小麦要运往英国，但听说小麦已供应短缺。

细细的尘土仍在降落，在泛红的太阳的照耀下可以看到云层正在聚拢变厚。马丁斯摇了摇头，沮丧地想："可恶，这整个大陆都会被吹走。"

玛 丽 亚

几小时后，在世界另一头的墨西哥米却肯州，一个小个子女人快步行走在一条尘土飞扬的路上。她迈着印第安人特有的大步，急速向前。她的头顶上是一个锈迹斑斑的五加仑铁罐，这只罐子已经很多年没装过汽油了。里面盛放的是她一天要用的水，这水非常珍贵，要赶5英里的路才能背回村。为了这罐水，她每天都要行走10英里，没有水就做不了玉米饼和偶尔才能吃到的肉饼，也就没法煮黑豆和喂养家里的几只鸡。她体重不到100磅，头顶上的铁罐又大又沉，但她内心的沉重远超过这盛水的铁罐。就在几天前，她的背上还有一个孩子，但现在包裹孩子的披巾已经空空荡荡。和那些缺水或水污染严重地区的孩子常常遭受的不幸一样，她的孩子已经夭折。

不分严寒酷暑，风霜雪雨，每天来回10英里对这个矮个子女人来说早已稀松平常。她的丈夫不是要走更远的路耕种玉米地和豆田吗？她不识字，并不知道当初村子建在这里是因为不远处的山坡上有一眼清澈冰凉的泉水。可是现在，放眼望去，周围只有贫瘠的土地，了无生机的稀疏草丛和几簇龙舌兰，没有丝毫迹象表明，这里曾有过郁郁葱葱的森林，为方圆几公里带来肥沃的土壤。她筋疲力尽，心情沉重。和她的同胞一样，为了养家糊口一刻也不能停歇。她认命地叹了口气，喃喃自语道："只能忍受"。这是村里妇女最常挂在嘴边的一句话。

汤姆·科贝特

汤姆·科贝特（Tom Cobbett）坐在那里，胳膊肘支着桌子，双手掩面。从第一天在约克郡的煤矿挖出光亮的煤块开始，汤姆的生活已经有了很大改善。这一刻，他没有回想过去——每天一连16到18个小时挖煤的日子，也没有追忆那些迫使自己夜夜苦读，勇攀知识高峰的岁月——这是他逃离煤矿的唯一出路。

今晚，汤姆本该是整个英国最开心的人。他刚刚在补缺选举中胜出，所得票数之高是英国历史上任何工党议员候选人都极少有过的。他的胜出既是对个人努力的报偿，也是对工党社会主义改革的一大支持。面对朋友和支持者送上的热情祝贺，他只能一连几个小时佯装兴奋，但内心深处，汤姆却希望这一切并没有发生。

他发现，自己只是历史进程中微不足道的一个过客，20年前他就开始为这次选举努力奋斗，他的胜利正是来自他对人民和国家的忠诚。但这胜利却变成了生命不能承受之重。他对塔斯曼海上飘落的灰尘和米却肯州贫瘠的山坡一无所知。如果有所耳闻，以他心之所念，很可能会察觉到问题的严重性，也会让他肩上的担子更为沉重。

现在他成了地球上最古老的立法机构中的一员，一段时期内要参与统治一个伟大的帝国。他和他的政党都会全身心地投入改善人类命运这一最英勇最高尚的事业中。

大战爆发前的20多年里，科贝特一直在为这一机会默默努力。

但后来，世界革命突然把他遵循的旧模式揉得面目全非，工党内注意到这一事实的人寥寥无几，但科贝特已经清晰地感受到了，这让他非常痛苦。他经过选举进入的议会管理着5000万人民，他们生活在相当于美国俄勒冈州大小的方圆9.5万平方英里的两个岛屿上。英国民众团结一心，竭尽全力，充分利用每一寸土地，但所生产的粮食却只有国民需求的一半。

第一次世界大战前，这样的产出并不会造成太大影响，因为他们可以用开采出来的煤块换取日常生活中不可缺少的牛肉和制作面包的谷物。英国工人技术高超，能够把全世界的初级产品加工成五大洲的人都愿意用粮食来换取的各式各样的物品。

现在煤矿资源接近枯竭。世界各国也不同程度地掌握了英国人的技术。英国工人的视野开阔了，他们期望拥有美国工人的富裕生活，盼望拥有俄国人的经济组织形式。他们要求过上这样的日子。科贝特和他的政党肩负起了满足以上诉求的重任。直觉告诉他，英国和漫天尘土的澳大利亚、土地肥沃的阿根廷、降水减少的北美洲有着千丝万缕的关系；拥挤的英国民众遭受的饥饿、生出的欲望与世界其他各地必然存在多种联系。面对无情的事实，他知道，仅有政治和经济措施是远远不够的。

福斯特·拉姆奇

天空蔚蓝，高空中传来归雁的鸣叫声。草原的夜晚万籁俱静，福斯特·拉姆奇（Foster Ramsey）放下手中的笔，静静倾听。像往常一样，雁群飞过时，他总会心头一震。它们掠过高地平原、黑云杉林、长有落叶松的沼泽，经过冻土带，一路向北，直到最后三三两两地停落在一个个池塘边，开始打理起这一季的新家。

他摘下眼镜，揉揉疲倦的双眼，懊悔地摇了摇头。从大雁到个人所得税——这是多大的跳跃！他自言自语道："不行，双胞胎只能在这里将就下去了。"

他是一所高等学校的校长，但那是一个很小的学校，一个农学院。他的薪水还比不上纽约的一个汽车推销员。如果只用供养两个大孩子，那会简单得多。双胞胎的出生是他没有预料到的，两个孩子带来的额外负担又因战争的到来而变得极为复杂。他们生活的小镇上有一所高中学校，但那里的教学质量并不好。一个教师每年只能领到1500美元的学校怎么可能会有优质的教学？拉姆齐曾希望孩子能到其他地方，进入寄宿学校，但他知道即使学校提供他期盼的奖学金，他也无力承担其余费用。

他低头看了看纳税申报表，苦笑着签上了名字。接着又开了张支票。连同一些隐性的税收在内，今年的税额几乎是他收入的三分之一。他自言自语道："一年中我有17周都是在为政府工作，感谢上帝，我是为美国政府，而不是纳粹政府工作！"从某种意义上说，纳税是他心甘情愿的，他很高兴还有这样的能力，但看到眼前这张申报表，他不禁想，这表，还有成百上千万张类似的申报表会让战败的纳粹统治集团多么开心。

德国组织了世界上最大的奴隶劳动制。拉姆齐知道，很少有人意识到这种奴隶制远未结束。他的税金大部分都用于战争开支和战后重建；幸运的话，他还能工作30年。即使国家能偿还国债，不赖账或不发生灾难性通货膨胀，他的税务负担得以减轻的希望也非常渺茫。一年中有17周，工作30年也就意味着有10年都是在为希特勒和日本军阀的冒险行为买单。和他同命运的还有千百万美国大众，加起来的奴役劳动者人数比挣扎在纳粹"皮鞭"下的欧洲"奴隶"还要多。

拉姆奇不知道有一位忧心忡忡的船长，不认识米却肯州伤心难过的印第安妇女，也不认识那进退两难的英国政客，但如果他了解这一切，以他对土地的深入思考和缜密的逻辑思维，一定能将这一切和桌上的税务报表联系在一起。因为他了解土地，亲眼看到家乡的牧场不断退化，也看到水源的减少导致一个个牧场主破产，所以他会意识到，中国四川省沟壑纵横的山坡或鲁尔矿区两眼深陷的矿工都是构成他税务表中数字的一个因素，尽管是隐性因素。

他发现自己的生活水平大不如前。他知道，余生他不仅要负担战争费用，同时也要为那些"等靠要"者贡献更多。在这个群体里，有人佩戴有工会徽章，有人持有美国农业局相关证件，也有人戴着因参加一战而从美国退伍军人协会领到的小蓝帽子；除此之外，还有很多在国外工作的愁容满面的美国政府官员。

不，孩子们没法接受更多中学教育了。他和妻子必须想办法多赚些钱补贴家用。

吉姆·罕拉汗

吉姆·罕拉汗（Jim Hanrahan）站在浴室门上的一面镜子前，他拉了拉腰间的皮带。吉姆已经好多年不拉翻木头用的钩棍了，他知道这从他的着装就能看出来。他耸了耸肩，心想："管他呢！"从现在起，这个活就交给别人了，但那些人只能得到自己劳动所得的五分之一。

他来到窗前，眺望着远处的美景，对面的山顶覆盖着皑皑白雪。这天下午天气异常晴朗。他自斟了一杯高度威士忌，心满意足地舒了口气。再过几个小时他就能吃到这座城市里最好的晚餐，接着便可以和夜总会的小姑娘约会了。

今晚有个庆祝会，他打算玩个尽兴。吉姆已经结清战时合同——每天工作18小时——现在，也赚到了一些钱。没错，他要付给一位政客8000美元，但这些钱却让他买到了整整五座山上的木材，成本还不到在美国购买的五分之一。他的厂子资金充裕，工程师们两周内就能开工。

前一晚黄昏的时候，天气寒冷，他置身那些参天大树中间，目光投向下面的城市。吉姆知道，他在购买这座城市的水资源。但作为一个木材商，他的良心已经生出厚厚的茧子，不再觉得这些交易是自私自利的。这是他们的国家，如果他们想要卖出去，他没有任何意见，这单生意至少可以让他舒舒服服地过上15到20年，到那时候没有水这座城市会怎么样，这个问题他想都没有想。毕竟，在商言商嘛！

无 名 氏

一艘船在夜间闭灯航行，如果能尽快卸货船长当然十分高兴，但即便如此，他仍然放慢了航行速度。甲板上，人们三个一伙、五个一群地挤作一团，祈祷着。他们知道，一些人很可能熬不到天亮就会死去。

10　　死亡对于船上的这些人来说并不陌生。很多人十多年都是这么过来的,他们从一个城市被赶往另一个城市,从一个国家被赶往另一个国家,遭人反感,惹人厌恶,这痛苦不堪的日子就好似无边无际的荒野。船上的男女老少都是失去亲人的人——一些死于集中营,一些被当作人质无情杀害,还有一些则被呼啸的炸弹夺去了性命。这些可怜的人步行数百英里,很多人在碎石路上和雪地上留下血淋淋的足迹。多少年来,他们就这样几乎没有一线希望地流浪,现在终于要走出荒原,真正来到希望之乡了。大半生里他们就好像被偷运的货物,现在依然是。荷枪实弹的警卫等待着他们,但或许很多人都能摸黑溜上岸。警卫可能会开枪扫射,虽然他们并没有理由仇恨这些疲惫不堪的流浪者。警卫也只是因某位政客的错误决定而被操控的傀儡而已,部署这些警卫就是为把25年前的谎言变成现实。

船上的每一位男女老幼所期盼的希望之乡并不是前人所到达的富饶之地。这里曾经也有肥沃的土地,也曾为城镇和工业发展提供源源不断的产品,也曾派出船只到达最遥远的西部,但眼下却退化成了贫瘠的荒漠。人类的滥用已经让这片土地奄奄一息,现在很多人的聪明智慧,辛勤劳作,正在帮它慢慢恢复生机。如果船上的几十个人能幸运地躲过子弹,他们等来的最好生活也将是没日没夜的繁重劳动和极少的食物。但每个人的心中都充满了希望和信心。他们知道他们的民族过去是怎么做的,也知道自己该怎么做。尽管在这里,他们最终可能还要参加战斗,但可以确定,当下可以过上一段和平日子了。

对这些遭遇敌对世界风暴的可怜的流浪者来说，没有哪个词比"和平"更加珍贵。

王　氏

王氏瘫坐在尘土飞扬的路边，他已经虚弱得直不起身。马车夫大声吆喝着从他身边经过，也有人默不作声地推着东西堆得老高的手推车从他身边经过，偶尔还有几辆人力车路过。很多时候，这些车子几乎是擦着他的身体过去的，但他却一动不动。

他已经不在乎了，他知道自己就要死了，因为他看到周围很多人都在死去。他感觉不到痛苦，几天前就已没有痛苦的感觉。他甚至感觉不到饥饿，这种全新的感觉让他几乎开始期待即将到来的死亡。他看上去有60岁，但实际只有34岁。从断奶的那一天起，他几乎没有一天不是在饥饿的折磨中度过的。面黄肌瘦的他现在瘦得只剩了一把骨头。

三周前，或四周，或五周吧，他已记不清了，他离开生活在西部的妻子和年幼的孩子，向海边走去，希望能为他们找到一些吃的。方圆几十里，既没有亲戚也没有朋友，一路上他只能卖掉身上的衣服，直到几乎一丝不挂。有几天他还能勉强找到一丁点吃的，但近几天他发现已经撑不下去了。能下肚的东西越来越少，在这场大饥荒中，千千万万的人都在死去，没有人会在乎。对欧洲人或美国人来说，这可能是极端难过的，但王氏已毫无感觉，因为一生中大部分时候他都在经受这种折磨。

太阳就像一个刺眼的大圆盖紧紧扣住这个世界，就连大河的河床上也看不见哪怕只是细细的水流。八个月前，洪水肆虐，城镇受灾，几百人被活活淹死。现在他不得不卖掉最后一件衣服换些水喝。不远处高高耸立着没有任何植被、光秃陡峭的山坡，寒风吹起，沙尘满天，就连他的嘴角也落上了不少尘土。

世界很多地方的人们都在节衣缩食，努力让王氏和千百万和他一样受苦的人能够延续生命。这一切他浑然不知，即使知情也无济于事。现在，在他最终放弃所有希望的时候，他才发现，世界上没有一个地方能产出足够的粮食，养活这么多饥民。

乔·斯宾塞

乔·斯宾塞（Joe Spencer）在显微镜下来回移动着载玻片，他的手不停颤抖。他一次次查看血涂片，都不见疟原虫的踪迹。

他又坐回去，双眼环视着整个实验室。猴子和鸟儿在笼中嬉戏，丝毫不关心一件历史大事即将发生。整个战争期间，乔和数百名研究人员勤恳工作，只为给联合国部队找到一种确定可以预防疟疾、对人体无害的药物。现在，至少从当前的状态看，战争结束了；显然，他也找到了对策。

他用一些白色药粉在动物身上做实验，结果证明100%有效。他一遍遍、一次次试验，结果都显示阴性。于是，他服下药粉，又给自己注射了预防针。虽然他对这种化学药品的分子已经反复混合，试验了近两年，但能否在人身上取得像在金丝雀身上一样的功效，他却没有任何把握。乔已经等待了两个星期，依然没有阳性症状，任何症状都没有发现。他又试了一次，也是阴性。于是一连试验了三次，结果表明他已经完全具有免疫能力。妻子马里恩坚持要求在她身上试验后再向外界公布结果。一个涂有妻子血液的玻璃片就在他的眼前，结果如果呈阴性，他对自己的成果就有99%的把握了。他把血涂片轻轻放在显微镜下，快速娴熟地移动着，什么都看不到。他又坐下来，专心致志地检查起来，每一毫米都不放过，仍然什么都看不到！

他又坐回到椅子上，这时才感觉大汗淋漓。除非哪里出了错，但这种可能性极小，否则他十分确定已经为历史上最危及人类生命的疟疾找到了安全可靠的预防药物。它的生产成本比阿司匹林都要低，所以数百万患者将很快能够摆脱病痛的折磨。这对许许多多的印度人和中国人意味着什么？对世界又意味着什么？

乔知道，他实验室的试管里装有和原子弹或许同样危险的一种力量。他曾漫步罗马尼亚小城的鹅卵石街道，也曾走过意大利泥泞的偏僻小巷，在那里他亲眼看到人们肩扛一具具棺材，棺材里的人都是因疟蚊叮咬而失去生命的。在印度，他曾远远看到河堤的火葬场，当时他对面就有一个散发着恶臭的积水潭，他看到死神从那里静静掠过。他也曾前往瓜亚基尔、玛瑙斯以及整个南美洲北部地区，伸手摸过孩子们肿胀的脾脏；他还看到，因为疟疾引起的夜间高烧，患者备受煎熬，走路跟跟跄跄，疲惫不堪。

此后他又在波多黎各待过两周，在那里见证了美国药物的奇效，很多人因此保住了性命，但也延续了更加悲惨的生活。他知道，印度十年内增加了大约5000万人，但在这些新增人口还没有出生的时候，印度的粮食就已经供不应求，治好疟疾，让人们更加缓慢地死于饥饿，这是善举吗？如果富裕的美国人物质充沛、生活优越，

14 而大多数印度人、中国人、爪哇人、西欧人——或许还有俄国人,却缺衣少食,这个世界上的战争还会结束吗?战争的传言会销声匿迹吗?乔明白,全世界几乎没有人能够像他一样,对人类的未来产生长远深刻的影响。

"天下一家"

本章中提到的人们虽境况各异,但却有着相似的生活期望和失落无助。他们都不了解其他人的生活;除了科学家乔·斯宾塞,没有人把自己看作一场气势宏大的全球戏剧的一部分,这场剧中每个人都扮演着原因和结果两重角色。这一张张或忧愁或自足的肖像画,就是这个时代千千万万人的真实写照。

他们不是全人类,但却是各类人的典型代表;他们是虚构的,却又不难在现实生活中找到原型。

我们可以发现这样一个共同点:从澳大利亚船长到最后一位生物化学家,他们的命运都完全取决于他们生存于其中的整体环境,每个人都或多或少对环境产生影响。一个公分母制约着他们的生活,即人口与人类赖以生存的自然资源,如土壤、水、动植物供应量的比率。这种关系极不稳定,它每时每刻都随人类的行为和活动而发生变化。

15世纪大探险时代到来前,这种关系十分简单,当时人类还生活在一个个孤立的细胞中。英国的事件对中国几乎毫无影响,密西西比河流域的破坏或治理也不会给世界其他各地带来明显冲击,但后来哥伦布的探险却带来一些至今仍只有少数人才开始认清的深刻影响。

哥伦布让我们看到,我们所生活的世界是一个地理的世界,在这一点上,他的贡献比原子科学家都要突出。在伍德罗·威尔逊总统的眼中,我们所有人都生活在一个政治的世界,因为政治活动家温德尔·威尔基(Wendell Willkie),"天下一家"的概念也开始广为人知。然而,能够认识到人类生活在同一个生态或环境世界里的国家领导人却寥寥无几。澳大利亚的尘暴不可避免地波及美国人——羊肉价格上涨就是表现之一。美国西部养羊人之所以知足是因为,他们只看到自己的牧场,却看不见萨尔瓦多人民和希腊人民正饿着肚子。

那位矮小的印第安妇女只是威胁全球安全的贫困问题的冰山一角,她的祖先曾被早期贪得无厌的西班牙矿主榨尽血汗。她是美国和拉丁美洲关系不可缺少的组成部分,她和2300万同胞是否有足够的衣食对美国的外交政策意义重大。

幻想享有美国人富足的物质生活并为此感到苦恼的英国政客可能并没有意识到,早在"圣玛利亚号"[①]的瞭望员冲有意叛乱的船员大喊一声"陆地"的那一刻,这个世界就已经发生了变化。

春风得意、神气十足的美国木材商既没有意识到,也并不在乎将死神慢慢引向美洲,他们是神圣不容置疑的自由企业制度的真正崇拜者。

那些比其他人都要灾难深重的难民并没有料到,他们的命运和密西西比三角洲的棉花地、艾奥瓦州种植玉米的黑土地,以及阿巴

---

① 圣玛利亚号:哥伦布首航美洲舰队旗舰。——译者注

拉契亚山脉上的森林有着千丝万缕的关系。他们只是满怀希望地回来重建大约3000年前祖先破坏的土地。

路边奄奄一息的王氏不可能明白，置他于死地的是从法国微生物学家路易斯·巴斯德的试管和培养菌中意外发现的一种精灵，他也不会把自己看作不断加剧、总有一天会崩裂所有纽带的巨大压力的一部分。

相比之下，只有最后那位微生物学家对个人的行为和影响有清醒的认识。他的使命是救死扶伤，但他却发现那些白色药粉可能引发灾难。他对是否应该把这种失控的力量释放出去犹豫不决；大多数科学家都不会从政治的角度出发，也不会思考该如何引导，使科学的力量更好地服务人类。他是一个例外。

各国领导人一直在努力应对现代世界面临的极为复杂的一些难题，但事实上对很多问题却视而不见。或许因为他们大多是城里人，习惯于城市思维，认为人是脱离物质环境，生活于真空中的。他们在尽力解一道超级复杂的方程，可惜却完全忽视了主要因素。

一个将人类赖以生存的物质世界考虑在内的生物方程或许能帮我们理清思路，甚至还能使各国领导人豁然开朗，设法利用好这些生物力量。我们来看一个简单的等式，它就像家庭预算和家庭收入的关系一样明了易懂。

$C=B:E$

C 代表任何一块土地的**负载能力**。简单来说，就是土地为依赖它的生物提供食物和住所的能力。如果这里的生物指人，土地支持人类文明的情况就呈现出一定的复杂性。

B 是**生物潜能**，或者说是土地里产出的植物能够提供住所、衣物,特别是粮食的能力。只有植物能够将土地和空气提供的原材料加工成动物可以吸收的食物,动物生存不可或缺的食物只能以这种方式存在。

E 代表**环境阻力**,也即任何环境,包括被人类人为改变和破坏的环境对生物潜能或生产能力的制约。**负载能力是生物潜能与环境阻力的比值。**

上述等式或许过于简化,但却体现出某种关系——一种几乎被世界各国所忽视的关系,它无时无刻不在影响地球上每一个人的生活。

除非世界各地的自由人和那些不自由人的统治者能够理解这种关系,并使其真正融入国家决策,否则,人类的命运不会有切实改善。如果我们继续忽视这些关系,人类几乎不可能长时逃脱生灵涂炭、白骨露野的残酷战争。

当这样的灾难降临时,据一些知名专家推断,全世界至少四分之三的人都可能性命难保。

第二章　能量——从土地到人

人和汽车一样，都需要加油，补充能量。没有人能油箱空着在公路上行驶，但最近在中国、印度和欧洲却总能看到没有能量补充，忍饥挨饿的男女老少，这样的情景让人难过。

人为自己补充的所有能量都来自太阳。从奋力游动的精子和静静等待的卵子相遇的那一刻一直到最后一滴血从垂死的心脏流出，人类所消耗的所有能量都源自太阳。人的运动、生长、思考、消化、繁育后代，都离不开这一能量来源。人类为减少体能消耗以及利用原子中释放的能量而建起的水电站需要借助于降雨，而降雨也是因为水受到太阳光的照射，变成水蒸气被蒸发到空中，后又遇冷变成了水滴。风能让水注入水槽，但风却是因为太阳辐射造成地表各部分受热不均匀，引起大气层中压力分布不平衡而产生的。煤炭和石油只是保存了植物千百万年前吸收的太阳能。即使是原子核中的巨大能量，也是世界诞生之初太阳释放出来的。

没有无数的绿色植物，人类就无法获取身体所需的各种能量。尽管我们对自然规律有了越来越多的理解，也越来越能掌控一些自然力量，但仍没有学会从土地和空气中提取原材料——碳、氮、氢、磷，等等，并将它们合成为骨骼和肌肉生长所需的食物。这一切只有通过给大地披上绿衣的叶绿素的魔力才能实现。正如变形虫、海星、鳄鱼、蜂鸟和老虎等生物一样,人也要受到生物规律的约束。规律一——动物的生存离不开植物。食肉动物,如狮子、短耳猫头鹰,通过食草动物的尸体间接获取食物;狮子吃食草的斑马,猫头鹰吃食草的田鼠,这些食草动物在食物链中成为传递植物储存的能量的一种工具。

只有认清这一事实,才可能对人类有充分的了解。书本常将巴比伦帝国的覆灭归因于与波斯人的战争,很少或几乎不会顾及这一事实:亚伯拉罕的故乡——曾经繁荣昌盛的海港城市乌尔现在竟位于距海岸150英里的贫瘠沙漠里。[1]把沙子逼向大海的山羊和斧子远比征服者居鲁士的战马和标枪更具破坏力。伟大的军事统帅汉尼拔曾有值得拼杀护佑的帝国,也有供养军队的充足补给,大象曾是他的坦克和半履带战车,可今天大象的栖息地早已被荒漠的流沙掩埋,就连大象都已经无影无踪。[2]古罗马哲学家加图即使做最坏的预测,也不会料到有如此彻底的毁坏。如果将巴比伦、亚述王国、迦太基、中国、西班牙、英国,以及美国的历史与其国民对待赖以生存的植物的方式割裂开来,就难以正确理解这些国家的历史。的确,历史书里介绍的这些地区的历史大都和毕加索的画作一样,是扭曲不真实的,因为它们盲目忽略了植物及其栖息地在人类历史进程中发挥的巨大作用。

植物的循环

除了从经济角度看尚难利用的海洋植物外,其他植物的生存生长都需要土壤和水分。植物虽主要依赖空气中的二氧化碳,但也离不开土壤中的其他矿物质。它们借助主要分布于土壤最上层几英寸的根系获取水分。有人建议说，可以通过"水培种植"——也就是脱离土壤——来获取食物，也就是说，让植物生长在加入化学物质的水中。没错，战争期间人们在战略要地阿森松岛上做过类似的尝试，但水需要通过石油这一中介从海水中蒸馏而来，蒸馏的高昂成本不是每个人都能负担起的。即使能普遍实现"水培种植"，也仍需要准备植物生长所需的巨大水槽，以提供足够的水分。

可以想到，如果人类熟练掌握了核能，就能蒸馏海水，这可能导致几大洲的人口都集中于沿海地区，而且当今环境恶劣的部分地区，如秘鲁和智利的沙漠也将适宜人类居住。一些一知半解的技术人员说得轻松："科学"能够合成叶绿素，所以粮食问题不用担心，但一位生物化学家却提醒道：

"除非我们的手段远比绿色植物高效，除非我们愿意用丑陋的机器设备毁坏今天被郁郁葱葱的森林和草地装点的土地，否则人工光合作用就是一种空想，很难付诸实践。假设人类能够发现某种人工光化还原法，能将二氧化碳变成一种可消化的碳水化合物，而且其整体效能超出平均消耗为2%的入射辐射的植物，它对我们的帮助也不会非常显著，因为人类需要的不是植物新陈代谢的一种产品，而是上千种……"[3]

这样的新发明、新手段显然都是多年后的事，我们等不起。眼下就急需更多更高产的植物来维系生命，这是报纸头条几乎每天都在提醒我们的。从开始写作这本书到最终出版这一短暂过程中，始终都有男女老少因饥饿而离开人世。

土 地 负 载 力

每块土地都有自己独有的负载能力,没有哪两块草地或玉米地是完全相同的。这种生产力,或**生物潜能**,在土地所能生产的植物**数量**和提供的营养以及其他**品质**方面都是不同的。这是每个农民都熟知的事实,尽管一些决定我们命运的领导人似乎茫然不知。在战时菜园[①]忙前忙后的菜农就深有感触,在早已失去有机质的城市贫瘠土壤中种植玉米和番茄是何等困难,他们是多么羡慕那些有肥沃冲积土壤的农民啊!

每块菜地的生产力都各不相同,同样,每个国家和每块大陆的生产力也都迥然有别。城市菜地里终日劳作的农民收成微薄,加拿大人和俄罗斯人又何尝不是如此。他们的大部分领土位于亚极带的霜冻线内,那里土壤稀薄,呈酸性;也有一些土壤像我们的大平原地区一样,易遭风蚀,生产力低下。乌克兰和加拿大平原地区的土地产量较高,但这种肥沃土壤仅占其辽阔疆土的很小一部分,现在就连那里的环境阻力也在不受控制地迅速增加。

每块土地的生产力也会随时间的推进而变化万千。曾因高产吸引人们迁入定居的大平原地区,后来竟爆发周期性旱灾,尘暴频繁,降雨稀少。1947年,旱涝灾害导致美国玉米收成锐减,整个世界都受到不小冲击。印度旱情多次导致作物歉收,歉收引发饥荒,

---

① 第二次世界大战时期,美国农业部长鼓励业主们用所有空闲土地开辟菜园。1945年,据说在许多未开发的零星土地上共有2000万座菜园,生产了全美约40%的蔬菜。——译者注

饥荒又带来人口骤降。旱情已是事实，所以再次爆发也在意料之中。各个国家和整个世界都必须看到土地负载力确有差异，并据此调整人口和经济发展策略，**因为土地供养人类的能力是由条件最差的土地决定的，而不是由最好的土地决定的**。

除超常条件外，任何一块耕地的生物潜能都有一个从未实现的绝对意义或**理论**上的上限。艾奥瓦州立学院科研经费充足，技术先进，研究团队一流，在他们的努力下，周围玉米地的产量很可能达到了1948年人类农业知识水平内的最高值。墨西哥印第安人种植的玉米每英亩产量只有三四蒲式耳，无疑，远低于土地的生物潜能。要知道，即使在最理想的耕地条件下，印第安农民试图种出粮食的、位于最上层的三英寸土壤，也不可能像艾奥瓦州肥沃深厚的土壤那样，每英亩产出至少50蒲式耳的玉米。

在土地产量的理论上限下，存在许多实际可达到的最大产量。实际最大产量在世界多数地区都逐年下降，这种产量才是人们必须关心的问题，因为他们决定着人类能够为快速增长的人口提供多少粮食——多少能量、多少制衣的纤维以及多少住房。不管我们愿不愿意，都必须靠它们来维持生计，但这些财富却在不断缩减。

环境阻力决定着农田的实际最大产量。它是作用于生物潜能的各种限制性因素的总和。如果能减少限制性因素的数量并降低其效率，就能降低环境阻力，也就能更好地实现生物潜能，提升土地负载力。灌溉和虫害防治就是两种降低环境阻力的方法。土地负载力上升时，人口少，生活水平就能提升，如果人口过多，生活水平就会下降。

物 理 限 制

人类必须应对的首个限制因素是气候。在夏季过短，植物不能充分生长，因此无法发展农业的地方，人类必须像因纽特人一样求助于大海。在辽阔的水域创造的更加稳定的环境中，人类利用植物的方式就是吃北极熊、海豹和海豹肚子里可口的软体动物。在这种气候条件下，陆地上人能指望的动物只有靠耐寒植物生存的驯鹿，或要像加拿大人一样，集中居住于南部，购买来自北方的矿产、皮毛和木材。

如果生活在赤道附近的低地地区，因为温度常超过100华氏度，毫无植被保护的土壤中的有机物会快速分解，雨水也会滤走矿物质。这种情况下，人只能短时耕种每一块土地，使用一两年后再休耕三十年；或者人能依靠的主要就是早已适应当地土壤并给予其庇护的乔木作物了。

干旱致使全球很多地区无法为人类所居住，或几乎如此，例如非洲北部和苏联的大部分地区。没有足够的雨水，就无法种植作物，产出粮食。在有降水且温度适中的地方，野生植物甚至会侵占半干旱地区，这使人口较少的游牧民族能够生存下来。阿克曼指出，地球上18%的农业用地都是干旱或半干旱土地，这里通常降水不足或雨水极不稳定。[4]美国的大平原地区、阿根廷的巴塔哥尼亚地区都属于这种土地。

降水过量对农业发展同样不利。智利南部每年降水约10英尺；印度部分地区的年降水量可以达到40英尺，表层土壤中利于植物生长的矿物质很快被雨水冲走,农业生产很难持续进行。在中美洲和墨西哥海岸附近的很多地方,原始林从香蕉种植到被人遗弃只需要七到八年。

一些地区白天气温高,加上有干燥的风,水分蒸发很快,蒸发也是一种限制性因素。单看降雨量是没有意义的,只有和温度、风、土壤以及其他限制植物生长所需水分的因素联系起来,才能看清降雨的作用。在干燥的风经常光顾的地区,如苏联内地或美国的小麦和玉米种植带,即使有少量降雨,也因为蒸发难以为植物所利用。

气候对面积广阔的大地区影响更为复杂,原因在于,大地区内的小气候各有不同。如果森林被砍伐,热带森林土壤的平均温度比正常土壤温度会高至少60华氏度。最高和最低气温的变化也会更大。[5]中美洲和南美洲北部山坡上种植的咖啡树只有在茂盛的绿荫树形成的小气候环境中才能存活。树木能保护山坡,不让雨水冲走土壤,它们为土壤和咖啡的生长创造了有利的小环境。连年爆发的蝗灾毁坏了价值千万美元的作物,引起蝗灾的主要原因是,植被遭到破坏,扰乱了小气候。在秘鲁沿海岛屿上,无数只海鸟带来秘鲁农业发展必不可少的鸟粪,但清除鸟粪层减少了到达大部分岛屿的风量,改变了那里的小气候。随着岛屿地表温度的增加,海鸟不再到那里栖息。鸟蛋被烤熟,雏鸟也纷纷死去。

山形或地形通常也是强有力的限制因素。危地马拉和其他中美洲国家的山坡土壤深厚,森林茂盛。但森林遭砍伐后,土壤的安息角很快就会改变,导致整个山坡流向河谷。新英格兰的贫苦农民很早就知道南面山坡可以享受到早春的斜阳,地形优越。在多雨的热带地区,因为坡地能及时排掉雨水,所以对农民来说十分有利,虽然其优势可能是短暂的。在雨水不足的地方,人们可能要被迫改变坡地,精心修筑梯田,减小坡度以最大限度地涵养水源。

　　从世界很多地区看,地势也会对土地的生产力产生巨大影响。因为地势差异,可以在相距仅几百米的地方同时看到繁盛的植被和贫瘠的半荒漠地带。去过墨西哥的人都熟悉这样的景象:有些地方只生长仙人掌,但四周却有欣欣向荣的森林或农田。飞越哥伦比亚的巴兰基利亚和委内瑞拉首都加拉加斯之间的圣玛尔塔山脉时,能从飞机上看到在相距不到两三百英尺的地方,土地负载力截然不同。山峰的东面有信风吹送,也有充足的降雨,因此即使海拔较高的地方也会有绿油油的草地。在被迫上升的过程中,信风开始增强、冷却、失去更多水分。到达背风坡时,水分几乎完全丧失,所以背风坡只有仙人掌和其他耐旱植物。整个秘鲁沿海地区都受到这种绝热冷却的影响。安第斯山脉犹如一道大堤,阻挡雨水进入,这使亚马孙流域大部分地方成为半沼泽地。

　　秘鲁沿海以及智利北部沿海还受到另一种现象的影响。这种现象在各大洲西部都很常见,如加利福尼亚南部和非洲西南部。当地球转向冉冉升起的太阳时,就会使西海岸表面的海水产生一股背离海岸的水流。这股水流会被深海的冷水替代,拿秘鲁来说,其温度会比太平洋同纬度的海水低 40 华氏度以上。表面的冷水使来自大洋的水汽凝结,给洛杉矶和秘鲁首都利马带来大雾天气,对此洛杉矶人苦不堪言,利马人却津津乐道。

　　土壤本身也会对土地的生产力构成严重影响。如果土壤中的酸或碱含量过高,很多作物都会难以或无法生存。一些土壤严重缺乏硼、镁、铜等微量元素,在这种土壤中生长的作物营养价值通常都比较低。在阿尔卑斯山脉、安第斯山脉和美国中西部一些地区常能见到甲状腺肿大的人，俗称"大脖子病"，这种病就是土壤缺碘引起的。土壤结构可能阻止植物根系的延伸或深入。石灰质土壤能快速排走雨水，导致土壤缺水。相反，黏土土壤排水性差，水容易淹没浸透根部而致其腐烂死去。美国很多土壤都极易遭侵蚀，坡度如果超过5%，即每前进100英尺，垂直高度上升5英尺的土地，就必须采取特殊耕种方法，这些方法耗资耗力。坡度超过15%的土地一般都不宜耕种。但在爪哇岛和中美洲许多地区，较少受侵蚀的火山土壤即使坡度达50%，也仍可以通过适当的农业方法安全耕种。

决定土壤生产力的有机质含量在不同土壤中也表现出较大差异。在低温多雨的地区，含有丰富有机质的表土往往很薄，这种土壤负载力低下，例如智利南部地区，但智利人却一心要在那里发展农业。苏联中部的高产黑土地之所以肥沃，是因为那里降水有限，但土地一经耕种，大风会使土壤极易受到侵蚀。表土的可蚀性因土壤成分、降雨量、风力和坡度大小的差异而大有不同。

有多少土地？

因此，仅有土地，即使位于温度、降水条件总体有利的地区，也并不意味着都可用于农业生产。据美国农业部统计，全世界共有可耕地40亿英亩，这一数据主要是根据各国估算的数字得来的。提供数据的一些国家通常并不借助于地图，并对构成可耕地的很多因素缺乏充分了解，一些国家很可能出于国家尊严，夸大了土地数据，所以40亿英亩这一数字并不真实。在我看来,美国农业部给出的数据远高于实际土地面积。

实际经验告诉我,皮尔逊和哈珀计算得来的数据更为可靠。[6] 他们把地球上土壤、地形、温度较为有利,雨水,阳光和二氧化碳充足可靠的地区加在一起,得出适宜粮食生产的土地面积约为26亿英亩,也就是每个人一英亩多一些。在后来发表的一篇论文里,[7] 皮尔逊又完善了这一数据,并指出:"全世界真正具备一定生产力的土地非常有限,每个人大约只有十分之二英亩。"也就是说,每人只有边长仅90英尺的一小块土地而已。当然,这些估算出的数字还省去了很多其他制约性变量。下面会讨论到其中一些。

到目前为止,我们还没有一个令人满意的"可耕地"的定义。在可耕地概念中,农民和农田同样重要。一些日本或菲律宾农民无疑能够成功耕种千万亩正遭其主人毁坏的土地。世界很多地区的土地如果能从租赁转为个人所有,大量可耕地就能得到保护,不致渐渐沦为贫瘠之地或干旱的荒漠。但在另一些地区,土地所有制的改变很可能会产生完全相反的作用。

生 物 限 制

土壤中的固氮菌可以被称作土壤的发电机。在表土毁坏的地方,通常可以种植一些豆科植物,帮助土壤部分恢复肥力,这些植物的根部能使土壤重新获得氮气。土壤中的动植物,特别是微生物,可以分解有机物,使植物吸收到土壤中的矿物质。拉丁美洲玉米地里的土壤,多次遭大火焚烧和热带暴雨的袭击,土壤中的动植

图 2

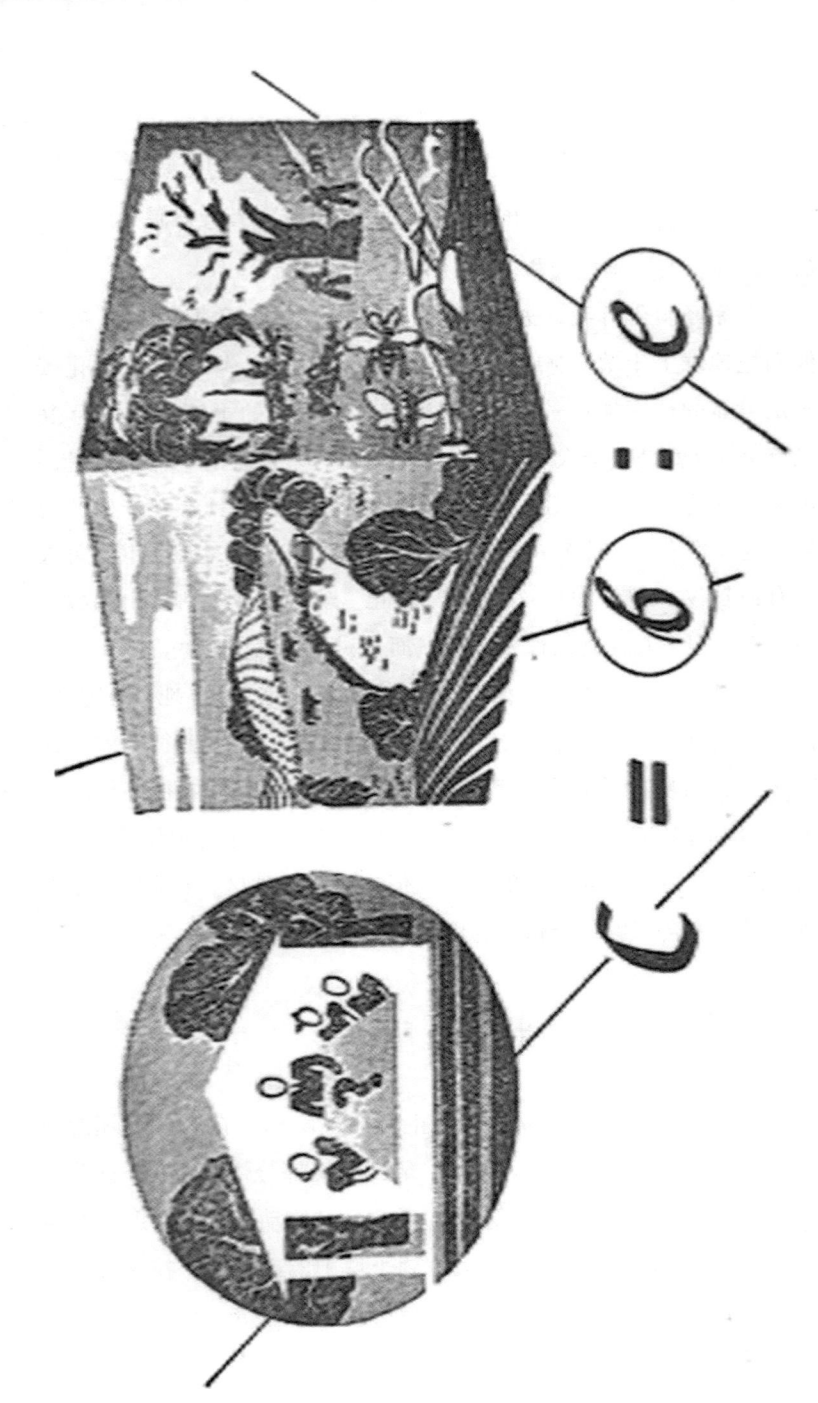

物因此遭到破坏，土地越来越贫瘠。这里，水火就是土地生产力的制约因素。

对土地生产力影响最大的一个因素是昆虫。据统计，美国每年有十分之一的作物毁于虫害，换句话说，农民每忙十天，有一天就是为昆虫服务的，每十英亩土地中，一英亩就要用来养活昆虫。因为蚜虫、夜盗虫、甲虫等害虫的存在，我们购买的食品成本增加了约10%。荷兰榆病也是昆虫传播的，无疑，它会破坏美国东北部的怡人风景。

能够传播人类疾病的昆虫会使大片地区不再适宜人类居住。但其危害并不像支持疟疾防控的人所说的那么严重，事实上，在很多地方，疟疾反倒是好事，因为疟疾所到之处，大片区域不再适宜农业生产，而且疟疾也减缓了人类破坏土地的步伐，帮人们节省了人力物力。一种苍蝇传播的疾病——盘尾丝虫病，可以致人失明，使人异常痛苦地死去。这种病在中美洲由来已久，现在正在向北美洲和南美洲蔓延。美洲洲际公路上最不受欢迎的"旅行者"就是这种疾病，能够想到，可怕的盘尾丝虫病迫使人们放弃大片可利用的农田，但最近非洲发现了一种可以治愈该病的昂贵且复杂的方法。

在舌蝇得到控制的某些非洲地区，当地人在因舌蝇灾害而失去大量人口的地方过度放牧，短短几年时间，土地负载力陡降，地下水几近枯竭，洪水泛滥。显然在这种情况下，舌蝇不是人类发展的阻碍因素，相反，它们对人类的重要资源起到了保护作用。许多昆虫，例如为果树授粉和寄生于害虫身上的昆虫，对人类都十分有益，这也是全世界生物学家为各国不加选择地普遍使用农业杀虫剂滴滴涕（DDT）而感到惊恐的原因。已知昆虫中不利于人类生存的可能不到 5%，然而，这 5% 的害虫对农作物和森林造成巨大破坏，防治成本极高，因此必须被视为最顽固的制约土地生产力的因素之一。不幸的是，正如最新研究成果所示，人们当前所采用的农业生产方法往往会增加昆虫对作物的损害，而且因粗心大意或无意中造成害虫传播，人类实际上大大助长了害虫的危害。

我们也在不断给另一种敌人——啮齿动物交纳越来越丰厚的贡品。因为常在夜间出没，而且是在植被下或地下活动，它们的存在很难被人察觉。这些小哺乳动物每年毁掉的粮食价值数亿美元（仅美国就达 2 亿美元）。啮齿动物的大量繁殖通常都和人们粗暴对待土地有关，如过度放牧以及灭杀它们的天敌，如土狼、猫头鹰、老鹰等。在拉丁美洲，农民因缺少储存玉米的透风仓，常将玉米留在压弯的玉米秆上，啮齿动物乘机可掠走 25% 的玉米。在这些盗贼周期性大繁殖的时候，据说农业生产几乎无法进行，现在我们看到的为害全球的饥荒与数量庞大的啮齿动物有着直接关系。

当人口过多，有限的土地不能提供体面的衣、食、住房的时候，人类想出的破坏性方法就会像广岛上空的巨型蘑菇云一样迅速蔓延。这在全世界所有需求超出土地负载力的地方，从意大利到印度，比比皆是。人类正在将越来越多并不适宜耕种的土地用于农业生产。

这一选择可能有其政治和经济原因，但也可能出于人口增长压力。过度放牧已给美国的牧场造成重创。据一些消息灵通的学者统计，美国有 80% 的牧场都使用过度。减少牲畜数量，从他国进口牛羊肉和羊毛可能有助于牧草恢复，但牛羊养殖直接关系到国会的利益，因此，不少旨在减轻本国牧场压力的好的提议都无法通过，抑制土地生产力的环境阻力一年大过一年。牧场主们也意识到了问题的严重性，于是多次试图接管国家公园中的牧场，尽管其面积只有美国牧场总面积的千分之七点一。他们不愿利用澳大利亚和阿根廷的牧场，倒是十分乐意破坏这部分国家遗产。

在原始社会，人们还没有开始利用知识和智慧理解一些自然规律的时候，生物潜能和环境阻力处于相对稳定均衡的状态，直到地质年代才发生显著变化。制约因素虽然也在发挥作用，但在生物物理规律的支配下土地上生长的万物与其最初的肥沃程度是成正比的。北美洲可能有着世界上最肥沃的土地。正如在长期演化中形成的那样，大自然也和自身达成妥协，产出永远都不会超出自身能力。

后来，在第四章提到的多种因素的影响下，人类掌控自然的能力大幅提升，但在这种能力走上畸形发展道路后，更多新的制约因素不期而至。只有极少数精英，如罗伯特·马尔萨斯、本杰明·富兰克林、托马斯·杰斐逊等人一定程度上看清了眼前发生的一切。但就连马尔萨斯也没有预料到，在"生产"持续增加的背后竟隐藏着一只害虫——衔尾蛇[①]，这只害虫，最终将吞噬整个地球。

破坏规律的人

19 世纪和 20 世纪，欧洲人给亚洲、非洲和北美洲造成巨大破

[①] 衔尾蛇是一个自古流传的符号，大致形象为一条蛇正在吞食自己的尾巴，形成一个圆环，柏拉图形容它为一头自我吞食状态的宇宙始祖生物。——译者注

坏,这一方面是因为,他们从自己生活的地理角度出发,认为欧洲不会像世界其他地区一样常遭水灾,但主要还在于他们认为新财富取之不尽,无需对资源加以保护。原始社会的人们,包括那些文明程度较高的种族,此前也曾破坏环境,但他们从未像装甲师那样有计划地无情摧毁过环境。人类创造和巩固的各种破坏性文化现已传遍全球,就连霍屯督人、马来人和阿伊努人也开始纷纷效仿。

欧洲人带到新世界的第一件工具,也是最具破坏性的工具是钢斧。在他们看来,森林似乎是人类的敌人。300年前,欧洲人确实如此,当初苏格兰人烧毁森林,这是他们防止狼群攻击的唯一办法。[8] 从魁北克到佐治亚,无情的斧子挥舞不停。森林被视作毫无价值、需要摆脱的无用之物。

斧子还找来肆无忌惮的同伙——火。在没有时间和足够的人手用斧头砍伐树木的时候,火把便派上了用场。尼加拉瓜人有这样一句谚语:"要想森林消失快,每人每天一把火。"树木烧尽后的山坡开始种上玉米,和梅毒一样这种作物是美洲给人类文明作出的最大贡献。但因为种植方法对土地极不友好,玉米比梅毒带给人的灾难更为深重。

紧随其后的是铁犁。它们撕裂土地,在山坡上划出深深的裂缝,每逢暴雨袭来,总能助纣为虐,带走更多土壤,工程师也爱莫能助。在热带地区,大部分农民都集中在高山上,犁,毫无疑问,是人类带来的最具灾难性的工具。

开拓者还带来步枪和猎枪。一开始他们为获取食物和自身安全而猎杀野生动物,后来又开始捕杀更多,一方面为在远方的市场上谋利,另一方面则为满足休闲爱好。直到近几十年,人们才普遍认识到，应该保护野生动物的生存环境，确保其繁衍生息。但在拉丁美洲、非洲和亚洲许多地区，野生动物仍遭到野蛮捕杀，猎捕者只顾眼前。那些已经灭绝的物种是人类贪婪和愚蠢最不幸的证明。

火、斧子、铁犁和枪是现代人类文化的四种基本工具。但在地球上土地最肥沃、生产力最高的一些地区，它们却大大增加了环境阻力，导致土地负载力几乎接近戈壁沙漠或西伯利亚冻原。无数肥沃的土地已经和城市中寸草不生的菜园一样贫瘠，甚至还不如它们。

森林砍伐、土壤侵蚀、野生动物灭绝、过度放牧、地下水位下降是朝气蓬勃、无拘无束的年轻文化快速发展过程中的意外灾祸，是人类不愿看到的结果。如果采取英明的预防措施，本可以通过某种生态节育措施避免种种恶果，但占领美洲是如此需要鼓足干劲、大干快干的事，哪有时间三思！另外，当时也缺乏人与新环境和谐相处的必要知识——至今仍然缺少这种知识。

利润就是损失

最具破坏性的另一个制约因素是资本主义制度——这是人类对这种制度提出的最严厉的批评之一。资本主义所提倡的自由竞争和谋利动机对土地极为不利。公路延伸到四面八方，也让千千万万的人有了新的定居地，在那里他们的子孙一手酿成了可怕的尘暴灾害。木材市场的激烈竞争早已使我国从森林资源的债权方变成了债务方。我们被迫只能从他国进口木材和木浆，因为我们的树木和森林正被冲进海洋和墨西哥湾。今天，"自由企业"林业已经成为威胁拉丁美洲的最大祸患之一。

我们放任企业倾倒工业废料污染溪流河水,数百座城市花费几千万美元治理污水,确保用水安全。近来,商人们又在推销一种可以将垃圾碾碎,再从厨房下水道冲走的新装置(但日益蔓延的污染问题也不能全怪罪到生产商的头上)。细菌分解有机物会增加水中的氧气需求,最终导致河里的鱼成群死去。生产商赚得盆满钵满,但普通美国民众却要为日益增加的环境阻力买单。

粮食价格上涨的同时,世界对粮食的需求也有增无减。于是,趁着行情好,农民在有限的草场上过度放牧,抓住每一寸贫瘠土地播种耕作。粮价下跌时,又大声嚷嚷没有钱改善土地,要求领取补贴。本该用于保养土地的收入常常被用来购买飞机、轿车和毛皮大衣等奢侈品——要过所谓美国人的优越生活。

我们任由工厂、企业毫无节制地使用地下水,似乎水资源取之不尽。但显然,水资源的浪费已经危及美国许多城市的繁荣与发展,以后就连生存可能都是问题。

商业渔民自认为拥有海盗那样任意抢夺的权利。疯狂的捕捞已导致几种重要鱼类数量锐减,现在再去捕捞已无利可图。在加利福尼亚海岸,沙丁鱼也遭遇过度捕捞,"相比1932—1933年,1937—1938年渔民付出相同努力,捕到的沙丁鱼却不到当时的一半……因此,必须将总渔获量减少至少一半,才有利于鱼群恢复数量。要想尽快回到以前的水平,甚至应采取更严厉的削减措施,或许要将现在的捕捞量缩减三分之一"。[9]加利福尼亚的渔民仍在拓展捕捞范围,他们已不再局限于本国,墨西哥、中美洲国家和厄瓜多尔的海域也常能看到他们的身影。这些国家还没有技术发达的渔业部，所以本国的渔业资源究竟是如何枯竭的，他们自己也讲不清楚。当美国政府派出的渔业技术人员开始为我们南边的友好邻国提供科学援助时，北美的商业渔民甚至开始施压以终止合作！

美洲大陆的另一边，"1934年新英格兰的河鲱捕获量是38.5万磅，而50年前的数量是200万磅"。根据阿克曼的计算，19世纪早期的年捕获量是200万磅的很多倍，当时的人口也比后来少得多。

"1889年，缅因州售出2500万磅的新鲜龙虾，其中很多龙虾被罐头食品厂购得，价格是每磅2.5美分。从1905年起，龙虾的捕获量就很少超过600万磅，每磅批发价27美分，是以前价格的10倍多……现在我们的龙虾供应地越来越遥远，这也只是意味着，现代交通工具暂时掩盖了日渐逼近的渔业资源枯竭"。（最近这次战争爆发前，几十万磅冰冻龙虾从南非海滨运到了纽约！）

1845年到1885年，美国东部的鲭鱼捕捞量每年约达1亿磅。1885年到1930年，平均每年只有2500万磅，但这几十年人口又在迅速增加，需求猛升。

"……1889年，新英格兰渔民捕获了1.73亿磅的鲱鱼。但1900年后，捕捞量显然持续下降。到1933年，在美国海域捕获的鲱鱼只有100万磅。鲱鱼不喜欢在低温水域生活，缅因湾在1936年和1937年夏季恰好异常温暖，即使如此，当时出现的鲱鱼数量也非常少。这种鱼已经被捕捞一空，没有人愿意为将来着想"。[10]

在捕鲸者的眼中，鲸鱼数量庞大，似乎永不会捕尽。他们的捕捞地和强悍的捕捞措施已经触及更加遥远的海洋。实际上，这种现存体型最大的哺乳动物在北极大部分地区已经灭绝。幸存的鲸鱼能否逃脱可能取决于人类是否遵守一项国际公约，在这本书的写作过程中，签署该公约的国家还没有达到一定数量，因此尚未生效。在这个渴求脂肪的世界上，强大的商业利益和俄国那样毫不让步的国家让鲸鱼资源的未来充满了不确定性。

秘鲁的鸟粪资源异常丰富，100年前总储量超过2300万吨，经过几十年的竞争性开采，1911年只剩3万吨。此后秘鲁人鸟粪开采量最大的一年是1938年，达16.8万吨。全世界，特别是拉丁美洲急需有机肥料，秘鲁人将海量的鸟粪称作"农神节"，在"自由市场"制度下，这些鸟粪给很多人创造了财富，但能使垂死的土地重获生机的无价之宝却并没有得到科学合理的管理，以保证最大量地持续产出，相反，却被迫出售给了出价最高的人。为顺利开采，产鸟粪的海鸟也被逐出鸟窝。

恨不得连地皮都卷走的遥领地主制也给大量土地造成深重灾难。许多腰缠万贯的拉丁美洲地主对巴黎或纽约的兴趣远大过对其庄园、农场的兴趣，在他们眼中，衡量庞大家业的标准只有一个——收益状况。如果土地的实际管理者为获取高额利润而滥用土地，正如他们通常所做的那样，富裕的庄园主也不会知道或并不在乎。在非洲，殖民主义制度下的土地利用几乎完全是榨取式的，土地管理者只想大捞一笔，早日打道回府。在美国，商业集团在大片土地上机械化耕种小麦，下一次旱情到来时，表土注定会被大风卷走。他们最关心的是利润，利润的大小则取决于激烈的市场竞争。世界各国都没有从可持续的长远角度出发，种植最适宜土地的作物，而是无视土地实际，选择最有经济价值、耕种成本最低、产出最快的作物——这和工业生产商的理念有什么两样？

换句话说，土地的管理总体遵循了经济规律，而抛弃了约束土地的物理和生物规律。人类自认为有利于工业发展的措施也一定有益于土地，事实证明，这可能是人类犯下的代价最高昂的错误之一。

自 欺 欺 人

生活水平的提高，以及人们所说的物质进步，几乎在所有人看来都是有利于人类的，但实际上，它给人的神经系统造成巨大损害，美国精神失常病例全球第一。① 物质进步也带来前所未有的华而不实的风气，广告业的蓬勃发展和企业用来夸大宣传的流行广播节目与杂志就是最显而易见的例子。为了购买远非必要的新玩意儿，很多人花费大量时间，这一巨额成本成为人们常常议论的话题。然而，几乎所有美国人都相信这些新玩意儿能使人达到**至善**。

物质迷恋症已经深深融入美国人的生活习惯。我们从未从国家的物质福祉出发，对其进行全面审视。所谓生活水平的提高究竟对我们赖以生存的自然资源带来哪些影响？那源源不断涌入书店的低俗"爱情"故事、乏味的侦探小说和粗制滥造的连环画值得我们砍尽世界上的森林，生产大量纸张吗？为了那些不必要的电动小

---

① 在本书的印刷过程中，一位朋友让我注意到作家克里斯托弗·莫利（Christopher Morley）在其作品《现代化》（*Streamlines*）中有类似的很有意思的表述。莫利在我们现代人中可以说是特别提倡等高耕作的。他写道："我们听说土壤侵蚀阻碍农业发展，听说山坡上的肥沃表土被雨水冲蚀……听说中西部大片肥沃的土地遭尘暴清扫。毫无疑问，人类遭受的精神侵蚀同样严重，感官刺激、低级趣味的尘暴正席卷人类，轻松吹去人精神上的敏感表土，致使人类精神贫瘠，轻浮浅薄。"

玩意儿、那些产业，还有保证其运转的水电站而去破坏其他资源，值得吗？为修建水电站造成洪水淹没良田，继而投入巨额资金——美国大众的血汗钱来修建和养护大坝，值得吗？

　　田纳西河流域管理局①曾无端遭受恶毒攻击，但后来又被称颂为天才的完美无瑕的伟大成就。当然，它既不像人们批评得那么糟，也不像夸赞得那么完美。考虑到我们还要投入几十亿美元建立类似的机构，就应该对它们开展的所有工作进行客观评估。这种评估不仅应涉及电力、航运和防洪工作，还应考察它们对自然资源的总体影响。到目前为止，似乎可以确定，田纳西河流域管理局在**土地**管理方面仍不尽如人意。多年来，其官员一直将土壤保持局拒之门外，导致该流域在土壤保持方面落后于美国多个地区。据可靠观察人士透露，管理局的林业项目进展缓慢，野生动物保护——除渔业外——也同样处于摸索阶段。他们"控制住了"洪水，但并没有把水留在最需要它的土壤中，而是让它永久淹没了原本计划保护的四分之三以上的土地！[11] 田纳西河流域管理局大力宣扬的休闲娱乐设施也毫无新意。在水位下降的水域钓鱼或划船，四周又都是散发着臭味的泥滩，就犹如在工厂院里打篮球，只能败兴而归。那些所谓的"多用途"大坝，正如我在其他地方指出的，改名为"无用途"大坝更为贴切。

　　在19世纪的铁路修筑大潮中，人们几乎没有注意到铁路对土

---

　　① 田纳西河流域管理局成立于1933年，是大萧条时代罗斯福总统规划专门负责解决田纳西河谷一切问题的机构；它整体规划水土保持、粮食生产、水库、发电、交通等，其优势在于综合治理、全面发展。——译者注

地的影响。尘暴天气便是它们对现代生活的一大贡献,毁坏森林,从某种程度上说,是另一种贡献。进入 20 世纪,公路、机场、大坝的修建热情势不可挡,但我们必须避免重蹈覆辙。

超饱和的土地

中国有句老话:"一山难容二虎。"这句话揭示了一个生物现实。(中国人更不会想到用带有抽水马桶和双车车库的公寓来关两只老虎。)现代生物学家通过中国的这句俗语告诉我们,美国西部的美洲狮需要大约 40 英里的活动半径,少于 40 英里,美洲狮就无法获取足够的食物。美洲狮主要以鹿为食,在美国东北部每只鹿需要 40 英亩砍伐过的次生森林,在干旱的西南部,则需要 400 英亩才能存活。有些地方,每只鹌鹑大约需要一英亩的土地。几年前,俄亥俄州猎捕过度的北美鹑被列入鸣鸟名录加以保护,但免遭猎杀的北美鹑并没有像爱鸟人士希望的那样无限繁殖。在数量增长至土地负载力上限时,北美鹑便不再增加。一些地区养一头牛全年只需要两英亩的土地,但在另一些地区却需要近 640 英亩。

原始人和他们赖以生存的动植物一样,都要受到土地负载力的限制。美国的印第安人口很可能从未超过 100 万;在放弃狩猎文化开始农业耕种,并学会一些农耕基础知识后,印第安人口大幅增加。在印第安人较为集中的墨西哥、洪都拉斯和危地马拉等国,他们的人口已经超出土地负载力。土地虽提供了较高的粮食产出,但不可能永久保持高产出。他们毁坏森林,丧失了土壤和水,印第安文明因此接连消失。秘鲁印第安人比他们北方的邻居幸运些,这或许是因为他们学会了灌溉土地和保持土壤，而且他们的沿海岛屿有丰富的鸟粪资源可以用来保持土地肥力。

两百年前的美国农民就是一个乡巴佬，虽然他讨厌这种欧洲人的称呼。有一个中等大小的农场就能养活自己、妻子、五六个孩子、一两个雇工、或许还有几个穷亲戚。他们吃住完全在农场，衣服则主要由农场产出的物品制成。"购买的"产品极少，除了种植对土地有较大破坏的烟草和棉花的个别地方外，人们对土地负载力造成的压力微乎其微。

之后工业化浪潮滚滚而来，铁路向四面八方延伸，城市迅速崛起。数百万人口需要解决吃饭问题，美国生活标准这一新概念也随之产生。汽车、浴室、收音机是美国生活标准的三大标志。农民和在工厂做工的工人一样，也极可能认为至少这三样他不该缺少。要满足物质享受，就必须利用来自土地的利润，换句话说，农民必须把农产品售卖出去，换得现金，再去购买汽车。新需求导致土地负载压力陡增，土地产出的部分产品不再用来满足农民及其家人的需要。

想想农民的土地必须养活哪些人，养活多少人，是很有意思的一个问题。如果他购买了一辆小汽车，他的土地产出的产品售卖换钱以后就要付给这些人：矿工、金属工、铁路工人、工程师、汽车工人、工会职工、机床制造商和工厂里的工人、采矿设备制造商和他们的工人、销售员、广告人、杂志出版商及其职员、印刷工人、纸张生产商、提供纸浆的木材商、邮局工作人员、铁路工作者、铁路设备制造商、种植园主、割胶工人、监工、卫生官员、橡胶企业联盟成员、橡胶运输司机、低级和高级船员、造船工、轮胎制造商和他们的工人及其销售组织成员、油井钻探工、工程师、油田工人、输油管道制造商、管道铺设工、游船建造者及全体船员、股票经纪人、股票持有人、汽车修理厂老板及其工人、驾驶证管理局官员、交警、摩托车制造商及其推销员、治安法官、高速公路建造者及其建造材料制造商、外科医生、处理交通伤害的医院、救护车制造商和驾驶人、保险代理人、殡葬服务员、照料交通死亡者家属的慈善病房和孤儿院、监狱修建者及其看守人以及许许多多的政府工作人员，如制定交通法律法规的立法委员、美国海运委员会工作者、州际商贸委员会委员、跟踪外国石油资源现状的国务院工作者——或许还有为石油资源而战的陆军和海军，等等。以上列出的只是其中一部分，但从中已能管窥到这样的事实——美国土地需求日益增长。

　　经济学家提到"农业革命"时，说每个农业工人的生产率提高了，而且说农业机械化大有神益，农民能够比19世纪前养活更多人。但大多数经济学家完全没有意识到，抛开每英亩土地的产量仅讨论每个农民的产量是毫无意义的。几十年来西方人欣然接受这样的观点，是因为他们还有新土地可以开发，还可以靠破坏表土来产出粮食。现代农业并没有提高土地的生物潜力，也没有减少环境阻力，极个别地区除外。相反，在世界绝大部分地区，现代农业大大增加了环境阻力，无数良田丧失生产能力。以每位农民生产量的提高来讨论农业革命，或从纯农业的角度来讨论农业革命，而不顾及地下水位、森林、非农业用地、动物区系、非产粮植物等所受的影响，是极其错误和危险的。有了先进的技术，一个人就有可能耕种整个农场，但这并不会带来农业用地的增加，也不会提高，甚至不会保持土地的生产力。

一个个农民能够为以上提及的人们做出的贡献当然很小,但在美国,33%的汽车、卡车、拖拉机都登记在农场名下,几十万辆车都在为农民服务。另外,除了从业于汽车工业及其附属产业的数百万人外,还有几百万人就职于无线电工业和其他奢侈品产业。在印加人生活的时代——把我们面临的问题和世界另一个地方联系起来看——五六英亩土地就能养活一大家人,但在今天却不够为家庭添置一辆汽车。在每个农民的椅子后面和餐桌旁边,都有很多其他家庭的影子。他从土地里吸收能量并输送给他们,目的就是为保持他心目中的美国生活标准。

账目必须平衡

当农民懂得如何科学管理土地,当他们能在不影响土地生产力的情况下耕作以满足个人所需,当土地本身质量较高,不需要榨取式利用就能持续创造大量财富时,经济就会处于平衡状态。但因为土壤贫瘠或耕作方法不当,农民只能通过压榨土地才能买得起拖拉机、汽车、浴室和收音机的时候,拥有所谓的美国生活标准的权利也就难以得到保障。如果土地肥力普遍耗尽,美国生活标准这一说法甚至都不会存在。但事实上,这就是美国大部分地区的现实,很多地方的土地生产力持续下降。联邦政府以土壤保持的名义为农民发放补助补贴就是对农民不利地位的一种默认,例如政府规定了羊毛的最低价格。对进口羊毛征收"保护性"关税也是例证。这就意味着,政府在通过补贴鼓励土壤侵蚀,其措施实际是对美国西部牧场过度放牧的一种支持。如果没有此类救济,许多羊毛生产者只好失业，牧草也能得到恢复。

如果政府补贴可以提高农民的经济地位，使其与国家补贴的企业家、工厂主（他们是最先反对真正实行自由企业制度的人）的经济地位相当，无疑补贴措施合情合理。农民在这个社会上比绝大多数商人都有用、有能力，也更勤劳，生产经验和劳动技能更丰富，但几十年来，他们却一直在承受剥削。政府不会长期为农民榨取式的过度耕种提供补贴。

显而易见，短期内为农民提供补贴要比放任农民严重毁坏土地，致使国家存续期间土地生产力难以恢复更为可取。说补贴措施是给衰退的经济注入的一针强心剂倒是有一定道理。但除非我们否认国债或通过通货膨胀来减少国债，否则，类似措施必不长久。经济不可能永远靠钞票来支撑，尽管某些经济学家提出国债是我们欠自己的，所以无关紧要。但国债只能通过税收的方式来偿还，而税收则主要取自自然资源——税收建立在美国公民的劳动基础上，它体现了我们得自土地的能量。**必须强调的是，这种能量只能来自于土地。**我们通过印制钞票，以及其他拖延"最后审判"的方式，创造出一种财富幻想。我们正在耗尽真正的资本——自然资源，特别是土壤，这也让我们偿清债务的可能性越来越小。从长远来看，我们为农民设定的较高的物质生活标准是难以实现的——这一结论我认为确定无疑；要为无数真正依附或寄生于土地的非生产者寻求优越的物质生活就更是异想天开了。

善良的美国人倡导全世界都享有美国人的生活标准或接近这一标准。"免于贫穷"是我们战争期间为争取支持而抛给一些贫穷国家的诱饵。任何一个能够从全球土地负载力角度考虑问题的人，都应该清楚这对我们自己和那些国家来说是天大的骗局。

宾夕法尼亚州荷兰乡的一位农民能在150英亩的土地上舒服地生活，甚至可以发家致富，其土地已经集约耕种了200年。他的生活标准很可能高居全美农村人口之首，尽管因为宗教原因，他可能并不会购买新潮的工具或设备。但在达科他州西部，一个瑞典或挪威人的后代却需要两三平方英里的土地才能让家人过上像样的日子，他可能和宾夕法尼亚的荷兰人一样勤劳，一样聪明，或许受过更好的教育。他之所以需要更多土地，是因为他的土地负载力更低。达科他州土壤贫瘠，表土层又浅又薄，很多地区风蚀严重，作物所需的雨水时多时少，极不稳定。对农民来说，十年里可能只有六年是好年景。

达科他州民众大批离去的事实再次印证了土地负载力的低下。美国全国人口呈上升趋势，达科他州却大幅下行。（农业机械化也是人口下降的一个原因。）在佐治亚州或南卡罗来纳州的农村地区，种植棉花和烟草带来不少乡村贫民窟。美国小说家欧斯金·考德威尔（Erskine Caldwell）在他的作品中有过生动描述。那里的生活水平可能不及艾奥瓦州的一半，但那里也曾有肥沃的土地，只可惜从殖民时期起就滥用、乱用土地，导致土地负载力连年降低，环境阻力日渐攀升。

当然，世界各地的土地负载力各有不同，即使从理论上讲也没有哪两块棉田、两片草地能够产出同等数量的粮食和纤维。耕作方法的不同导致土地生产力差异更加惊人。有意思的是，我们可以想想，一群勤劳能干的爪哇农民如果来到波多黎各那样的岛屿上，能做些什么；如果定居墨西哥的是瑞典人，那它的命运又是怎样？如果早期在北美占据主导地位的是西班牙征服者而非北欧人，那现在的北美又是怎样的景象？显而易见，土地负载力的影响因素不仅仅只有土地自身。同时也要看到，无论土地的生物潜能如何，每一块土地的负载力都是有限的。

第三章　人类的观念

中国人传宗接代的观念根深蒂固，虽然人们生活一代不如一代。在处处都是饥民的印度，千百万头牛横行乡野，却不能用于填饱肚子，因为它们是"神圣的"，当然也不能宰杀以阻止牛群从土地中汲取人类急需的能量。观念导致人们饥肠辘辘。

当人类最引以为傲的大脑取得惊人发展时，他们便开始在地球上不断招惹麻烦。曾经他们是变形虫和类人猿的保护者，现在束缚这种直觉本能的枷锁大部分已被打破，柏拉图、摩西、亚里士多德、贝多芬、达尔文和弗洛伊德出现了。人类终于独立，能够自由掌控自己的命运了。不幸的是，人类却并没有与这种自由相匹配的智慧。因此，不少古代文明先后覆灭，当代人类文明也已摇摇欲坠。

强调人类取得的物质成就，特别在现代世界，已成为一种潮流，但人的思想观念却常常得不到重视。我们的开国元勋曾赤脚作战，在福吉谷①的雪地上留下斑斑血迹，奇怪的是，美国人并没有因为

---

① 福吉谷（Valley Forge）位于美国宾夕法尼亚州，是美国的革命圣地。1777年冬，费城陷落，华盛顿率残军败将在这里休整，当时冻死的士兵不计其数，是整个独立战争里最艰难的时光。但华盛顿利用这段时间训练了军队，过冬后，重新和英军较量，最终赢得独立战争的胜利。——译者注

这段历史而认识到观念的强大力量。最近,美国加入了一场异常艰难的战争,主要原因是,一位名不见经传的奥地利人的病态思想迅速传染全国,致使他们对自己与欧洲和整个世界关系的认识成为一种偏执或妄想。在俄国,我们看到,一种经济理论几乎演变为某种精神错乱,他们要用神圣战争的剑与火威胁现代国家。

改变种植玉米的农人的观念要比改变农田里的沟渠方向还要难。让中国人放弃生儿子的愿望比为他们提供粮食困难得多。一句口号就像一种新式武器,能够扭断和平的臂膀。相比每小时两英寸的降雨,对古老观念的固守更易造成土壤侵蚀。

在几乎每个人类行动的背后,都有一种促成这一行动的"情感",在这"情感"背后又有一种"思想"或"观念"。要使土壤保护这种生存情感成为我们日常生活的一部分,就必须使这情感建立于知识和基于知识的观念之上。要和土地的各种力量和平共处,就必须使和平扎根于我们的内心——人类必须找寻并接受很多新观念,同时也必须摒弃很多旧观念。

人类文化发展中最难以理解的一块空白是,人并不了解他与自然环境的关系。人类极度以自我为中心,自创造人类文明起,就自以为生活于真空之中。人类从事农业的时间已经至少有一万年,但直到1944年才出版了第一本讨论土地利用的自然法则的著作,作者是格雷厄姆博士。

世界各国的普遍无知,从各行各业的领导人到农民,再到工人,都对土壤的重要性一无所知,这是最难解决的一个问题。在文盲率几乎达100%的拉丁美洲、亚洲,以及非洲地区,要想短期内改变人们的工作方式,挽救土地,就要采取相当冒险的措施。显然,出于实际考虑，落后地区的人们占据的大片土地都只能从总账目中的债款中注销。

危险的医生

48

现代医师职业的道德标准仍建立在2000多年前的无知者令人怀疑的说法上——现在看来，他们的确无知，因为他们依然相信医生有责任救治尽可能多的人。世界多地的医生都将聪明才智用在维持人的生存这一人类福祉上，而否认从道德上有通过专业知识与技能，应对人类面临的整体问题的权利。随着医疗护理技术和卫生条件的持续改善，医生帮助数千万人延长了寿命，也延长了他们的苦难。医生拒绝思考在这些问题上本该承担的责任，在他们看来，这并不会使其职业道德大打折扣。医生对波多黎各人的悲惨生活负有主要责任，随着医疗水平的进步，该国人口迅速膨胀，但人民生活水平却稳居世界末位。虽然人们全力改变现状，但更多只流于形式。他们为灾难搭建了舞台，却像审判耶稣的罗马总督彼拉多那样，完全不在乎后果如何。

民族主义在降低世界土地负载力方面也发挥了不可小视的作用，很多国家努力实现在多个领域的独立自主，一些国家在不适宜工业活动的地区大搞地方工业，利用关税壁垒保护产业，造成原材料和商品自由流动困难，迫使人们以更具破坏性的方式开发土地。对于美国这样地域辽阔、经济发达的国家来说，民族主义行为是一种短期免遭贫穷的有效手段，但在原子战和细菌战时代，这种手段的效果是否长久却不免让人生疑。印度已经宣布要实行旨在扩张的现实政治①。

惨痛的现实

最后,还有一个影响我们合理利用自然资源的因素,那就是我们的亚里士多德思想。之所以如此命名,是因为它是由伟大的哲学家亚里士多德提出的,并在此后几百年的历史中不断被其追随者发展完善。

毫无疑问,抛弃亚里士多德的"逻辑",现代生态理论及其应用——生态保护,可能迎来空前发展机遇,正如抛弃欧几里得和牛顿的逻辑为数学和物理学开辟了新的天地一样。只有摒弃过时的概念,才可能摆脱无效推理,拨云见日,也才可能提出正确清晰的概念。

要清晰无误地表述非亚里士多德式思想,或许要借助于图示法,也即"结构差异法"[1]。这种方法是波兰裔美国科学家、哲学家阿尔弗雷德·科日布斯基(Alfred Korzybski)提出的,本书稍有改动。它所呈现的是整个物质世界,以及我们对它的认识、感觉和表达。为方便讨论,我们把它和土地联系起来。(同样,它也适用于一个苹果、一把椅子、一幅画、一位金发美女、一座教堂等等)。

这块土地有一个超微、胶质、原子等层级的存在(图中最下层的a级),以1948年的技术水平,该层级的很多东西仍不为人所知。

---

① 现实政治由德国铁血宰相奥托·冯·俾斯麦提出,他主张当政者不受感情、道德伦理、理想的左右,以国家利益为从事内政外交的最高考量。——译者注

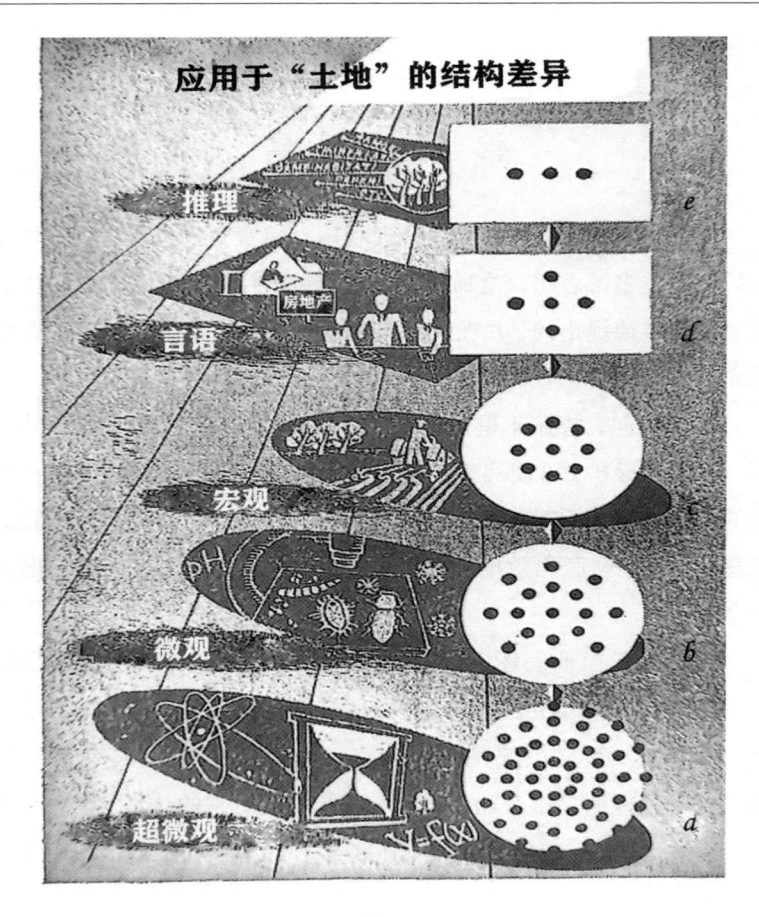

图 3
依据阿尔弗雷德·科日布斯基《科学与理智》一书中的图表制成

第三章 人类的观念

时间和空间在这一层并没有分离，现代物理学告诉我们，一定要从四维时空的角度思考问题。土地在不断变化，1948年6月2日和1948年6月1日的土地存在差异。如果仅从超微层的变化看，这一说法无疑是正确的。从下面我们要谈到的微观层和宏观层来看，也同样正确。因此，不应该把土地——或地里的土块——看作静止的物体，而应视其为动态的，不断变化的**过程**。

通过显微镜和酸碱度测定计等科学仪器，能够对土地有进一步的了解，如土壤结构、土壤溶液中的氢离子浓度、土壤的化学成分、土壤中的原生动物种类等——如图中黑点所示。但即使有最先进的科学技术，人类也无法获知**所有**事实。因此微观层（b）的黑点少于超微层。借助科学方法，我们抽象总结出特定知识，但不可避免地也会有所遗漏。**我们不可能了解全部事实**（本书中大量使用了写作老师明令禁止的"等""等等"，就是因为我认为对任何事物，人类都无法了解它的**全部**。删去这些词就意味着，我在知识和表达上已穷尽所有，无一遗漏。即使篇幅不限，做到这一点也绝无可能）。

下面我们来看更高一层的抽象（c），宏观层或客观层。这一层我们依靠的是自己的感官，没有其他辅助，可见图中的黑点更少了，表明漏掉了更多东西。每上一层，距离全部"真相"就更远一步，即使它是我们当前所了解的真相。在这一层，我们不可能了解胶质结构、化学成分、有机物的作用、霉菌及其对植物的影响等等。更多东西被遗漏，不了解的也就更多。这是我们大多数人经过自己的抽象总结对土地过程所能达到的最接近的理解。大多数农民、园艺工、某些国会议员、教师和其他掌握一些知识的人都处于这一层。正因为生活于这一层，我们才开展土地调查、建立农业实验站、创办农学院等。从事这方面工作的人对土地微观层有充分的了解,他们在抽象理解过程中的遗漏较少一些。

以上三层可以被称为现实层。它们仅限于物,如果现在不能,将来某一天我们是可以称出或测出它们的重量,或者可以感受到,或尝到,或看到它们。但它们是不能用**语言来表述**的。它们存在于科日布斯基所说的"不能用语言表达的这一层"。讨论它们的时候,就需要用到更高一级的抽象能力——结果,更多内容被遗漏。很多问题正是由此产生的。

言语抽象层的第一项任务便是命名(d),给予名称或描述,如"土地"。它不会在一场雨后散发出清香的味道,或流入河中,或每亩产5蒲式耳的玉米,或粘在我们的鞋子上。"词语**不是**物"。但我们许多人却把言语等同于物。对很多房地产经纪人、工人及数千万生活于沥青道路纵横交错的城市居民、经济学家和国内国际官员来说,**词语**"土地"与作为**过程**和**实物**的"土地"并没有区别。它们在人的思维和言语中是相同的。这也部分解释了为什么数万名不幸的难民被运往热带国家,尽管那里并没有能让他们填饱肚子的实物土地。

(如果上文关于抽象思维的论述有些晦涩难解,那我们不妨以金发美女为例来看看结构差异的问题。抽象理解的时候,许多男子认为他们对金发美女"**无所不知**",也就是**了解她的一切**,但事实上有很多东西遗漏了,很多人因为这种抽象而陷入困境,生活苦不堪言。无数小伙子还没有意识到有一个"不能用语言表述"的金发女郎时,就已经被言语层面的金发女郎,包括自己美妙的推断和想象迷得神魂颠倒。他们将言语等同于**物**。那些张贴的海报女郎、调戏妇女的口哨、一些电影明星和美国"离婚之都"里诺的风靡一时，都表明抽象理解过程中人们会将不同层级混为一谈，也表明"无一遗漏"可能潜藏危险。)

更高一级的抽象思维可以一直进行下去，但它会带给人更多麻烦。我们看"森林"一词应用于土地的情况。这是比 a 层更高一级的抽象。人们毁坏大面积的森林，制造出能够用语言表述"森林"用地的纸张。但"森林"究竟指什么？羊毛生产者协会说它是牧场；林业工作者时至今日仍可能会说"森林"是木材的来源地；野生动植物管理人员说"森林"是野生动物栖息地；水文学家说"森林"是分水岭的保护屏障；墨西哥政府领导人说"森林"是玉米地，等等。在这种情况下，"森林"一词其实是对土地的**推理**，以上不同行业的人抽象出的是不同的东西，因此推断出不同的结果。很少有人在开口说话时意识到他是在概括、抽象，或认识到他遗漏了很多。正因如此，人类才会困难重重，并往往不得不面对由此带来的资金浪费、时间浪费、无数良田毁坏等种种悲惨后果。

因为领导及其追随者意识不到高度抽象的危险性，自以为对某一情况无所不知，言无不尽，才导致对问题的分析和处理过度简化，在"解决"复杂问题时毫无察觉地遗漏多种因素。这种思维在立法机构和世界组织的决策上表现得尤为突出。《大西洋宪章》等文件的写作与被接受就是抽象思维带来的结果。它诱骗人们用政治和（或）经济手段解决政治、经济、社会、地理、心理、遗传、生理等多方面的问题，这和历史上采用灌肠法来医治所有疾病有什么两样？

看清真相

不同层级的抽象思维让我们混淆了纯语言层面的存在和非语言层面的存在。例如，一位女士在做早饭榨橙汁的时候，抿了一小口，心想："这橙子好甜。"一会儿，她的丈夫跑进来，吃了几口蜂蜜燕麦饼和枫糖汁，然后再喝橙汁时，不禁大叫："哎呀，这橙汁好酸。"

从现实角度看，它们是同样的橙子，是那位丈夫和枫糖汁让它产生了变化。更确切些说，非语言层面发生了一个过程。一种情况下，因为枫糖汁的存在，橙汁和味蕾的关系发生变化；而另一种情况下则没有。"甜""酸"只是字词而已。那位丈夫没有像结构差异图那样，考虑到整体情形，而只是看到了孤立的一层——一个元素。

这让我们想到科日布斯基所说的"元素化思维"。上文提及的各种对森林用地做出的不同反应，就是元素化思维的一种体现。这种思维模式极不利于人类生存和生活质量的提升。它迷惑社会学家，使他们试图脱离人类生存的总环境去解决"人口"问题。陆军工程师的种种荒唐举动也和这种思维有一定关系，这些人似乎完全不理解防洪工作要从山顶开始。同样，这种思维也束缚了很多林业工作者，他们认为森林只是生产木材的地方，将林地的多用途概念与森林在经济学、社会学、水文学以及国际国内事务上发挥的巨大作用割裂开来。这种片面的元素化思维也束缚了我们的农学家。他们常骄傲地说自己"脚踏实地"，但他们的思考，特别是他们所受的教育与逻辑学、经济学、语义学、教育学、语言、土地利用、历史学、人类学等与之关系密切的学科相互分离。很多经济学家也不例外，他们漫步于天堂和地狱之间的符号宇宙，这个宇宙很像13世纪神学家生活的世界。元素化思维也致使多个国际组织向经济和社会理事会寻求解决方案，但这些理事会事实上在其推算和决策中遗漏了地理、气候、心理、环境负载力、习俗、人口发展等必不可少的因素。这种思维也让医务工作者沾沾自喜，他们深信医者有责任在任何情况下尽可能长地延长患者寿命。

绝大多数人生活在言语层级上，这一事实导致我们的语言和现实相背离。语言中有"身"和"心"的说法，我们也会思考"身""心"问题，现代医师已经开始承认"身""心"在身心医学上是一致的。"时间"与"空间"，"情感"与"理智"是不同的词语，我们接受这种区分就好像现实的确如此。（我们将"思想"与情感、行动区分开来只是为方便讨论，这种区分是可以理解的。它不同于亚里士多德式的割裂。当然，现实中思想、行动和情感要比拉奥孔[①]和蟒蛇缠绕得更加紧密。）

亚里士多德的二分思想甚至蒙蔽了一流的自然资源管理和人口问题领域的技术人员。"好"和"坏"被用作绝对概念，看不到"好""坏"之间还有不同等级、阶段，也看不到好中有坏，坏中有好。例如，狩猎委员会一直搞不清哪些是"好"鹰，哪些是"坏"鹰，奥杜邦鸟类保护协会也为此付出了几十年的努力。人们用"因"与"果"来解释现象，殊不知每一个"因"本身也是"果"，每一个"果"同时也是"因"。环境保护主义者常坚持认为他们是"行动派"，而

---

① 拉奥孔是特洛伊城的祭司。他识破了希腊联军攻城的木马计，并告诫特洛伊人勿将藏有精兵的木马拖入城中，拉奥孔一怒之下把长矛向木马掷去而触怒了希腊的保护神雅典娜，她派出的巨蟒缠死了祭司和他的两个儿子。——译者注

不是"理论家"或"思想家",但事实上,正因为保护措施缺乏充分思考,才带来资金和自然资源的巨大浪费。因为与"教育"的联系被切断,"保护工作"长期止步不前,现实中"环境保护"与"教育"密不可分。很多博士在土地相关问题上知之寥寥,不少土壤保持委员会因循守旧,不思创新。

这种简单划等,也就是科日布斯基所说的"单向等同"使我们认识不到:所有现象,小到一块玉米地,大到一个国家,都是**独一无二**的,都处在一定的过程中,都是**不断变化**的。但我们却在同一基础上讨论英国问题和伊朗问题,我们给阿尔巴尼亚和美国开出同样的药方——民主。全世界的年轻人都来田纳西河流域管理局接受培训和指导,他们以为田纳西河流域管理局能够为他们国家和所在地区的佝偻病开出良方。在美国百试不爽的土壤保护法,移植到拉丁美洲国家后才发现收效甚微,原因是我们忽略了两个地区在地理和耕作条件上的巨大差异。那些经济学家虽两年换一次车,十年更新一次营养和育儿理念,但却对风行19世纪的一些概念,如马尔萨斯学派的某些错误提法,顶礼膜拜,死守不放。

最后,还有一个导致思考混乱的因素是,我们没有认识到有些词语是科日布斯基所说的"多序词"。它们的抽象程度各有不同,离开具体情境便没有任何意义。"安全""生活标准"就属于这一类词语。一个成功的芝加哥保险推销员的儿子所说的高质量的生活,也就是能够满足他物质需求的生活标准和墨西哥特拉克帕克一个制陶工所谓的高质量生活是有天壤之别的。委内瑞拉的"国家公园"和美国亚利桑那州的"国家公园"迥然有别。西非国家马里的廷巴克图人所说的"免于贫穷"和美国杜比尤克人口中的"免于贫穷"有着截然不同的景象。

从亚里士多德逻辑中发展而来的"等同"、"全部"、片面元素化思维禁锢了我们的思考，束缚了我们对土地和相关资源的管理，其影响不亚于降雨和土壤结构对人类的影响。要科学合理地管理资源，就要反复强调，以认清和摒弃我们大脑中的错误观念。

20年前，在哈德森流域的一个小镇上，一位上了年纪的老人娶了村里比自己年龄小很多的一个傻子。他的解释是，他不想一个人睡冷床。

大多数人和他一样。在拥挤不堪、混乱无序的原子时代，我们那些20年前就形成的旧观念可能是极为愚蠢的。但我们紧抓不放，因为我们本能地认为，放弃它们就会失去依靠。

这些观念在它们刚刚产生的那个时代是进步的，几百年来人们对其深信不疑便是明证。今天，那些观念除了能卡住我们的脖子，已别无其他。我们生活在一个不断变化，多种关系日益复杂的世界。关系在变，评价也要随之改变。它们是相对的，从数学意义上看，有函数关系。像古罗马战车一样，任何一种静止思维都已过时。

现代科学，如力学、医学、物理学等，都教我们要与时俱进。人类想要生存，就必须在人与土地，人与人的关系上学会摒弃旧观念。

第四章 工业人——美妙的幻想

美国独立战争期间世界总人口约9亿。其中1.8亿人生活在欧洲，6亿人生活在亚洲。尽管亚洲农业经过四千年的发展已高度发达，欧洲农业革命进展顺利，但两大洲的人们依然难以养活自己。

南京大学的一项研究表明，"从公元前108年到公元1911年，中国共发生饥荒1828次，几乎每年1次。据说，印度孟加拉地区爆发的一次饥荒夺去了当地三分之一的人口……"[1]

政治家埃德蒙·伯克（Edmund Burke）1775年在英国议会上发表了题为"与殖民地和解"的演讲，他大声疾呼："过去很长一段时间，欧洲都靠新大陆来填饱肚子。如果这个老年得来的孩子没有至诚的孝心和善心，把她年轻充盈的乳房塞进饥肠辘辘的亲人口中，那你们现在看到的就不再是缺衣少食，而是饿殍满地的惨景了。"

当一个更加年迈体衰的"亲人"向她发出求救信号时，以下事实就该严肃思考了。

根据医学统计学家威廉·法尔（William Farr）提供的数据，从1200—1600年，英国平均每50年遭受一次饥荒。[2] 乔治三世在世期间，英国人曾生活在饥荒的边缘，生活是"我们现在所说的亚洲标准"。[3] 爱尔兰的作物减产据说导致人口减少了250万。[4] 虽然没

有英伦三岛死于饥荒的具体人数统计,但总数一定达成百上千万。人们饥不择食,猫、鼠、草根甚至人肉都被用来果腹。⁵

这种情形并不仅限于英伦三岛。一位伟大的欧洲领导人对军队讲话时曾说:"不要让财产绊住你,不要为你的家事牵肠挂肚,因为你们生活的这片土地海环山抱,养活不了庞大的人口。它没有丰富的物产;种植的粮食尚不够种田人自己糊口。于是,你们争斗不休,互相残杀,发动战争,常在两败俱伤中死去。你们要放下仇恨,停止争论和战争,摒弃分歧与争议,共同奔赴通往圣地的征途。从邪恶的种族手中抢夺土地,归入你们名下。圣经中'流淌着奶和蜜的地方'是上帝授予以色列后嗣的。"这篇为纽伦堡和1939年树立典范的、慷慨激昂的长篇演说,是教皇乌尔班二世在公元1095年号召发动十字军东征时发表的。⁶

工业革命到来前,粮食无法大量运输,储藏设施也几乎一片空白。一旦粮食歉收,总会有人饿死。人口超出土地供养能力时,死亡几乎在所难逃。古希腊是例外,他们在这方面的智慧很少有人评述。古希腊人清醒地意识到人口过剩的长期威胁,他们有意通过娼妓、杀婴、移民和殖民来减少威胁。对很多人来说,这些措施是不道德的,他们宁愿一起吃苦或饿死。在多数"文明"社会,粮食短缺导致很多人死去。

直到18世纪末,饥饿仍是多数社会正常的周期性现象,世界上还有一些地方现在依然如此。

此后,酝酿已久的两次文化革命全面爆发。首先是工业革命,它为劳动者提供了大量机遇。一个人可以完成10个、50个、100个、1000个人的工作,工业革命带来超大城市以及前所未有的贫民窟,同时也催生了全新的生活概念。

当然,工业革命不像飘荡在空中的某种突变孢子,过去它就已经扎下浅根,此后又将粗壮的吸水性极强的主根伸向未来——特别是伸向西方。没有大约100年前的农业革命,工业革命可能早已胎死腹中,因为如何种植、运输、储存足够多的粮食和其他原料,以供养雨后春笋般的城市,可能会成为阻碍工业革命的致命因素。

寄 生 虫

没有可取给的美洲,工业革命就是一个发育不良的侏儒。因为虽然人的效率提高了,从事农业生产的人手有了盈余,可以转向工业生产,但**土地面积**并没有增加。事实上,随着城市的扩张和公路的延伸,土地面积有所减少。新型农业降低了环境阻力;在大约不到60年的时间里,牛羊养殖法的改进就使市场上的牲畜量翻了一番。生物潜能得到更充分的释放。但是随着土地面积的减少,欧洲的潜在总负载力却下降了。

工业革命在1492年就已初见端倪,热那亚人和后来的探险家大肆宣传的地理发现带来少量人口的缓慢西流和美洲产品的回流。从南部大陆驶来的西班牙大帆船运来这里少有的金银珠宝等货物。这些都是西班牙人和弗朗西斯·德雷克(Francis Drake)爵士那样的海盗最感兴趣的东西。他们也从安第斯山脉带回一种其貌不扬的宝贝——马铃薯,对欧洲而言,它的价值远远超过卡哈马卡和特诺奇蒂特兰的宝物。马铃薯很快适应了欧洲的土壤和气候,为人类进一步降低了环境阻力。

第四章 工业人——美妙的幻想

但降低环境阻力还不够。需求飞涨,为满足日益强劲的物产需求,欧洲越来越依赖美洲的土地。第一种被大量退回的作物是烟草,美国的土地到现在都还没有从种植烟草的伤害中恢复过来。玉米、小麦、棉花、木材、大米、靛蓝、羊毛以及更多产品涌入欧洲,以填补当时的经济真空。18世纪末,八大捆棉花在欧洲一地被没收,原因是他们认为美洲殖民地"不可能"产出数量如此惊人的棉花,所以它们一定来自某一禁运地区。但之后短短几十年内,欧洲就从美洲运回成千上万捆棉花。工业革命的早期成果之一——新型运输工具,是长途运输得以实现的关键。

美洲,特别是美国,当时基本属于农业社会,英国试图长期使其保持农业状态。他们禁止殖民地出口新发明的纺织机器,违者将处以死刑。美国独立战争结束了这种被动局面——但很多年里美国仍是欧洲,特别是英国生产商,日渐扩大的产品销售市场。我们用取自土地的产品,也就是土地本身,换取他们的工业品和大量资本。每有100万蒲式耳的小麦横渡大西洋,就会有无数吨表土顺流而下。

欧洲人口压力持续上升。很快他们发现,输出一个150磅重的人要比进口几百磅粮食,维持他一年的生计容易且划算得多。于是爱尔兰人、意大利人、波兰人从欧洲的贫民窟迁往美洲的贫民窟。到了那里,很多人便能较为轻松地填饱肚子。免费的土地,或铁路修筑等有赖于土地的行业,几乎为所有愿意工作的人敞开了机遇之门。维多利亚时代早期,西方世界的大多数地区都展现出发达城市的繁荣景象。研制出世界第一辆蒸汽机车的史蒂芬、发明了水力纺织机的阿克莱特、发明家富尔顿、投机商、企业家让发展的轮子更加高速地运转起来——车轮之所以滚滚向前不会停歇,都是得益于

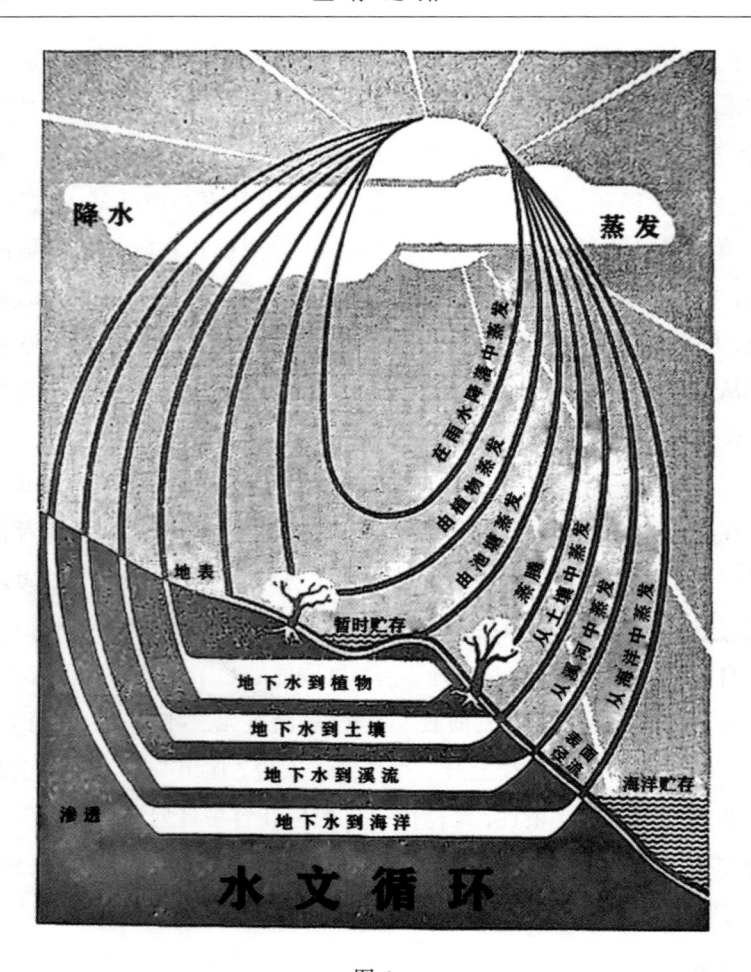

图 4

新英格兰丰富的森林资源、伊利诺伊的茂盛草原、佐治亚和卡罗来纳的肥沃红土、圣保罗高产的山坡,以及南美洲大草原的黑色沃土。

此后,法国化学家路易斯·巴斯德(Louis Pasteur)开辟了微生物领域,世人对微生物及其对疾病的作用有了更全面的了解。随着饮食的改善、食品来源的增加、污水处理和供水条件的改观,以及整体生活水平的提升,欧洲人的寿命快速延长。很多疾病人类不再束手无策,限制人口的最有效措施也随之消失。卫生革命已然到来。

越来越多的饥民

人口增速越来越快。将不干净的水烧开饮用等简单卫生方法很快从欧洲和北美传到世界大多数地区,这足以导致人口爆炸式增长。

1940年以前的100年里,世界人口增加了一倍多,从10亿攀升到了22亿。

19世纪当然是属于英国的世纪。工业革命英国一马当先,凭借殖民地的财富可以连续几十年开空白支票。英国有受保护的稳定市场,从加尔各答进口棉布的商人会面临1000美元的罚款。[7]在航运和工业出口方面,英国的地位不可撼动。1870年,"英国的制造业产出占世界制造业产出总量的32%"。[8]当时英国只有2600万人。

难怪英国极力拥护自由贸易!英国像一只得意洋洋的寄生虫,从新英格兰、艾奥瓦、马里兰、阿根廷、南非、澳大利亚和印度遭受侵蚀的坡地上源源不断地汲取"养分"。这些地区大都情愿以某种价格做它的宿主。辛普森餐厅名声在外的牛排和排骨带有来自半个世界的氮、钾、磷以及其他土壤矿物质。

托马斯·马尔萨斯（Thomas Malthus）的理论被美洲丰饶的物产淹没或许并不奇怪。1978年他发出警示：粮食供应可能赶不上人口增长。但每一天都有船只运来从生荒地上产出的物品，它们质量更好，数量更可观。一个个经济学家否定了"悲观牧师"马尔萨斯的理论。受此影响，公众舆论也对其置若罔闻，因为马尔萨斯提出的解决方案是通过节制性欲来限制人口。为什么要担心人口问题？各地的生活都在改善，新土地欢迎许许多多人的到来。无论以金钱还是食物数量来衡量，"生产"都在增加。如果早期殖民地早在独立战争以前就开始抛弃肥力耗尽的土地——并在19世纪的进步真正到来后仍加速抛弃土地，结果会怎样？如果食糖耗尽了西印度群岛的土壤，咖啡破坏了从危地马拉到巴西的坡地，结果会怎样？还有更多土地等着我们，不是吗？经济学家并没有在他们的资本概念中融入高度脆弱的生物资源。金钱等同于财富，对几乎每一个人来说，贸易收支都令人满意。重农主义者注意到，符号层面的财富不同于真实财富，但他们的声音很快被"进步"和"繁荣"所淹没。

英国虽多方探索，但仍无法做到垄断工业生产，当他很多充满活力、雄心勃勃的孩子开始在美洲寻求民主的时候，试图垄断工业就更像是白日做梦。工业生产在整个欧洲大陆蓬勃发展，美国的城市开始扩张。

我们的工业结构主要是为满足国内市场需求。没错，秘鲁南部地区称抽水马桶为"芝加哥"，但格兰德河以南带来某些异常卫生习惯的管道设施大都来自英国和欧洲大陆。

城市快速扩张时期，我们的市场基本在国内，而且主要是农村市场。1920年以前，美国人大多生活在农村，正是他们强劲的购买力催生了一个个工厂。当然，他们的财富主要来自土地。

真实财富的来源

从1873年（首次获取统计数据）到带来一些新因素的第一次世界大战之间的这段由萧条到再次繁荣的历史，可以为这种关系提供一些线索。

1879年，"小麦获得大丰收（4.59亿蒲式耳！）"，而其他地区又因粮食短缺造成小麦价格上涨，这在很大程度上提高了美国重要小麦产区的购买力。购买力的增强首先刺激了铁路的发展，随之带来各种商业活动的迅猛发展。农民增加的收入一部分用于购买消费品，一部分用于购买农场所需的设备……1879年美国经济的复苏与印度棉花减产不无关系……由农业开始的繁荣发展以累积方式快速延伸到整个工业系统……

"农业状况的显著改善（增产8000万蒲式耳，价格上涨60%）到1897年年中完全显现，农业进步很快带来商业活动的全面扩张。65

"在与之关系密切的铁路设备方面，1897年前半年货车车厢和客车车厢购买量极低，但此后开始增加……农业发展是强有力的推动力量；1897年秋季如果农业表现欠佳，铁路设备的购买将会和1895年一样低迷。"

在《资本的形成》的脚注中，作者莫尔顿博士写道："研究这一时期值得注意的是，俄国的经济复苏开始于1893年，比西欧和美国早两年。1893年到1896年，俄国连续四年小麦大丰收，出口大增；相比之下，美国的粮食产量始终保持低位。1897年出现反转——俄国农业产量减少，美国获大丰收。

"顺便提一句，1891至1892年的美国复兴是欧洲各国无法望其项背的。这无疑是1891年小麦特大丰收的结果，当年产量高达6.78亿蒲式耳，超出从前最高年产量1亿多蒲式耳。由于世界其他国家产粮不足，美国小麦保持了较高价格；明显高于后几年的价格。出口量从1890年的1.09亿蒲式耳增加到了1891年的2.29亿蒲式耳。

"而且1924年春夏季的工业复苏似乎也是小麦增产及其价格上涨的结果。1924年，美国的小麦产量为8.4亿蒲式耳，而1923年只有7.59亿蒲式耳；1924年12月1日，小麦价格每蒲式耳1.3美元，而前一年却只有92美分。由于世界其他地区粮食减产，美国的出口量从1.32亿蒲式耳增至2.55亿蒲式耳。"[9]

"农业是工业品最大的购买单位。农业的用工人数是钢铁、汽车和采矿行业总用工数的3.5倍。批发额的36%、零售总额的约50%都是农产品交易所得。整个批发和零售业领域有35%的工人从事农产品交易；铁路运输40%的货物都从农田产出。"[10]

鉴于农民的购买力对经济影响显著，想想不断提高的机械化水平，大农场日趋增强的垄断趋势和由此造成的农村人口缩减，以及农村购买力越来越集中于少数人手中的事实会带来怎样的影响。这是值得深思的一个问题。

那些为我们提供了广阔农村市场的人们，其购买力来自于土地。他们最初自给自足，只能勉强维持生计，后来却能买得起纺织品、农具、复杂昂贵的车辆、现代卫生设施，以及机械化的娱乐用品，也就是说，购买了越来越多的消费品和资本货物。许多面向我国农村人口需求的产业发展日新月异，从经济角度看，已经具备一定的世界影响力。在我们最大的市场仍是广大农村地区的那个年代，美国工业品的购买者通过耕种积累了购买力，但他们的耕种方式却毁坏了千百万英亩的土地。

已故的伦纳德·索尔特（Leonard Salter）曾提到威斯康星州南部的一位农民，他说那位农夫倚靠着谷仓，心满意足地说："我有180英亩的土地，有房子，有谷仓，有牲畜，这一切都是我自己的，没有欠任何人的债。为此我辛苦劳作了17年——用去了6英寸的表土。"

越来越严重的浪费

美国农村地区的繁荣兴旺都是通过开发土壤实现的，所以不难得出这样的结论：美国的繁荣——也即美国的生活标准——很大程度上是建立在永久性毁坏美国三分之一表土基础上的。如果美国的农民没有耕种极易造成水土流失的坡地，如果他们只采用有益于土壤的耕作方法，美国的农业用地就会大幅减少。许多农田负载力的短期提升都是通过消耗土壤肥力取得的。西部地区新一轮的干旱尘暴天气和美国农业部的政策息息相关，这种天气就是土壤肥力耗尽的有力证明。

从一个不愿衰退的国家赖以生存的长期基础来看，我们毁坏的、帮助我们建立起工业帝国的千百万英亩的土地负载力并不高，但我们不满足于1.5%的产量；我们要的是快速致富！实现经济的不断扩张已经成为我们的经济信条，但扩张的经济实际却是一种缩减的经济，因为它是以消耗土壤、矿物质等不可取代的资本货物，以及水、森林、草地、野生动物等理论上可再生的资源为代价的。要知道，可再生资源只有通过科学管理，在保证可持续产出的基础上，将作物限制在更替能力范围内，才有再生的可能。从1607年起，我们就是在靠消耗资源资本过日子。

我们用这些资源购买昂贵的奢侈品，如异常复杂的公路系统、头重脚轻需要不断缩减调整的工业结构，以及用金钱来衡量的物质化的生活标准。这种铺张浪费的心理足以让我们节衣缩食的祖先感到震惊，在其他国家，人们会视其为疯狂之举，甚至是犯罪行为。由于锡资源有限，可以想到，我们可能会为获取这种金属而与他国刀兵相见，但战时锡的回收却被完全放弃。西海岸伐木者扔掉的木材是东部森林搜刮到的锯材的两到三倍。警觉的观察人士指出，美国有数百万个水龙头都在滴水，浪费严重。国防部的军需大楼上还贴有战时要求大家节约用水的标语，但多数卫生间的水龙头却在漏水。无数不必要的电灯每年消耗大量煤炭。挥霍最多的或许是汽油，我们从别国进口汽油，但每一天的浪费却有几十万加仑。很多司机车停了发动机还在工作。我们通过赛车和降低汽车功效的高速行驶来排解压力。我们生产的汽车需要更大动力，更高油耗，这都超出了实际所需。与此同时，我们还借助报纸和广播大量推销汽车。美国人每年漫无目的地开车行驶几亿英里。面对日益逼近的油井枯竭，我们只好派海军前往地中海，威胁苏联，尽力攫取亚洲的石油——并在国内继续挥霍。美国大多数资源已经用尽，但我们的游艇、马厩还在——而且毁弃婚约的诉讼案也不在少数。

欧洲的工业结构也是一样的豆腐渣工程。新的土地——包括非洲和澳大利亚以及美洲的土地——为人口大火增添了持续燃烧的燃料。小麦、玉米、烟草、棉花、羊毛、木材、石油、矿物等许多原材料和粮食都来自这些土地。

欧洲人购买这些产品，保持了贸易平衡。呼吁遏制人口的尊敬的托马斯·马尔萨斯越来越不受欢迎。政府经济学家和普通民众盲目乐观，自足于这个所有可能世界中最完美的世界。他们和美国的先驱们一样，幻想人类的资源"取之不尽"。他们不曾理解，而且多数人到现在都不了解的是，在他们购买来自新土地的棉花、羊毛、烟草和玉米的同时，实际也在购买那里的土地。他们买来佐治亚的沟壑、南非的峡谷、密苏里的洪水、萨尔瓦多的深谷和塔斯曼海上的尘暴。

他们还在买，买，买！我们也在为最近的小麦丰收沾沾自喜，就好像它们不是风调雨顺年月的偶然所得——依此可以推断，新一轮的干旱尘暴天气即将登场。我们的谷物不断运往海外，大量表土随之流向墨西哥湾——这就是代价。我们提高税收和（或）国债以养活两大洋另一边的过剩人口，在此过程中，对自己的土地造成永久性破坏，或破坏到至少需要几十年和巨额资金才能恢复的程度。拉丁美洲的地产商和木材商买进奢华的帕卡德汽车，而与此同时，低地地区的农民却在疯狂逃离污染的河流；澳大利亚的牧羊人竭力争取免税市场，但他们过度放牧的牧场上的肥沃土壤却被吹到了一千英里外的太平洋。

如果欧洲的工业发展没有像寄生虫一样把它长长的嘴巴深深扎进新土地里,世界历史就会完全不同,庞大的人口、重工业、社会压力、经济压力就不可能发展成引发第一次世界大战的脓包。它们可能会局部溃烂,小范围地化脓、破裂,但不会伤及整个有机体,也就是我们生活于其中的世界。弗兰肯斯坦造出的虽是怪兽,但相对无能,如果一只怪兽有整个世界可以依靠——仅在美国一国就卷走一亿英亩最肥沃的表土——那就会越来越大,最终不受人控制。不知所措的英国政客,那些试图躲过并不是来自敌人炮火的犹太人,以及那些哀悼孩子的塔拉斯坎(Tarascan)妇女——所有这些,从直接的历史意义上直言不讳地讲,都是过度喂养的受害者。

历史上的种种意外总是让人着迷。如果哥伦布早两个月或晚两个月到达美洲海岸,正如已故博物学家弗兰克·查普曼(Frank Chapman)指出的,他就不会遇到海鸟南迁,也就无法控制住叛乱的船员。这样就不会存在巴勒斯坦问题,就不会有联合国——或许都没有成立联合国的必要。神奇吗?但如果这种假设有助于我们理解新开辟却又快速老化的土地与膨胀的饥饿人口之间存在的联系,那么,它也就具有一定的合理性了。

工业化的谬误

考察一些土地撂荒比美国更严重的地区,就能清晰地看到财富、人口与土地之间的关系。20世纪的英国就是最惨的例子,其人口与土地负载力差距巨大。英国比它的竞争对手早几十年就开始寻求世界市场。英国早已发明低价销售的工业技术,许多制造商坚持质量至上——这是该国最了不起的一笔财富,这让它的纺织品、皮革制品、机器设备与其货币英镑一样,地位坚不可摧。除煤炭外,英国几乎没有其他物质资源,勤勤恳恳且技术熟练的人民,以及率先掌握工业技术这一事实是其主要资源。任何有购买力的地方,英国的产品都供应不求。英国人可以用他们的工业品轻而易举地换取粮食和原材料。

但19世纪后期,英国开始在出口方面遭遇来自欧洲的激烈竞争,后来又多了新的竞争者——美国。更大的打击是,几乎每个国家都发展起与之相竞争的产业。对英国工业史有充分了解的印度领袖甘地精明能干,他试图打破英国在印度的纺织品市场。世界各国都用从英国进口来的设备建立起自己的纺织厂,并通过高额关税保护自己的产业。

丢掉出口市场后,英国便试图降低价格,以提升竞争力,换句话说,就是降低工人的生活标准。英国船主大幅削减船员工资,缩减成本,对美国的船员来说,他们的工资低得可笑。我们全力应对竞争,不允许英国船只在美国沿海水域运输货物,并用我们纳税人的钱来补贴船主和船员。美国船只的运营成本比我们的竞争对手高出约50%。在与英国的竞争中,世界其他国家取得胜利,英国工业品的市场份额从1870年的32%骤降到了二战前的9.2%,[11]但英国的人口几乎翻倍,即便没有爆发战争,这时的英国也已深陷困境。除苏格兰的威士忌酒以外,英伦三岛的产品几乎都能在其他地方以同样低廉的价格买到。英国的产品质量依然一流,但税收不断增长首先打击的就是能够买得起优质产品的人,质量已不再具有50年前那样的购买力。

现在，英国每平方英里可耕地上拥有2500人，这意味着，尽管有顶级的农业技术，英国也不可能在国内生产出足够的粮食，维持我们认为体面的生活水平。英国的情况已经非常接近1600年，这非常危险。的确，因为人口增长迅速，英国的情形很可能会更加糟糕。直到现在，英国领导人才开始理解生存的窘境。那个思想过时的伟大领袖对大英帝国科学家的发现一无所知，在威斯敏斯特学院演讲时，他竟赞成美国人的蠢话："所有人都能填饱肚子，大地是慷慨的母亲；只要她的孩子能公正和平地耕种土地，所有子女都能衣食无忧。"

受美国士兵伙食补给的刺激，英国人也渴望在物质上和美国人一样富裕。社会党政府变换着"经济""政治"戏法，毫无依据地承诺要靠一己之力提升英国人的生活水平，完全没有察觉到他们已经到了捉襟见肘的地步。除非我们愿意和5000万英国人分享口粮，否则，饥荒很可能再次困扰伦敦，与饥荒同行的将会是英明的英国牧师马尔萨斯的影子。

日本帝国的情形与英国相似，这里人口密度达每平方英里可耕地3000人，但日本人拥有强大的心理优势，他们习惯于较低的生活标准。而且除煤炭以外，其矿物资源也比英国丰富。让很多西方国家羡慕不已的是，日本很多地方可以一年种两季。但随着现代工业方法和卫生设施的引进，日本人口在大约75年的时间里翻了三番。很显然，日本无法确保如此庞大的人口都能过上体面的生活。

德国也不例外。人们都想过上好日子——对其统治者来说，尤其如此。"中欧地区十分拥挤，每个国家都需要扩张发展空间，都想开拓更多市场和殖民地，以安置盈余人口，种植供国民消费的粮食。"[12] 和很多感受到外部威胁、渴望扩张的国家——特别是独裁国家一样，德国开始有目的地增加人口，充实兵力，导致情况恶化。德国两次企图扩张，但都以惨败告终。法国担心德国卷土重来是有一定道理的，因为至今德国仍不能满足因人口日益增长而不断扩大的物资需求。

英国、日本和德国是全世界工业最发达的三个国家，但没有一个国家**可以离开足够面积的肥沃土地**，而仅靠工业化就能维持较高生活水准。那些鼓吹工业化可以解决贫困引发的各类问题的人应该仔细想想这些例子。实力锐减但相对热爱和平的英国现在发现自己已经徘徊在饥饿的边缘。日本和德国则试图通过乌尔班二世推崇的扩张和战争手段摆脱困境。饥饿如影随形，他们甚至无法保证每人每天 2000 卡的热量摄取。两国人口已经超出国内土地的负载能力，而且也丧失了从世界各国获取所需衣食的经济手段。

如图 1（生活标准）所示，仅靠工业化就能提高生活水平的理论是错误的。这幅图主要基于澳大利亚经济学家科林·克拉克（Colin Clark）的研究，他用国际单位，即 I.U.[13] 确定实际收入。"一个国际单位被定义为，1925—1934 年 1 美元平均可以在美国购买到的商品和服务。特别值得注意的是，位居前十的国家中，加拿大、新西兰、阿根廷战前都是工业化程度不高的国家，但相对于他们的土地和资源来说，这些国家人口较少。另一方面，工业化程度高、人口庞大的瑞典、德国、比利时、捷克斯洛伐克、日本、意大利排名都较靠后。意大利一路滑落到了第 25 位。英国如果失去美国这一依靠，排名还要更加靠后。瑞士银行业、旅游业发达，几乎垄断了精密仪器的生产制造，加之人口较少，才得以保持现在的地位，否则也会跌到倒数。荷兰如果没有紧紧抓住殖民地,排名会完全改变。爱尔兰曾因饥饿失去几百万人口,过去 100 年里,爱尔兰人口减少了一半。法国城乡人口非常均衡,可能是当今世界人口持续减少的唯一一个文明国家。这 10 个国家,因**相对其人口来说**本国土地,或他们所能依赖的土地负载力高,才最终能够保持较好排名,如果人口快速增长,优势也会很快消失。人少,土地负载力会保持较好;人多,则会极其不利。"

疯狂的人口出生率

在 40 国排名中,生活水平位列前 10 的国家及其人口增长率情况如下:[14]

美国	第 32 位
加拿大	第 21 位
新西兰	第 25 位
英国	第 39 位
瑞士	第 36 位
阿根廷	第 17 位
澳大利亚	第 30 位
荷兰	第 22 位
爱尔兰	第 27 位
法国	第 40 位

毫无疑问,它们通过抑制人口增长率保持了土地负载力和人口(空肚皮)之间较为有利的关系。

第四章 工业人——美妙的幻想

全世界最"繁荣"的 10 个国家中，人口增长率超出中线的只有一个——阿根廷，他们的靠山就是资源资本。人口增长率最高的十个地区是：中国大陆、印度、中国台湾、墨西哥、埃及、波多黎各、苏联、智利、菲律宾和阿尔巴尼亚——这些地方人满为患，生活水平极低。

一段时期内，当工厂主占据垄断或类似垄断性的地位，而且当新土地尚未开发的资源异常充沛时，工业化无疑能够提高潜在生活水平——尽管由于财富高度集中民众并没有感受到物质生活的改善。英国几乎在全球范围内占据垄断地位，美国拥有广阔的国内市场，在本国占据垄断地位，但这样的日子已经一去不复返。当今试图通过工业化来提高生活水平的小国家，例如一些拉丁美洲国家，因起步太晚，已很难成功。除了阿根廷和巴西，其他国家的土地，或者说环境负载力都极低，导致人民购买力低下。土地生产力低，无法输出足够的原材料为日益增加的人口提供高水平的生活；民族自主的荒唐企图使其处境更加雪上加霜，例如一些中美洲小国就被牢牢束缚在本国范围内。

显然，工业化本身不是摆脱饥饿贫穷的良方，我们再来简要看看萨尔瓦多和波多黎各。这两个地区因为电力供应不足、原材料匮乏而无法实现工业化。萨尔瓦多在生活水平上接近中国和印度，可以说是一个农业国。过去 400 多年里，因为粗暴虐待土地，萨尔瓦多可能已经丧失一半以上的土地负载力。除了咖啡和国内有人饿肚子也要运到国外的少量玉米外，这个国家几乎没有可出口的其他产品。如果像某些萨尔瓦多左翼政客建议的那样，将该国收获的所有咖啡分给全社会，每位居民每年只能分到一小袋，约值 15 美元。萨尔瓦多虽是小国，但对北美洲却意义重大，它是整个拉丁美洲国家的缩影。萨尔瓦多人勤劳聪明、诚实可靠，无论移居到哪里都能赢得人们的一致尊敬。但因为人口增长过快，国内可耕地已经难以养活他们。每个人只占有大约一英亩的可耕地，而且大部分土地相当贫瘠，难怪数千民众死于营养不良——坦白来说，就是死于饥饿。他们能够获取的**平均热量**每天只有大约 1500 卡，当然，"平均"二字也就意味着，很多萨尔瓦多人每天摄取的热量还不到这个数。

我们倍加呵护的贫民窟

另一个离我们较近，美国人应该为其悲惨命运负主要责任的国家是波多黎各。自波多黎各成为美国的殖民地后，其人口翻了一番。但每人占有的**可耕地面积还不到半英亩**，[15] 剩余的大部分土地——波多黎各土地侵蚀严重——都属于大陆食糖公司，他们出口产品，谋取私利。如果当前人口增长居高不下，25 年内波多黎各的人口还会翻番——民众拥有的人均可耕地面积将不足 0.25 英亩。在被托管（多么讽刺的说法）的那段时期，美国为波多黎各提供了价值 10 亿美元的多种形式的援助。[16] 尽管高度压榨美国人民——一定要记住，这种压榨意味着美国人损失了大量工作时间，以及可用于改善教育制度、提升医疗卫生质量、改进服务和娱乐设施的资金，但 1941—1942 年，波多黎各人的平均家庭收入却只有 350 美元。这一收入还是靠军费膨胀起来的。"1937 年，波多黎各的人均收入只有美国的七分之一，大约是我们最贫穷的州亚拉巴马州的三分之一。"[17] 除土壤以外，波多黎各几乎没有其他资源，电力供应接

第四章 工业人——美妙的幻想

近空白。他们有的只是不负责任,无所顾忌的生育力。

这个岛屿贫民窟人口增加的主要原因(我们其他一些属地也有类似情形)与美国政府采取的措施密切相关。我们有目的地采取多项措施,如改善民生、营养和医疗条件,导致人口增加,却未采取任何实质性措施平衡它们带来的后果。最近通过的一项节育法受到很多波多黎各人的欢迎。西尼尔博士说:"节育法的实施因主要委托给了反对节育的人而遭到恶意破坏。"

我们在波多黎各采取的各项措施造成每年有更多人遭受更多苦难。那些将生态问题视为道德问题的人,似乎并没有考虑到这种虐待会带来哪些教训。

以牺牲北美洲工人的生活水平为代价,工业化在一段时期内能够帮助波多黎各人改善生活,但如果愚蠢的人口增加继续下去,波多黎各就会快速走上中国和印度的道路。

萨尔瓦多、海地以及其他很多国家都不例外。波多黎各有销售免税货品的商店,他们没有,因此工业化也无法为其谋得出路。关税壁垒不可能取消,似乎也没有取消的合理理由。人口过剩、生活水平低下的国家能够为自由化的世界市场提供的就只有类似日本苦力生产的产品了。英国经济学家托马斯·格雷欣(Thomas Gresham)发现的"劣币驱逐良币"的法则不仅适用于货币,同时也适用于劳动力。廉价劳动力往往会驱逐高价劳动力,最终在市场上泛滥。美国为何要购买印度、中国和其他一些国家生产的产品,为他们的人口膨胀提供补贴,其原因令人费解。这些国家如果不能采取合理的人口政策,我认为就无权得到他国援助。

高度工业化的欧洲国家同样如此。制造业使它们能够在100

年甚至更长时间内取自于他国的土地，但这只是权宜之计，只是在拖延清算时间而已。当全世界每个国家都在建立政府保护的民族纺织业的时候，工业设施陈旧的国家，如英国又怎能期待找到商品销售市场，换取粮食和原材料？工业化在100年的时间里，为人类最富有的一些人带来高质量的物质生活，由此他们认为，人类可以脱离大地富裕地生活。工业化制造了这样的奇妙幻想。然而，现在它却像沙漠里的海市蜃楼一样正在消失。

国内购买力不足的小国家已经无法建立重工业和生产耐用消费品的工业。从英美两个国家的实际情况看，我们已经达到工业饱和的程度。一想到自己的剩余农业品、工业品，美国就会噩梦萦绕。从根本上来讲，购买力取决于自然资源——特别是土地——不管如何变换"资本"符号，都无法改变这一铁的事实。世界人口过多，有限的自然资源难以为人类提供高水平的物质生活。使用机器，完全榨取式地利用世界资源只会延迟人类被生态法庭审判的时间。五大洲的各种不祥之兆告诉我们，末日审判即将来临。

不是面包，是石头

随着人口的增加和土地的破坏，农业用地每年能够产出的粮食越来越少。现在人均农业用地只有一英亩多一些，而且还在快速缩小。美国的盈余远非世界其他国家的真相。除非我们情愿打开大门，任由他国工业品大量涌入市场，否则就只有一种办法——拱手送人。（很大程度上讲，我们的剩余农产品只是一种假象，因为它是以消耗和流失土地本身为代价的——我们耗尽了资本。）除欧洲少数几个面积较小的地区外,森林普遍遭到无情砍伐,很少有人从长远利益出发,考虑森林的持续产出。绝大多数草场因过度放牧导致土地日益恶化;我们的牧场也已经严重受损。《科利尔》(*Collier's*)杂志的一位作者所说的"牛集团"正在向牧场发起最后的致命攻击,以帮助它们的主人快速致富。地下水位持续下降,越来越多的河流洪水泛滥。我们就像一只猫在拨弄毛线球一样,时间越久,线团缠得越紧,困境也就越难摆脱。

当前世界各地都已经没有足够的荒地为每日净增的五万人提供口粮。如果我们关心生态移民,就必须为成千上万人争取更大的空间。除热带地区外,只有苏联还有大量森林资源,但俄国大部分森林都难以接近;目前要大规模地开发利用热带森林,成本仍旧过高。草地已开发殆尽,现在应该好好享受能够吃到的牛排,因为很多美国人可以消费的牛排会越来越少。

放眼未来,世界多数地区的土地负载力都将下降,而人口又会激增,我们的生活水平势必显著下降。事实上,尽管很少有人意识到,但生活水平的下降已成事实——无疑,下降还会继续。通货膨胀导致实际收入降低就是表现之一。另一表现则是在欧洲和亚洲人口过剩的某些地区花费的高额治安维护费。我们想通过巨额贷款来支撑世界经济,很少有人怀疑它们不是馈赠,当然这些贷款也能提振美国经济。贷款可以说是生活水平下降的又一表现;我们通过联合国善后救济总署向世界多国慷慨提供的财物援助也是表现之一;在土地资源日益缩减的情况下为无数贫苦民众提供衣食、住所也就意味着我们的生活水平将持续下行。

如果没有公开作战,我们就不大可能陷入英国那样的窘境,因为美国人口没有明显增多,但支出与税赋的增加对很多美国人构成负担。医院开始限制使用医疗设施,学校经费严重不足,导致全国教育质量迅速下降。一些重要的政府服务正以节约为名逐渐取消。有赖于捐赠的博物馆、图书馆和高校等机构,运行每况愈下。中产阶级,特别是专业技术人员的消费越来越倾向于生活必需品,战时储备多少掩盖了这种趋势,但此类储备正在快速耗尽。购买力的下降,说得委婉些,显然会对美国整体经济造成令人不快的影响;真正会造成怎样的后果,没有经济水晶球,谁都无法预测未来。

虽令人不快,但生活水平的下降已在所难免。安于现状,不闻不问必将招致灾祸,无视前进道路上的破坏者可能延迟灾难的到来,但改变不了自掘坟墓的下场。现代世界比以往任何时候都需要我们清醒思考,摒弃感情用事,抛却不合时代的旧观念。相比过去,今天我们更需要抛弃党派之争的德才兼备的领导者。幸运的是,我们具备前人没有的先进知识。如果我们足够勤奋、勇敢,能够充分利用新知识,或许人类文明就不会覆灭。

但不能仅仅依靠"政治"和"经济"手段。必须看到整个人类社会,以及我们生存于其中的整个环境。最重要的是,必须意识到,我们吃到嘴里的每一粒米、每一块土豆、每一片肉、每一颗玉米,都必须从地球上的某块土地上得来,必须认识到:每块农田的负载力都是有限的,而且还在下降,人类的需求却在持续攀升。如果不能将这种理解内化于心,外化于国内国际政策,就不可能预知人类的未来。

第五章　知地善用

或许没有哪种因素像来自云朵的雨水那样对人类产生决定性的影响。虽然讲不出头头道道来，但在农人的意识中，雨水至关重要。他们崇拜雨神，祈祷雨神可以免除自己一手酿成的旱涝灾祸。因为对雨水缺少正确的理解和认识，千百万英亩的土地白白浪费、收成剧减、洪峰增高、牛群饿死、沙漠蔓延、战争爆发。

城里人对人与雨水的关系浑然不知，这对人类文明而言是非常危险的。缺乏正确的认识，才有了错误的经济概念，例如，认为欧美国家的经济制度适用于世界各国。它使人类混淆了殖民与移民的概念，不懂得城市与工业应达到怎样的规模，如何分布。不了解降雨差异造成的影响，便对人口问题产生错误理解，从而导致对政治的理解偏差。它甚至波及人的品行道德。错误地理解为人类未来埋下战争的种子，这已是最好的结果；最糟的情况是，人类文明很可能会因此崩塌。

人类离不开水。人体的60%由水构成，而且必须不断补充。人类食物中含有大量水分，例如，种植1吨玉米需要300吨的雨水，这是显而易见的。但并不显见的是水在总环境中发挥的作用。总环境决定着人的生存，影响着人类的行为和文化发展。很多人更不清楚的是，人类的行为习惯能通过森林中堆积的落叶、土壤、井、泉、河流、湖泊而影响水的供应。的确,这些关系的很多方面对该领域科研人员来说都还是有待解开的谜团。

人类所能获取的所有水分都来自大气中凝结的水汽。一些水分,如冰啤酒杯上的水汽,会快速冷却,直接在地表凝结为露水。更多水分则在高空中凝结,以云的形式出现。

当然,这些凝结是空气上升、收缩,温度下降的结果。有时空气的上升是大气团移动带来的。冷气团会插入暖气团下方,暖气团被迫抬升。从海洋移向大陆的暖气团可能遇到冷空气,使空气中的水分凝结成水汽。或者大地表面的热气形成的对流迅速上升,带来夏季人们常见的暴风骤雨。热带地区全年都有这样的天气。

通常空气每上升300英尺,温度就会下降大约1摄氏度。空气越冷,能够保持的水分就越少。气团前进过程中,若遇到高山,山峰就会迫使风上升,冷却,致使气团失去水分。这种气团运动及其对人类的深远影响,正是乔治·斯图尔特(George Stewart)引人入胜的小说《暴风雨》(Storm)的主题。这本书是了解气象学的优秀入门读物。

雨神的统治

降落到大地上的水都来自海洋的蒸发。这种水支配着水分循环——水从大气到土地,又通过各种过程再回到大气中的循环运动。靠近海洋的地区和海风经过的地方,如西欧,美国西北部和印度季风区,雨水充沛。亚洲中西部虽然也在季风影响范围内,但与大西洋相距遥远,吹来的风中所含的水分早已丧失,中亚因此成为荒漠。喜马拉雅山脉东西绵延,构成阻挡季风的屏障。美国的沿海山脉和落基山脉,自北向南,也发挥了同样的作用,山脉的背风面形成了地理学家所说的雨影。雨影区降雨少得可怜,密苏里河流域中部遇到的问题和高原地区的尘暴都与降雨不足密不可分。

植物通过叶片上的小孔蒸发出从地下吸收的大量水分。蒸发对降雨会产生怎样的影响,气候学家尚未达成一致。对海洋气团大量存在的地方而言,这种蒸发无足轻重。但在海洋带来的降雨非常有限的地方,植被对水循环似乎起到相当显著的作用。在亚马孙流域,上千万英亩的树木每天向大气中蒸腾出数百万吨的水,这些水又通过降雨回到地面,这里的气候一定要比大部分雨水降落在干燥的土地上,然后又流回大海的地方湿润。没有植被的保护,光秃秃的土地吸收的热量更多,导致对流更旺盛,雨水更集中。

世界各地雨量差别巨大。印度一些地区一年的降水总量可达40英尺,位于安第斯山脉雨影区的秘鲁海岸,每年只有两百五十分之一英寸的降雨量。不止一位曾经过背风沿海谷地的人看到了他20年或25年前留下的脚印。在帕拉卡斯海湾南面,秘鲁首都利马市以南125英里处,被征服前的印第安人曾在地上挖了名为"枝状烛台"或"三个十字架"的神秘图案,秘鲁印加帝国的侵略者弗朗西斯科·皮萨罗(Francisco Pizarro)到来后的四百年里,这里很少降雨,所以地面上留下的图案深沟仍清晰可见。在智利南部的"咆哮西风带",强风劲雨自西而来,在安第斯山脉的另一面造成雨影区,巴塔哥尼亚地区处于半干旱状态。

降雨除了空间上的区别,在时间上也有很大差异。一些幸运的地区,如英国,全年降雨量非常均匀,大约150天都有降雨。这种降雨分布，加上每年只有约 25 英寸的降雨量，使西欧很少受到水土流失的困扰。与这种降雨模式形成鲜明对比的是广大热带地区，热带约占世界陆地总面积的 13%。[1] 这里炎热、干燥、水分蒸发极快，印度即是如此。除了时间上存在差异，降雨还呈现出各种复杂、长期的变化，这些变化对历史产生深刻影响。蛮夷进攻古代中国王朝和欧洲几大帝国可能就是这种变化引起的。短期水分循环吸引农民来到我们西部的大平原地区，后又让他们活活饿死。

无处不在的生命

在应对各种各样的降雨类型上，大自然显现出无尽的多样与活力。所有适宜居住的角落都被植物和以植物为生的动物占据。雨水充足的地方，渐渐被森林覆盖。降水不足、树木稀疏的地方，则会出现广阔茂盛的草地。雨水更少的地方，如智利北部沿海地区，则草木不生；在戈壁滩或美国西南部地区，又生活着密度与可获取的水分相适应的抗旱植物。

正如植物依靠土壤安身，靠它为根部提供水分和矿物质一样，土壤也需要植物和与之相关的动物。构成土壤的一些基本物质是矿物原料。空气中的二氧化碳，再加上水，会侵蚀岩石表面。雨水也会侵蚀岩石，风裹着沙粒吹过，在岩石表面留下道道印痕。水渗入岩石缝隙，结冰，使岩石破裂。地衣等原始植物寄生于岩石表面，蚕食岩石。树种落入石缝，发芽，生长，虽然并不坚硬，但却常常能崩碎岩石。那些在书中描写"永恒不变的土地"或"亘古永存的山峰"的人一定不是地质学家。大地是不断变化的，山峰也总是受到风沙雨水的侵蚀。土壤正是从这种母材中形成的。

但这仅仅是开端。比"永恒不变的土地"更为准确的说法是"充满生机的土地",因为土壤的确是有生命的。原始植物帮它分解,又用它们腐烂的尸体为土壤施肥。当土壤变得厚实肥沃的时候,就会有高级植物占领。它们继续把空气中的二氧化碳在内的无机物变成丰富的有机物。每立方英尺的土壤中,因为植物的存在都会有上千万的细菌、微生动物、蠕虫和甲壳动物等。含有丰富腐殖质的表土——或甲层土壤,随气温、雨量、坡度和母材的不同而逐渐形成。

土壤类型繁多,每种类型的土壤在形成过程中都无一例外地受到特定环境的影响。只有通过高度专门化的农耕方法,才能使土壤最大程度地服务于人。在凉爽的森林地区,雨水滤去土壤中的可溶性物质,形成酸性土壤,通称为"灰壤";红壤土是在潮湿温暖的热带森林形成的。在雨水较少的草原地区,基本矿物质没有遭到溶滤,土壤的团粒结构完好,专家认为这种土壤是质量最好的。我们通常见到的草地土壤被称为"**黑钙土**"。"灰壤(podsol)"和"黑钙土(chernozem)"两个词显然出自俄语,俄国科学家率先对土壤展开研究。另一种分布广泛的土壤是"**黄土**",这是一种颗粒极小、由风搬运而成的粉末状土壤。黄土极易受风蚀,在中国西北部面积广阔的黄土高原上,可以看到世所罕见的因风蚀造成的土壤流失。

这些土壤原料无论是否有生命,其结合和产生都离不开它们的地理分布、坡度、动植物区系和气候状况等。

生 命 网 络

正如不同的土壤需要多种相互作用的因素一样，土壤上的生命也依赖多种因素而存在。这些因素之间的关系是动态的，而非静止的。它们构成了一个应力应变系统，经年累月，逐渐达到生态平衡。在任何一个地区，动植物都会影响总环境，最终影响生态平衡。许许多多的反刍动物，如美洲野牛或非洲大猎物在高湿度和低湿度间的过渡区域可能起到阻止森林扩张的作用。

据说在苏格兰就有这样一个很有意思的例子。[2] 大约在1892年，一些黑头鸥开始在一个松鸡活动区筑起巢来，15年里，黑头鸥的数量增加到了约1500对，它们的粪便和踩踏改变了石楠属植物丛生的自然环境，最后这些植物被灯心草和酸叶草取代。许多耐水力强的植物开始出现，欧洲水鸭也加入进来——再也看不到松鸡的影子。因为这一原因，松鸡猎场不再受到保护，黑头鸥数量开始下降，在该群体形成25年后，只剩下大约30只。石楠属植物和与之相关的其他植物再次覆盖这一地区，让这里又一次成为理想的松鸡栖息地。

在任何环境中，动植物的基因都在不断变化。能够充分适应总环境的物种得以生存，不能充分适应者则会消亡。最后形成的稳定的植被称为演替顶级。两三千万年前，落基山脉的隆起改变了所在地区的气候，美国中部草原的演替顶级就是从那个时期开始形成的。[3]

北半球的其他演替顶级有冻原、森林、林地和灌丛。这些群落已经存在了成百上千万年，如果没有显著的气候变化，它们或将长期存在。人类的焚烧、砍伐、降低地下水位都可能干扰演替顶级的发展，但这些影响一旦暂停，比如建立保护区或人类退出该区域，演替顶级就会再次发展。大规模的细菌战将是森林和草地重回大地的激烈但却颇为有效的手段。

演替顶级恢复所需的时间，取决于当地情况下该群落被扰乱的严重程度。演替顶级的发展要经过一系列顺序出现的过渡或交替。例如，在砍伐和焚烧以后可能会长出杂草、黑莓和欧洲蕨，此后它们又让位于桦树、杨树和白杨，这些树木后来又会被演替顶级或亚顶级树木所取代，珍贵的黄杉属是亚顶级，可以通过火烧或砍伐得以保持；在没有干扰的情况下，会继续发展，最终被雪松和铁杉取代。

在各演替顶级内，都有以主要物种命名的植物群落，例如松——铁杉林，山毛榉——槭树林，栎属——山核桃林。即使在未经扰乱的演替顶级中，也可以看到植物的交替，虽然地形差异会使当地情形有所不同。陆地上的演替或许是从大岩石上造土的地衣开始的。从水域到陆地的过渡过程中，演替变化会更加鲜明——首先是没入水中的水草（如金龟藻），到漂浮植物（睡莲），再到水边的香蒲属植物和芦苇；再是岸边的苔草、灯芯草、禾本科植物和薄荷等；后又是喜水树木，如柳树；最后是顶级森林。池塘容易被侵蚀的土壤和腐烂植被填满，渐渐变干，从而为接近顶级的植物群落安家落户做好准备。正如人从婴儿成长为青少年，再长大成人一样，地球景观也会经历一系列成长变化。

被扰乱的植被恢复演替顶级的趋势非常强烈，人类试图用不同植物替代的努力往往不会成功。智利南部就出现了一个很有经济意义的例子,人们在这里引入黑莓,这种在当地并不受欢迎的植物大肆蔓延,大有侵占牧场和耕地之势。几十年来,智利人不停焚烧以抑制黑莓的泛滥,却不了解森林大火过后,黑莓又会破土而出,焚烧恰好为黑莓的扩张创造了有利条件。这样的例子不计其数,由此可见,理解植物生态学,意义重大。

在热带,很少能看到温带常见的纯林或接近纯林的森林,例如在亚马孙森林,一平方英里内可能会有数百种树木,其原因尚不得而知。

大地的中庸之道

和民主社会一样,演替顶级的存在是通过制衡系统实现的。如果某一本地物种有大量繁殖的趋势,就会有某种力量对其加以制约,如疾病、饥饿、对光的竞争或该物种的天敌大量增加等等。

如果在一个环境中引入新物种,而这种环境中又并不存在某些制约它的元素时,新物种的过度繁殖也就顺理成章。在美国,椋鸟的例子人们再熟悉不过。它们霸占了当地鸟类的巢穴,短短几个小时,成群结队的椋鸟就将当地鸟类储备的充足的过冬口粮洗劫一空。新西兰也引入椋鸟,在那里不仅椋鸟本身是一种祸患,同时它们还成了为害岛屿的罪魁祸首——黑莓的最佳传播者。诗人雪莱热情赞美的云雀在引入新西兰后竟酿成灾祸。仙人果也不例外。引入澳大利亚后,仙人果快速生长蔓延,据说一度扩张速度达每小时三英亩。美国狩猎委员会投入数千美元繁殖的兔子在澳大利亚出人意料地泛滥成灾，因为那里没有抑制兔子疯狂繁殖的有效制衡因素——澳大利亚没有捕食兔子的动物。新西兰为消灭外地鹿提供奖金，借此除掉了几十万只鹿。

美国也存在同样的问题。随着演替顶级的破坏，农田被遗弃，次生林不断增加，加上捕食性动物美洲狮等的灭绝，许多州鹿群过度繁殖。数量惊人的鹿对其赖以生存的牧场造成巨大破坏。据报道，威斯康星州首创的旨在恢复森林财富的先进法律制度竟因庞大的鹿群而难以执行。鹿的数量居高不下，一方面是因为人们从情感上反对灭杀雌鹿，另一方面是出于满足富有游客吃到筋多肉厚的鹿蹄的愿望。由于政府实施了严格的食肉动物控制措施，在大峡谷北边的凯巴布森林里，大耳黑尾鹿14年里从4000头暴增到了10万头。所到之处，嫩叶嫩枝丁点不留。短短两年时间，因觅食困难，鹿的数量骤减60%。1943年，我和香茨（H. L. Schantz）博士到那里考察时发现，牧场还没有完全恢复，土地的负载能力可能仍低于1910年的水平。这或许是美国历史上动物种群增长最快，但又在最短时间里得到控制的例子。在美国多地，这样的情形并不鲜见，只是过程不如鹿群的变化典型而已。[4] 这种现象值得人类这种动物深思。

上述几例都是非常特殊的情况。自然条件下，动物数量不会长时失控。我们要使土地的最大生产力与所在地区的实际条件相平衡，并要以多种形式利用这种平衡。制约因素会使动植物数量保持在一定范围内。死亡与出生在自然界同等重要，但人类在幻想脱离自然，独立存在的瞬间，似乎忘记了这一事实。

植物社会

演替顶级下存在一系列亚顶级。原始情况下，冰期、海啸、火山爆发、雷电引发的火灾或地震造成的山崩等自然灾难都为亚顶级的出现准备了条件。1883年，印尼的喀拉喀托火山爆发，岛上所有生命无一幸存，但它却为研究亚顶级的演替提供了绝佳机会。不到三年，藻类开始为较高级植物的生长准备了土壤。火山爆发六年后，岛上出现一种蜥蜴，它以许许多多的昆虫为食。距离火山爆发灾难不到40年，岛上动物已达近600种。[5] 在美洲火山地带的几十处熔岩中都可以看到类似现象。

与植物相比，动物的分布更加广泛，因为动物能进行一定距离的迁移，而且多数动物的食物都较为多样。但许多昆虫却只能依靠一种植物生存。只在密歇根州南部筑巢的柯特兰鸣鸟就是亚气候物种奇妙而有趣的一个例子，这种鸣鸟只有在大火后的短叶松林生长到一定阶段后才会出现。如果密歇根州不再爆发森林大火，它们可能会完全消失。

动物在各种植物群落中构建起它们的食物网络。这当然一定要从植物开始，因为动物(除少数微生物外)不能合成食物。许多食物链都是我们熟知的，例如北美山雀吃蚜虫，鸣角鸮吃北美山雀，但鸣角鸮又会成为大角猫头鹰捕食的对象。羚羊吃草，但丛林狼又会吃羚羊。第七章图7一定程度上呈现了秘鲁沿海复杂的食物链。

食物链的概念又将我们引向生态学中的另一个重要概念——数量金字塔。每种以食物链中较低级物种为食的动物都必须选择一

第五章 知地善用

个数量大、体型小的物种作为食物。必须有数量庞大的田鼠,才能养活数量较少的鹰和猫头鹰。同样,需要大量的鹿才能维持较少数量的美洲狮的生存。要保证食草动物的数量,就必须有数量惊人的植物。

四大因素对控制动物数量至关重要。第一个因素是捕食,它可能发生在种群内部,也可能发生在种群之间。生活在秘鲁沿海多个岛屿的蜥蜴就以它们的小蜥蜴为食,这可能是最早的杀婴形式。第二个因素是寄生,从某种意义上说,它也是一种捕食,只不过是将数量金字塔倒置了。

第三个因素是竞争。动物数量过多的时候,往往会破坏食物的正常供应,动物会为占领繁殖区和栖息地而展开激烈竞争。其结果是,一部分动物死去或繁殖率下降。例如,秘鲁沿海岛屿上有无数海鸟,每年产出大量鸟粪,其数量大约每七年就会发生明显变化。当海鸟数量接近峰值时,岛上空间严重不足,于是就会上演激烈的空间竞争,导致大量鸟巢被毁,几十万颗鸟蛋被遗弃。

最后一个因素或许可以称为心理因素。低级动物有一种本能——在这方面它们比人类的生存高明得多——这种本能使很多动物有一种可以避免过度拥挤的空间所有感。多数雄性鸣鸟在春天的时候,会立刻抢占地盘,以歌唱和炫耀的方式广而告之,并通过战斗保卫所占区域。从研究两个相邻区域的歌雀中就能看出心理驱动的巨大作用。每当 A 鸟进入 B 鸟的领地,都会被驱赶出来,反之亦然。当 A 鸟被捉进笼子,放入 B 鸟的领地无法逃脱时,就会发现它会被 B 鸟威胁恐吓而死。几年前,我用装裱的假鸟在保卫森严的领地上做了实验,结果,我做的假鹩和黄喉地莺被它们的竞争对手撕得粉碎。

在动植物群落中,抑制其数量的因素还有很多。这些因素与人类的关系前人已有所讨论,下面就它们对植物和低级动物的影响再做举例说明。智利国花红百合遍布南部雨林,从智利中部到麦哲伦海峡,绚烂的百合花遍地都是。它们生长的土壤是酸性的,经过了大雨的淋溶。生活在智利中南部城市爱戈尔的布洛克博士收集了现存最漂亮的野生百合花,他发现这种植物生存所需的土壤不能有一丁点的石灰,这一发现并不奇怪。在一些河里尝试人工养殖小龙虾的情况则恰恰相反,养殖完全失败的原因在于水中钙质不足,导致小龙虾这种甲壳动物无法形成盔甲。美国西部地区的精灵猫头鹰需要大仙人掌来筑巢,同时还需要两种啄木鸟为他们开凿巢洞!没有啄木鸟,精灵猫头鹰就难以生存。

死亡的重要性

土地生产力是指在整个动植物王国的各种环境阻力下,土地所具有的生物潜能。土地生产力不同,因此土地负载能力也千差万别。这种差别既体现在每个地区(这里所说的"地区"可以小到一平方英尺的土地),同时也体现在物种差异上。

原始人类的生存能力与低等动物相差无几,他们通过各种方式努力适应自然。在北美洲大部分地区,原始人类以狩猎为生,除了用火驱赶猎物和稍作改变以改善狩猎条件外,环境很少被人为改变。俄亥俄州的印第安人每平方英里不超过1人。[6]生活在马来半岛的塞芒人以游猎为生,每个游牧部落需要15到20平方英里的森

第五章 知地善用

林。"澳大利亚一些原住民生活的干旱地区可能占地八千到一万平方英里。"[7]在一些地区，特别是热带地区，古代人会采用游耕或称迁移农业，这种古老的农业形态对环境产生巨大影响。但当时人们一次砍伐和烧毁的森林面积很有限。从种族生存的角度看，他们有死亡率高人口少这一不可估量的优势，这使土地可以有长达三四十年的休耕时间。除社会化程度极高的几个地区外，原始社会时期，多数地方的植被很少受到破坏。

因此，当时水和土地的关系保持稳定。土壤在其自身结构、化学成分以及气候等条件的允许下生产了最大数量的植被。陡峭的山坡，例如火山爆发形成的山坡，因自然冲刷而逐渐损耗。在古老且较平缓的山坡上，侵蚀速度更为缓慢，正如北美劳伦琴山脉一样。植被对土壤的形成和保持作用巨大，在坡度小于休止角的情况下，植被的贡献远不止补偿自然冲刷造成的土壤流失。

每种物质都有它自身的休止角。精细扑面粉的休止角大于白砂糖的休止角，而白砂糖的又大于小石子的休止角。植物纵横交错的根能够固定土壤，而钻洞掘穴的动物又能疏松土壤，土地的休止角因为这些因素的存在而表现出较大差异。

在人类还不够"文明"的时代，环境在漫长的岁月里保持了比较稳定的平衡。在这种稳定状态下，生态学家和地理学家所看到的是交响乐中呈现出的完美和谐。这其中有突出、重现的主题，有乐章的自然过渡，有乐句和音调精巧或微妙的对比。秘鲁境内的安第斯山脉，海拔超出树木所能生长的树带界限，每个愿意驻足观察的人都能从这里寻得古老的大规模地壳运动留下的种种痕迹。安第斯山雄伟壮丽，令人敬畏，我一直认为，只有贝多芬的第九交响乐才能充分展现它的神奇,就连英国伟大诗人弥尔顿《失乐园》中的语言也难再现它的磅礴与生机。

因为这种既相互平衡又自然依存的关系,地球上的每一处景观都独具特色,并都依此书写着它们各自的历史。理解这些景观的形成和内容让业余和职业生态学家乐此不疲。许多去过或经过乡村的人,都像田里的耕牛一样,对那里的景观茫然不解,但环境研究者目光所到之处,却都是让他们振奋激动的新发现。他们欣赏景观的丰富与完美,正如艺术家玩味画作一般;他们厌恶破坏景观中任何一个元素的东西,如象牙嘴啄木鸟或云杉,正如损坏《蒙娜丽莎》的人让法国人深恶痛绝一样。

理解的回报

理解,也就是真正懂得村野风景带给人纯粹的智力和情感上的满足,是每一个人都可以享受到的特权。但学校却未能教给我们获取这种享受的方法,学校不仅使我们丧失了一种终身可享受的巨大满足,同时也使我们缺少了本该指引人类与环境和谐共存的理解力。那些曾和著名植物学家香茨、环境保护主义者奥尔多·利奥波德(Aldo Leopold)或地理学家鲍曼(Isaiah Bowman)这样的老师一同去过田野的幸运儿,不仅能在生活中感受到兴奋满足,而且也会成为这个世界急需的有用公民。除非我们能从土地的各种制约因素和潜力出发,快速调整对土地的需求和利用手段,否则必将遭受前所未有的苦难。

人类是已知靠破坏对其生存至关重要的环境生活的唯一一种

有机体。寄生虫也会如此，但它们的破坏力由于缺乏智力的助力而非常有限。人类开动脑筋破坏环境，无论从地理还是历史上看，人类都很少学会维持环境稳定或重建环境。人类越"进步"，造成的破坏就越大。

水文循环被破坏

文明人对环境造成的最大冲击是对水文循环的破坏。这可能带来降水减少，但毫无疑问，很大程度上它将导致人类可用水资源的减少。

破坏水文循环的第一步是毁坏植被，采用的工具和方式可能是斧子、大火、耕犁、放牧等。失去了花草树木，土壤表面的护盖物或堆积的大量植物便开始消失，其原因可能是过度氧化、温度过高或长期暴露于热带阳光之下；也可能是因为风不停吹，抽干了护盖植物的水分；也有可能是因为护盖物干透后，引起大火蔓延。多数情况下，护盖物都是被大雨冲走的。

下一步是冲走或吹走成分复杂的表土。在水掌控一切的地方，越是陡峭的山坡，表土损失越快。但即使有整片土壤被冲走，可能人们也不会察觉到侵蚀的发生。通常紧随片状侵蚀的是细沟侵蚀，这种侵蚀会留下清晰可见的深沟。

侵蚀的一个重要因素，也是一些学者认为最重要的一个因素，是土壤结构的改变。理想的土壤，如北美大草原上见到的那种，是团粒状的。这种土壤透气性最好，根系易于伸展，土壤中的动物区系有理想的生存条件，雨水易于渗透。但当耕种方法不当或有机质遭到破坏，导致团粒减少或受损时，土质就会变紧实，团粒结构的特征不复存在。土壤中的空隙变小后，暴雨很快就会用水和固体物质填满空隙。因为土壤中渗入的雨水减少，降雨开始沿山坡表面流下，带走细小的土粒。底土中缺乏腐殖质、植物和动物，水分难以渗入，土壤中的孔隙很快会被填满。侵蚀越严重，治理也就越困难的部分原因也就在这里。土壤侵蚀度越高，治理侵蚀可借助的手段也就越有限。

影响渗透量、径流量，从而影响土壤侵蚀的最强大的一种力量，就是用农作物替代自然植物。种植行播作物，如大豆、不用等高法耕种的棉花、烟草、玉米（包括杂交玉米！）所丧失的土壤要比林地、森林和未经扰乱的草原丧失的土壤多一百多倍，种植小麦、燕麦、大麦和黑麦等小粒谷物要比自然植被条件下丧失的土壤多 16 到 40 倍。侵蚀情况与种植方法之间的关系详见表1。[8]

表1

不同植被覆盖下的相对侵蚀量，适用于美国西北部地区的植物分类等级

作物或耕作方法	相对侵蚀量
森林落叶堆积层	0.001—1.0
湿润区或水浇区的优质牧场	0.001—1.0
牧场或人工牧场	1—5
牧场或人工牧场（贫瘠）	1—5
果园(a)有多年生植物，(b)有等高种植的冬季植被	5
豆科作物——牧草种植地	5
管理科学的冠状小麦	5
苜蓿	10

续表

作物或耕作方法	相对侵蚀量
小粒谷物（尚未收割或茬在作物）	10
小麦休耕地（有残茬覆盖）	10
果园——葡萄园（采用净耕、灌溉、等高耕种，不是梯田）	15
果园——葡萄园（不灌溉；有覆盖作物）	20
小麦——豌豆（残茬未烧）	20
小粒谷物（播种期间或播种后雨水过多）	40
小麦休耕地（残茬未烧）	60
小麦休耕地（残茬已烧）	75
果园——葡萄园（不灌溉，净耕，无覆盖作物）	90
行播作物和休耕地	100

查看表1时应记住，随着侵蚀的发展，土壤的吸水能力逐渐下降。

因为玉米能使土壤侵蚀速度至少加快100倍，所以在我看来，它比美洲献上的另一大礼——梅毒带给世界的灾难更加深重。玉米遍及各地，所到之处，土地支离破碎；同时玉米有助于人口的增加，会使更多人遭受饥饿的折磨。从南非的开普敦到朝鲜，特别是在落后不幸的人们生活的地方，山坡上的玉米地在雨水的冲刷下，沟壑纵横，土壤连同雨水一起飞奔向大海的怀抱。梅毒会危害第三代、第四代人，而玉米带来的土壤侵蚀却可以危害第十代，甚至永久危害人类。

随着土壤的雨水渗透力不断下降，为植物根系提供养分的地下水也会随之减少。渗透到地下的水量变少后，泉水和自然井水也会相应减少。在土壤侵蚀严重或土壤结构发生变化的广大地区,地下水无法得到补充。一个州的玉米地可能掠走50英里外的井水。无法渗入地下的水必然要从地表流走。所以,随雨水一同流走的还有我们的土壤,这些土壤进入湖泊、水库和河流。

水越来越少

当水不能透过土壤渗入地下,留存以供日后使用时,就必须采取阻力最小的方式——留在地表。当森林地表堆满厚厚的落叶,落叶下又有深厚的表土时,林地就具备海绵一样的吸附作用。枯叶层和表土所保持的水分一部分在地球引力的作用下慢慢渗入地下,另一部分则通过植物的根和蒸发作用回到大气。这种覆盖对控制洪水十分有益,从吸收水分的角度看,水库都远不及它。近期的研究表明,在一些地区,青草覆盖的丘陵可以给水库最好的保护,它们既能运送雨水,又不会造成土壤流失。这里又必须提到地形地貌特殊性的问题。如果全年雨量充沛,而且水库贮水几乎不可能达到最大库容时,森林覆盖或许更佳。但当水库大到足够贮存所需要的水时,草地覆盖可能效果更好——这时森林和草地的失水量差异就会突显。

一旦裸露的土地浸满水,其余的水就只能顺沟壑、小溪、河流而下。当一个没有保护的大水源地遇到小雨或一个小水源地遇到罕见大暴雨时,河水会泛滥,下游的人们只能爬上屋顶或溺水而亡。没有植被保护的大流域遭遇大暴雨时,可能在下游引发洪涝灾害。这种情形在中国的黄河流域颇为常见,美国的密苏里—密西西比河流域也时有发生。

侵蚀常会以几何级数增加，人们称之为土地的癌症。越早干预，越容易得到有效控制；任其发展，片状侵蚀转为沟状侵蚀，就需要采取英勇且代价高昂的措施。另一种可以在美洲很多热带地区见到的更为严重的侵蚀称作重力侵蚀。在地质年代较轻的土地上，森林创造且保持了土壤，但当农民砍伐树木，清出空地种植玉米的时候，就会带来休止角的变化，这种变化有时会使陡峭的山坡在土崩中失去所有土壤，永久地失去。

正如香茨博士指出的那样，我们所看到的侵蚀只是早已启动的侵蚀过程的一个阶段。在谈到美国西部牧场时，他说：

"'土壤侵蚀'的说法激发了美国人的想象力。当过度使用或土地滥用造成侵蚀加速时，他们一定会采取某种措施。但导致侵蚀发生的原因或源头早已存在，只有摸清原因，才能有效防治。查明侵蚀真正发生以前的源头，是荒地管理者应尽的责任。要合理管理土地，就必须从及时诊断开始。

"植物的存在或消失，它们的生长状态，以及整个植被覆盖的疏密都是因果条件的早期征兆，如果成年累月地继续滥用土地，最终就会发展到土壤破坏阶段，也就是我们所说的土壤侵蚀。因此，管理荒地就必须深入理解生态和植被的发展，从而在疾病全面爆发，也就是诱发性侵蚀发生以前，就能通过诊断弄清致病因素或诱因……

"早在诱发性侵蚀发生几年前，诱因就已经存在，但治理侵蚀却需要几十年的时间。由此可见，荒地、森林和牧场的管理应注意保护植被，避免土壤侵蚀。侵蚀发生时，土壤已经开始流失，袖手旁观只会造成更大破坏。所以最好是在第一只羊丢失前就把羊圈修好,应该通过保护植被完全杜绝侵蚀的发生。不该等到诱因出现,坐视诱发性侵蚀的到来。

"以美国西部一山地的羊茅草为例,它的发展分为几个阶段:(1)羊茅草繁密丛生,有良好的吸水保水作用,形成肥沃深色的土壤;(2)适当放牧,羊茅草会被牲畜吃掉,但只要避免过度啃食,羊茅草就会健康旺盛地生长;(3)过度放牧导致羊茅草部分死亡;(4)持续过度放牧导致羊茅草死亡,但死去的草簇仍在,为许多植物提供了理想的生存环境;(5)持续放牧毁坏了中间植物,表土开始流失;(6)羊茅草的死梗最终完全消失,表土随之流失。侵蚀发展到第(6)阶段再设法恢复,可能需要几个世纪。但从部分毁坏的第(5)阶段开始,就会快很多;从羊茅草部分死亡的第(3)阶段开始,可能只需要一两年的时间,所以很显然,等到侵蚀实际发生简直是愚蠢至极。无动于衷,任由草被(病人)死去,将会给土地的生产力和恢复时间造成巨大损失。利用指示性植物,特别是全体植被,发现土壤恶化情况是生态研究和土地管理可深入挖掘的领域。此类研究……将给牛羊放牧区和野生动物保护区的管理带来不可估量的变化。

"荒地管理者应对植物演替的自然趋势有充分了解,顺应自然才能取得预期效果。缺少对植物演替的了解,就会在牲畜和野生动物赖以生存的植被的管理上不知不觉地采取错误措施,酿成灾祸。如果不了解一个地区植物的自然演替情况,就不该为改善人类、牲畜或野生动物的生存条件如增加粮食、改良植物等,人为破坏植被;也不应该重复播种,只为保护土壤、改良牧场或提高木材产量。修改或改变自然演替的企图意味着人类的支出会持续增加,而且十有八九会以失败告终。通常情况下,引进外来物种取得的短时效益越令人瞩目,重建草地、灌木或森林植被的时间就会越长……

"妥善管理荒地必须以深入了解所管理区域的气候、自然地理、生物、社会以及经济因素为基础。"[9]

土地也在消失

前文多次表明,土地的生产力随表土厚度的不同而不同(当然是在合理范围内)。换句话说,拥有三英尺表土的农民所收获的粮食是只有三英寸表土的农民收获粮食的 20 或 30 倍。风雨在带走表土的同时,也极大程度上削弱了底土的生产力。世界很多地方的表土已流失殆尽,底土也难逃厄运,只留下光秃秃的岩石。这种景象对西半球的人来说并不陌生,从美国的阿第伦达克山脉一直到智利的安第斯山脉,土壤流失并不鲜见。要知道,造出一英寸的肥沃表土可能需要几百年的时间,但一场大暴雨就可以让它消失得无影无踪。当然,在底土的基础上重建表土要快得多,所需的时间随当地具体情况或长或短。但即使在底土上造出一英寸的肥沃表土,在世界许多地区仍然需要几十年的时间。仅一英寸的表土对农民来说几乎毫无价值。这一人类悲剧的罪魁祸首就是不可控制的雨水,因此我认为,雨水很可能是对人类生活影响最大的一个因素。

降雨失控的时候,环境阻力会陡然上升,生物潜能几乎完全被抵消,土地负载能力即使没有骤降为零,也已非常接近。

数百年来,世界多地一次次遭受这种灾难,今天仍未能幸免。从美索不达米亚到洪都拉斯,雨水淹没了许多早期文明。**但水文循**

环从未如此失调，威胁到如此庞大的人口。 人类自身已经成为构成环境阻力的主要部分。

在土壤学家看来，土地的使用显然要受自然规律的约束。不管便不便利，在政治上可不可取，与宗教教义是否相符，水总会往下流，其侵蚀力也会随径流量的增加而增强。在有大批饥民的地方，政治领导人不便说："不，你们不能在山坡上种植玉米，不能把成群的牛羊赶上山坡；我们要植树造林，保护土壤。"牧师们看到牧区越来越多的人忍饥挨饿、营养不良，只能被迫前往拥挤不堪、侵蚀加剧的土地时，就会发现传统道德观念和他所掌握的有关土地的知识，甚至和他的常识之间存在尖锐的矛盾。农民在面临土壤流失和十年后要挨饿的两难境地时，不免会对政治家和牧师的态度产生怀疑。这一问题不仅涉及生活、耕作在土地上的人，也涉及购买土地产品的人，尽管他们可能远在千里之外，但也必须承担责任和后果。阿姆斯特丹的银行家反对给多年来向荷兰贡献财富的印度尼西亚人以自由，他们不应该只看到印度尼西亚农民对自由的向往，而更应该看看那些劳动者所赖以生存的山坡有多么拥挤，土壤侵蚀有多严重。

土壤的自然倾斜角，也即休止角，在有植被覆盖和没有植被覆盖的情况下是有区别的。每块农田的倾斜角都各不相同，人类必须接受这种差异并适应它。这里的"适应"必须是最广泛意义上的，因为流过土地的雨水通过影响土地的负载能力，会对我们的人口、生活标准、国家政策和和平带来深远影响。雨水会继续从天而降，人无法阻止。它会继续顺坡而下，或快或慢。没有植被的保护，土壤会和雨水一同流去。

径流量和生活标准

径流问题本身并不复杂，但治理补救起来却相当复杂。即使在最陡峭的地方，径流率也可以降低。例如，印加人在安第斯山两边垦造梯田、种植玉米，每英亩耗资 1.8 万美元。显然，对于当今秘鲁来说，购买美国衣艾奥瓦遭受侵蚀的山坡上的玉米要比保护自己的山坡划算得多。在法国东北部的孚日山脉，粮食生长季节被雨水冲入溪谷的土壤，到了秋冬季节就会有人铲进篮子，背回田地。显然，从劳动力的角度看，这种措施成本高昂，而且必将降低生活水平。

美国土壤保持局的主要目标包括采取有效措施保持土壤，以及土壤中的水分，除非水量过多需要排水，而且这些措施要成本低廉，确保必须在市场上出售产品的农民负担得起。事实上，他们并没有做到，而是依赖所谓的福利给付，将压力转嫁给了纳税人。尽管如此，已经采取的方法总体增加了产量，表明最初的投资是合理的。一些转向土壤保护的农民也没有再走破坏的老路，但粮食价格猛涨时，很多人又会耕种极易受侵蚀的贫瘠土地。

美国采用的最常见的防止土壤侵蚀的方法是等高耕作法，也即沿等高线方向用犁开沟播种，而不是从山上到山下耕犁种植。等高沟垄相当于小型的蓄水坝，能有效拦蓄地表雨水，增加土壤的水分渗入，还能截断水流，降低流速，从而削弱侵蚀力。

另一个广泛应用的方法是条植法，也就是在等高耕作的农田之间，穿插种植牧草或谷物，以保护可能从等高耕作田里冲下的土壤。

条植法可以成为正常轮作的一部分，以此来保持土壤，恢复土壤肥力。接受美国农业部调查的大约九千名农民说，采取土壤保持措施后，他们的产量平均增加了近36%。这显然是土地利用与我们现在所说的"土地的内在能力"相适应的一种尝试，也体现了我们对自然规律的把握与遵守。一些土地只要开始耕种，就会造成破坏；另一些土地生产力低下，采用土壤保持局建议的措施成本过高。该机构还提出，美国约4000万英亩的土地都不该用于农业生产。

一个重要概念

土壤保持局最突出的一个贡献，也是对未来几百年人类文明可能产生深远影响的一项贡献，就是根据土壤所能支持的利用方法，对土地进行的分类。所分八种类型具体如下：

适宜耕种的土地

第一类：可以用一般好的耕作方法安全耕种的优质土地。这种土地基本平坦，易于耕种。一些地方需要清除、灌溉或施肥。通常没有或极少有侵蚀发生。

第二类：通过简单易行的耕种方法，如等高耕作法、种植保护性植物、简单灌溉等就能安全耕种的良好土地。通常要求轮作和施肥。常见中等程度的侵蚀。

第三类：可以通过开垦梯田和条植法等集约耕作手段安全耕种的较好的土地。平坦地区通常需要灌溉。一般要求轮作、种植肥田农作物、施肥。通常会有中等或严重土壤侵蚀。

适宜少量耕种的土地

第四类：最适宜生长牧草和干草，只能偶尔耕种——通常每六年种一次的相当好的土地。在那些特别是降雨少的地区，挑选出的土地如果保护得当，可以耕种不止一年。一旦用于耕种，必须严格采取侵蚀防治措施。

不宜耕种的土地

第五类：适宜不加限制或稍作限制便可放牧或用作林地的土地；需要采取一般意义上良好的管理。

第六类：需要采取小范围的限制措施，适宜放牧或用作林地的土地；要采取保护措施。

第七类：需要采取重要限制措施，适宜放牧或用作林地的土地；需要十分警惕土壤侵蚀或破坏性焚烧，以及其他灾害。

第八类：仅适宜野生动物栖息或人类休闲用的土地。这类土地有陡坡，高低不平、多石多沙，潮湿或极易受侵蚀。[10]

将这种分类应用于拉丁美洲时，还应该增加第九类土地——荒漠，自然荒漠或人为造成的荒漠。格朗德河以南成百上千万英亩的土地实际已经丧失生产力，还有更多土地的生产力即将完全丧失，从这个角度讲，在以上分类中增加第九类土地对人们理解土地的动态变化大有裨益。

在人口过剩的萨尔瓦多、海地、希腊、印度的旁遮普和菲律宾的吕宋岛等地，很难使人类的土地利用与土地能力相适应，因为这里人多地少。人们**必须**在第六或第七类土地上种植粮食——否则就要挨饿。可以这样说,越是两难,越难有出路;土地越被滥用,就越可能遭受更大破坏。亚洲遭遇饥荒后,很多人一夜之间失去生命,但我们也看到一些人正在缓慢死去,如加勒比海地区和中美洲一些地方。人类可以通过精细管理的水浇梯田与不宜耕种的土地和解,例如爪哇和菲律宾某些地区,以此推迟饥荒的到来,直到土地再一次无法负担膨胀的人口。最后一种选择将不可避免地迫使人类生活窘迫、勉强度日。

只有当人类的使用能够与土地的能力相适应,也即帮助土地恢复到接近其正常能力时,人类才能过上富裕的生活,合理使用土地也就意味着限制人口,控制人对大地果实的过度需求。

数不清的难民

与欧洲难民营里的几十万难民相比,无视土地能力、粗暴耕种土地的人更应该被称作难民。他们是生态意义上的难民。他们通过破坏赖以生存的土地及其相关资源来满足衣食所需,并为城市居民提供粮食、纤维、木炭、木材。他们毁坏森林,造成土壤侵蚀、动物灭绝,引发一轮轮的洪灾。他们为环境阻力的增加持续不断地贡献着力量。

数千万人必须搬离侵蚀的山坡、退化的森林和过度放牧的牧场,否则他们将继续拖累自己的国家,甚至全世界,致使人们生活水平一降再降。与生态难民问题相比,欧洲难民问题并不复杂。

以上九种土地类型不仅体现了土地的生产能力,同时也反映出大自然施加给土地的种种限制。这种分类主要适用于种植庄稼或放牧，而没有充分考虑土地的多种用途。林业工作者认为，一块土地可以多功能地服务于人，例如，国有森林既可以用于限制性放牧、生产木材，同时也可用于保护水源，提供狩猎和露营场所等。分水岭土地有可能降级为第四到第八类土地，但也有一些例子表明，良田可以在保护分水岭方面发挥独特优势，例如，为大城市提供便利。

一些可用于农业生产的土地如果用作野生动物栖息地，或许会发挥更大价值，美国中西部的水禽禁猎区就是例证。所有这些土地都能种植粮食，很多土地的确在养鸭的同时也种植了作物，但相比用于集约农业，它们为候鸟迁徙提供的"停歇地、补给站"发挥的作用更加显著。

毫无疑问，我们的国家公园也能用来种植粮食，虽然产量很低，当然也能用于放牧。但它们美不胜收，又具有重要的科学研究价值，同时为野生动物提供了栖息地，丰富了人们的休闲场所，所以美国人非常明智地保护了它们，确保国家公园能永远发挥这样的价值。

我们终会理解

虽然原始区域可能有多种商业用途，但对人类来说，留下一些拥有**所有**重要动植物群落的原始区域有益无害。世界各国都对这种地方的重要性缺乏了解。很多原始区域已遭毁坏，永远不可能再恢复。这种区域的最大价值之一就是用作户外实验室。在那里开展科学研究，可以帮助我们充分了解这些土地适应怎样的生活，此类研究对农业、林业和野生动物保护等具有重要实践意义。俄国的土壤研究之所以领跑全球，部分原因就在于他们能够在未经扰乱的生荒地上开展研究，这为他们理解植物演替顶级、正常演替、原始土壤结构和土壤动物区系提供了保障。俄国科学家对经过几万年发展，深受自然气候和其他条件影响的环境有深入了解，因此相比其他国家只能根据正常自然条件做出猜测的土壤科学家来说，他们能遵循自然规律更好地管理土地。原始区域物种丰富，生命关系复杂，从中可观察到千百万年的进化过程中各种自然力量的交锋结果。一些大学现在已经开始在原始区域建立研究站。问题在于，我们对其价值认识得太晚，很多原始区域已惨遭破坏。

美国生态学家多年来一直试图建立草原自然保护区，确保我们有未经扰乱破坏的自然条件下的环境可用于科学研究。但直到今天都没有取得任何进展。西半球自然资源和野生动植物保护公约指出，保护此类土地举足轻重。该公约已有11个美洲国家批准生效，其目的非常明确：在任何可能的地方，给予原始区域永久性保护。不幸的是，几乎各国都没有采取落实措施。

人们应该清楚，土地利用必须顺应自然规律，首当其冲的就是要尊重土地与水的关系。

同时，也要遵守很多其他自然规律，如植物演替规律，在相互竞争的物种间甚至在不同的动植物群落内保持平衡、不引入可能成为有害生物的物种、避免某一物种数量猛增，如过度保护的白尾鹿。成百上千万年来，大自然在其慷慨仁慈的循环中创造了异彩纷呈的生命，又通过缓慢的造土和自然施肥过程把地上生长的万物归还土地。

没有取之不尽的财富

除极个别地区外,人类的经济发展都是靠消耗资源实现的。人类接受了大地的慷慨馈赠,却极少或完全没有回报。在土壤和水分没有流失的地方,总有过度放牧和过度耕种。随着动植物的消失,土壤中重要的矿物质也不复存在,至关重要的土壤结构终遭破坏,人类生存环境因此普遍恶化。中国人通过大量使用牲畜粪便和人类粪便在一些地区避免了土地的快速恶化。自第一次世界大战以来,西方人努力分离、提取大气中的氮气,并使之回归土壤,这一工作取得了重要突破。但据威斯康星大学校长范海斯(Charles Van Hise)的估计,俄亥俄州、伊利诺伊州和威斯康星州的生荒地在耕种仅55年后就丧失了36%的天然磷。[11]

难怪学者们认为,即使使用已知最先进的农业技术,威斯康星州当前的土地生产力水平也只能维持不到四百年的时间。现代人最大的生存危机之一是其高度发达的卫生设施,每年他们将取自农场、森林和草原的上千万吨矿物质和有机物冲向大海。

在生态发展良好的国家,人们通过轮作、施绿肥、化肥的方式保持了农业的均衡发展,对森林、野生动物、渔场和草场的管理也能基于可持续发展这一理念。人口过剩的落后国家却无力通过自身努力实现生物平衡,但如果想要世界和平,就应该帮助落后地区获得先进技术。

我们再次回到公式 $C=B:E$ 上来。**人类无法迫使土地服从人的意愿,只能根据土地的能力和局限改变我们对土地的利用方式**,所有土地管理都应尽可能地使公式右侧的比率更有利，并在可能的情况下提高这一比率，或至少保持现状。在比率恶化的地方，必须降低生活标准或减少人口，从而减轻人对土地负载力的需求。

第六章 长刀

任何一个为美国的土地感到骄傲自满的人，都应该多看看，多想想我们浑浊的河流，从波托马克河到洛杉矶河，无不如此。任何一个为我们的骄傲而洋洋自得的人都应该仔细看看我们的国会，看看我们的压力集团、大企业、农民、畜牧业者、伐木工、联邦和各州的资源管理单位，看看我们的各级学校、风俗习惯和社会形态，还有我们的人口变化。自然资源是美国国力的基础，如今却被抛入现代地狱——鼠洞中。我们陷入一种复杂的自我吞噬过程，开始自相残杀。美国人所夸耀的世界上最强大的国家实力一年不如一年。

300年前的美国是什么样子？殖民地时期人们的食品柜里都有些什么？

曾经的美国

美国约一半的国土都被森林覆盖，它们保护了水源，保证了正常的水循环。美国多数河流都清澈见底，偶尔也发洪水，但远不如现在凶猛。溪流里的鱼成群结队，东部河流里的鲑鱼多到员工在劳动合同里限定了每周吃鱼的次数。

河狸群聚的地方是美国的聚宝盆。在西班牙人淘金的地方，美国和加拿大的猎人在捕获河狸，获取它们毛皮的过程中竟意外拓展了两国的疆界。

美国大部分地区常有大动物出没，捕猎足以维持生计。北美松鸡的东部变种黑琴鸡在大西洋沿岸地区轻轻松松就能打到，成为当时最廉价的食物，以致员工竟在劳动合同里对食用它的次数加以限制。据可靠的观察者讲，**数亿**只旅鸽由北向南飞去；感恩节享用的野火鸡，从英格兰到得克萨斯都能捕得到，因此也成为新世界物产丰饶的象征。

18世纪的美国森林里有世界上最优质易得的木材。英国人喜欢的结实耐用的船只和美国人的快船都是用这些木材制成的，船只又将这些优质木材运往世界各地。我们的森林都是纯林或接近于纯林，因此砍伐方便，利润可观。有人说，我们的森林茂密到一只松鼠不着地就可以从大西洋一路来到密西西比。太平洋沿岸还有一片几十年都几乎无人踏足的原始森林。

森林之间是辽阔的草原。在潮湿的东部，草可以长到马背高。随着降雨的减少，越往西，草越矮。约7500万头野牛随季节变化在墨西哥和加拿大之间南北迁徙，东部的宾夕法尼亚也有它们的踪迹。但数量如此庞大的野牛群并没有破坏牧场。羚羊漫山遍野，正如现在猎人捕获美洲白尾灰兔一样，山里人可以毫不费劲地捕到羚羊。北美松鸡多到猎人们都不愿去浪费子弹。爱斯基摩麻鹬的歌声在十多个州的草原上回荡。当捕猎这种鸟有利可图，市场需求量大增的时候，人们竟能整货车车厢地捕捉猎杀。事实也的确如此。

美国内地的绝大部分土壤肥沃稳定，植被就是明证。中西部，特别是现在的玉米产区，有着世界上生产力最旺盛的土地，再往西，堪萨斯和内布拉斯加的小麦地土壤或许更加肥沃，但因为降雨忽多忽少，产出常常难以人为控制。

如果能合理利用从格朗德河到温尼伯湖，从大西洋到太平洋之间的广大地区，就能让那里成为物产丰美的人间天堂，保证人们永久过上衣食无忧的生活。这是一个极度富饶的大陆：缓慢的生物过程从空气中获取财富，土壤肥力慢慢增加。

后来，欧洲人来到这里。

掠 夺 者

不幸的是，我们的祖先是最具破坏力的一群人，他们肆意蹂躏土地，有人还在美国革命妇女会的集会上和七月四日国庆日这一天向他们致敬。这群人来到上天为人类敞开的最丰富的一个宝库，短短几十年，就将几百万英亩的土地变成一片狼藉。一百多年来，我们仍在努力弥补损失。我们延长工作时间，降低生活水平，为他们的行为付出了高昂代价。

在詹姆斯敦的博物馆和老教堂里，可以看到纪念约翰·罗尔夫（John Rolfe）的石碑，颂扬他发明了烟草烘干技术，发掘了烟草的商业价值。美国国家公园管理局的一块标牌上说，罗尔夫的技术对弗吉尼亚经济的影响长达150年，这显然是低估了他的"贡献"。到现在为止，弗吉尼亚都还没有从约翰·罗尔夫的好主意中恢复过来，未来很多年很可能也不会。

芝加哥大学的埃弗瑞·克雷文（Avery O. Craven）教授清晰准确地概括了拓荒经济与土地的关系，他说：

"早期拓荒者简朴甚至艰辛的生活建立起一种新的生活标准，这种生活使人们决心通过努力创造盈余，寻找一种用于交换的主要产品，从而扩大供应，改善物质生活水平。经过一段时间的发展，交换很少会在平等条件下进行。盈余必然来自新社会对物质资源的大肆挥霍，原材料充沛的表象鼓励了浪费，资金短缺阻碍了生产，运输和销售的重担落在了原料生产者和交换者身上……

"……所有边疆地区都有这样的特点：土地充足，资金和劳动力短缺，加快生产的重任只能落在土壤这一最廉价的生产要素上。于是，人们不计后果，选择最肥沃的土壤和最能在最短时间内带来最大收益的方法。他们关心的问题是如何快速消耗，而不是如何保护。边疆贫穷面貌的改变速度取决于土壤财富的利用速度。土壤肥力最易耗尽的地区反倒是最幸运的，因为它们能最早进入一种更复杂的生活。

"这种土地开发过程从美国国土的一头延伸到另外一头，从边疆开发的最早时期一直延续到最后一段日子。蔗糖生产对西印度群岛的作用和影响，就如同烟草对弗吉尼亚和马里兰，棉花对美国南方低地地区，玉米对密西西比流域，小麦和亚麻对当今美国西北部一样。

"开始耕种后，受土壤类型、种植的作物、耕种方法的影响，土壤能够保持天然肥力的时间长短不一，但耕种经验能够为某些地区提供参考数据。在主要种植棉花的几个州的长叶松高地上持续种植玉米，产量会由第一年的25蒲式耳每英亩降至第三年的小于等于10蒲式耳。在短叶松和长叶松混杂的地方，高产作物的产量可保持约5—7年；如果还有橡树和山核桃树，则可保持13年的较高产出。

第六章　长刀

"在南方的烟草产区,……理想的土壤肥力最多可持续 3—4 年。"[1]

东部沿海地区土地被抛弃的速度和当时的土地开发速度一样惊人。托马斯·杰弗逊对如此快速的破坏表示担心,他写道:"我们购买一英亩的新土地比给同样面积的旧土地施肥,花钱要少。"为保护土壤,1978 年 4 月 5 日,乔治·华盛顿"决定完全放弃种植玉米,从别国购买"。

克雷文以旅行者的视角描写了 1796 年从马里兰州的烟草港到锄头渡的乡村景象。"这里平坦多沙,一副沉闷单调的样子。方圆几英里都空空荡荡,只有种植烟草后肥力耗尽的广阔平原,其间满是枯黄的莎草,零星可见一些松树和雪杉……平原中央有几处不错的房子,说明这里也曾生机勃勃,一派繁荣。这些房子……已经年久失修,因为周围的土地肥力丧失,人们搬去了另一个地方,重新开辟土地,贫瘠的平原被无情抛弃。"我们不应忘记,这一切距离美国革命战争只有 20 年的时间。

有人说,1799 年弗吉尼亚的阿尔伯马县已经荒凉得无法用言语来描述:"一块块农田……肥力耗尽,雨水冲刷过的土地沟壑纵横,很难再找到一亩可以耕种的土地"。这距离约翰·罗尔夫发现烟草烘干技术只有不到 200 年的时间。而今天,又过了 150 年,该县很多地方仍只适宜低级次生林的生长。

土地负载能力和战争

南部联邦的卓越领导者埃德蒙·拉芬(Edmund Ruffin)对土地

破坏造成的恶果颇具洞察力，正如克雷文写道的："拉芬坚持认为，南方政治经济实力的衰退完全是土地肥力丧失造成的。如果能保护土地原有生产力，南方人就不会离开家乡，人口数量当然也会接近其他地方。这样一来，国会中就有足够的南方代表（原文如此），可以阻止不利于南方发展的立法，如关税法、禁止奴隶制扩张法等；南方将继续繁荣，并能在国家事务中坚定自己的立场。土壤肥力的丧失导致人口下降，带来一系列问题。"拉芬是否夸大了土地的作用，我们可以充分辩驳，但土地因素十分重要这一事实不容否认。拉芬的观点得到很多人的支持。他在内战爆发几年前就发挥聪明才智，通过行之有效的施肥和控制土壤侵蚀的方法，开始努力恢复南方农业发展。他的措施在个别地区大获成功，如果没有南北战争的影响，很可能会在整个南方地区全面铺开。但随着南方联邦的惨败，南方贡献最卓著的领导人之一拉芬自杀了。

对土地如此大规模的破坏，也就是我们的祖先所称颂的进步，只是席卷整个美国大陆的劫难的开始。在人们砍伐森林、焚烧草原、开沟排水、翻地耕种、向西挺进的过程中，整个美国的环境阻力节节升高。人们试图减少和消除环境阻力，但实际行动却在继续推进阻力进程。这有些像滑稽舞台剧中的小丑，想摆脱缠在身上的毯子，结果却越缠越紧。但环境阻力对美国人的影响却一点都不好笑。

美国当前划为林地的土地总面积约 6.3 亿英亩，现在只剩下：

成熟林	100822000 英亩
次生林，生长锯材	112030000 英亩
次生林，生长堆积材	100971000 英亩

次生林，有较好或很好的补充	71336000 英亩
树木砍伐殆尽的林地，很少或没有补充	76738000 英亩
	461897000 英亩

实际情况比我们看到的数据还要糟糕，因为成熟林的砍伐会带来优质木材的大量毁坏。1909年，美国锯材的总林约28260亿板英尺，1945年重新评估后的数量为16010亿板英尺——36年下降了44%。[2] 很多木材厂砍伐10英寸厚的圆木用做锯材。目前，我们的成熟林主要由软材构成，大多见于西部。正如林业联合委员会指出的："原始林经过了数百年的生长，次生林则是大自然对覆盖裸露土地这一压力做出的回应。这种森林里的树木通常都是过渡性树种，它们木质较差或储量不足，或因火灾及普遍存在的不良砍伐而遭毁坏。"[3]

我们对森林产品的需求在增加，而不是减少。据估计，1946年美国的锯材需求为539亿板英尺，但每年的生长量只有353亿板英尺，缺口达50%！因为木浆供应的短缺，我们信奉的言论自由也受到威胁。美国曾是森林资源最丰富的国家之一，那个时候的美国和当今美国之间的差距，对寻找住房的千百万美国人来说，是非常明显而令人不悦的。全国住房短缺的主要原因在于，建筑木材和建造过程中所需的其他木制产品数量不足。即使我们能够满足当前所需，也是在进一步抵押我们的未来。

美国许许多多分水岭的森林遭到砍伐，过度放牧屡见不鲜。数千座淤积的贮水池、堵塞的发电用水库和饮水水库，以及泛滥浑浊的河流就是植被毁坏的直接结果。美国国有森林的一个主要目的是保护分水岭。1897年通过的一项法令指出，"不得设立公共森林保护区，除非其目的是要保护和改善保护区内的树木，或是为水流创造有利条件，或是为美国公民持续提供所需木材"。国有森林大部分土地上的树木已砍光，主要是遭到商业团体的破坏，而后才转交给了政府。可能正是因为这一原因，美国公共土地上生长的木材仅占全国木材生长总量的10%，"原因是，国有森林的大部分土地是私人业主不想要的贫瘠土地"。[4]

我们的草原，从新英格兰长有桧柏的牧场到豆科灌木遍布的西南部，都遭到严重破坏。牧场面积近10亿英亩，其中约65%为私人所有。西部牧场占地近8亿英亩，供养着全国约75%的羊和超过50%的牛。西部牧场原牲畜负载量是2500万头，但由于过度放牧造成植被严重毁坏，到1935年负载能力已经腰斩。从那以后，随着降雨量的增加，牧场一度有所恢复，但第二次世界大战后，牲畜价格走高，牛羊数量再次猛增，对牧场构成严重威胁。

"情况较好的牧场勉强有1亿英亩，不到西部牧场的七分之一。多达5.89亿英亩的牧场或多或少受到严重侵蚀。同时，很多牧场使用不当，其中最惊人的一例是，人们试图将大约5000多万英亩的牧场用于旱地农业耕种。"[5]

1935年，据牧场管理者估计，要恢复到当时放牧的1730万头的牲畜负载量，需要至少50年的时间——而要恢复到最初2500万牲畜单位的负载量则又需要50年。牧场的牲畜生产曾经完全靠放牧；1935年，西部牲畜有35%的饲料都来自农田或水浇牧场——45年就翻了三倍！[6] 在得克萨斯，1906年到1940年使用的商业饲料增加了大约400%。从1920年起，一些西部牧场的干草面积迅速扩大，一些地方冬季平均喂草期延长到了6周。[7] 这些措施花费高昂,这也是购买1磅牛排需要花掉1美元的原因,牧场退化必然带来这种结果。牧场主不仅增加了草原的环境阻力,而且随着他们对艾奥瓦州和伊利诺伊州不断侵蚀的玉米地的依赖,破坏也慢慢渗透到了东部。

过度放牧的牧场极易受风蚀,植被的减少或缺失又造成径流量的增加。冲向密西西比河和科罗拉多河及其支流的洪水,大多要归咎于上游牛羊数目过多。我们很可能会和英国著名空想社会主义者托马斯·莫尔(Thomas More)说一样的话:"你们的羊原本是那么的温顺,吃得那么少,现在据说变得很贪婪,很蛮横,居然要连人一起吃掉。它们消耗、毁坏、吞噬整个牧场、房屋和城市。"

土地流向大海

砍伐森林、过度放牧、错误的耕作方法带来的最显而易见的结果就是土壤侵蚀。建立在9英寸表土之上的美国文明,已经失去了它三分之一的土壤。休·贝内特(Hugh Bennett)博士1939年向一个国会委员会证实说:"在美国不长的历史上,我们毁坏的土地已达2.82亿英亩,包括庄稼地和牧场用地。侵蚀也正在破坏另外7.75亿英亩的土地。大约1亿英亩的庄稼地,其中大部分是优质高产的土壤,已经肥力耗尽,难以再恢复。"

"大自然需要300到1000年,甚至更长时间才能形成一英寸的表土,但有时损失1英寸的表土却只需要一场雨的功夫,如果是大暴雨的话……"

"还剩下一些没有利用的土地,但都是零散的。我们已经没有大片的土地。因为土壤侵蚀，我们每一天丧失的土地相当于240英亩农田，从我们到来以后，这种损失就在继续。很多土地已经离我们而去，已经丧失，永远地丧失了……"

"侵蚀带来的恶果不仅仅是表土的流失和雨水冲击对土地的凿刻，当然还有土地贫瘠化和土壤毁坏过程造成的其他危害，它们顺流而下，填满水库、溪流、水渠、排水沟、灌溉渠……美国东南部耗资巨大的13座大水库在平均不到30年的时间里，侵蚀物已经淤塞到了顶部……工程师还没有找到较为经济的方法清理涌入水库的泥沙。"加利福尼亚的斯威特沃特水库（Sweetwater Reservoir）使用不到7年便丧失了48%的储水量。俄克拉何马州斯蒂尔沃特附近的一座防洪水库1937年占地1000英亩，到了1944年竟达约3000英亩；淤泥抬高了水位，当然也就相应降低了水库的防洪作用。

在过去100年里，波托马克河携带超过5亿吨土壤流经华盛顿，或者说，从华盛顿上游740万英亩流域盆地的每一英亩土地带走土壤约75吨。有些土地有树木覆盖，一些陡峭或多石，从未经过耕种。因此，每英亩耕地的实际土壤损失要大于数据显示的损失。[8]

从早期殖民时期起，侵蚀已经从整个波托马克河流域盆地超500英亩的土地上，带走了四分之一到四分之三最肥沃的表土。还有22.1万英亩的土地高达四分之三，甚至全部的表土已经被侵蚀。难怪曾经停靠从七大洋起航船只的深水港已经填满淤泥，变成了林肯纪念堂的所在地。[9]

据美国土壤保持局估计，1947年将有大约550万吨沉积物流过华盛顿，事实是，我们已经在波托马克河分水岭建成20个土壤保持区。这些保持区占整个盆地约87%的土地。在土壤保持局技术人员、监管人和农场主的帮助下,已经为 5.5 万个农场制订了完整的土壤保持计划,旨在为 100 万英亩土地上的每亩土地提供针对性的保护措施。即使如此,每年仍有 550 万吨土壤被波托马克河带走,而这只是很小的一条河。

1846 年到 1938 年间,有 8500 万立方码的沉积物在大西洋沿岸最大的海湾切萨皮克湾顶端沉积,32 平方英里的海水平均深度减少了 2.5 英尺。在马里兰州曾经为海外贸易开放的两个港口,可以看到系船柱离开航道已超两英里。17 世纪,远航船只沿河流能一直驶往马里兰州的皮斯卡塔韦,现在这条河的入口处水深只有大约 2 英尺。克雷文以旅行者的视角描写的烟草港周边乡村的衰落也加快了切萨皮克湾很多港口的淤积和人们对港口的遗弃。现在,就连烟草港自身距离潮水也已有 1 英里远。

近 100 年来,联邦政府花费大约 1700 万为巴尔的摩港口清淤,但到 1924 年,汉诺威街桥下的水深还是从 17 英尺下降到了 6 英寸。[10]

隐 性 成 本

河道和港口的淤积对商业、航运、渔业、牡蛎养殖业等影响巨大,但毫无疑问,它们仅仅是美国人挥霍土地付出的隐性代价中的很小一部分。在美国历史上,我们为弥补资源滥用花费的钱可能超过包括第二次世界大战在内的所有战争预算。我们的农学院、农业实验站、农业推广中心、土壤保持局、林业局、鱼类和野生动物管理局、地质调查局、各州的土壤保持委员会和陆军工程兵团的大部分预算都用在了改善土壤上。滥用土地增加了美国人的税金,我们需要资金抗洪救灾、疏浚河道和港口、修筑防洪堤坝。铁路和运河的维修养护、水力发电的损失、昆虫和啮齿动物造成的危害、化肥需求的增加、粮食短缺和粮食质量的下降、教育水平低下等都增加了（大大增加了）美国人的支出。我们看不到这些隐性成本。即使通过长期深入研究，也只能有大致初步的了解。但如果它们造成的税收和衣食、服务成本等突然消失，人们的生活水平无疑会有质的提升。

通过全国范围的土壤保持计划，美国在控制土壤侵蚀和水土保持方面已经取得了丰硕成果，但在土壤保持局成立以来的13年里，真正付诸实施的土壤保持计划仅占其申请计划的10%。这种缓慢的进展远不能让我们获得某种安全感。第八十届国会竟然削减了土壤保持局的经费拨款！

1947年7月，密苏里州洪灾期间，据估计，艾奥瓦州有1.15亿吨表土被冲走，而这些表土正是该州跻身世界一流农业区的主要原因。艾奥瓦州至少**25%的农田**表土被大水冲走。据联邦土壤保持工人估计，1.15亿吨的土壤来自已经种植或准备种植玉米或大豆的近600万英亩的肥沃土壤。这些行种庄稼，正如前文指出的，要比森林和牧场的侵蚀风险高一百倍。《华盛顿邮报》(*The Washington Post*)刊出的一篇报道的题目是"为给世界人民提供食物，艾奥瓦州付出了土壤的代价"，这好像不是什么新消息，艾奥瓦州几十年来都是如此。

据估计，1947年仅艾奥瓦一个州因土壤侵蚀造成的损失就达1.34亿美元。当然，这个说法荒谬至极，因为土壤实际上是无法用金钱来衡量的。用房地产商的评估准则来估算损失是十分危险的语义混淆行为。它是将符号和现实混为一谈。

将"土壤侵蚀"仅仅视为"土壤侵蚀"是危险的"只见树木,不见森林"的愚蠢思维。正如杰恩·达尔林(Jay Darling)指出的,流入大海的不仅有土壤,还有面包、猪排和土豆。离密西西比河河口不远的墨西哥湾里,有我们的孩子血液、骨骼、肌肉生长所需的各种养分。那些黄褐色的海浪淹没的是美国的未来。

除土壤侵蚀外,肥力的丧失也是一大祸患。原来在俄亥俄州的生荒地上播下未经改良的种子,即使没有虫害防治,每英亩都能产100蒲式耳的玉米,60蒲式耳的小麦,现在却平均只能产42蒲式耳的玉米和20蒲式耳的小麦。在农业最发达的州,虽然人们掌握大量关于作物疾病、虫害防治、施肥、作物繁殖的知识,保持高产也都相当不易,而且花销巨大。[11]这足以说明美国人多大程度上抬高了环境阻力。

资源损失并不是木材、牧草、土壤等破坏和野生动物损失简单相加所得之和,它是导致美国国土负载力逐年下降的总环境阻力的复杂上升。从美国人卫生和教育条件中折射出的生活水平下降可能从未经过深入分析。南方犯罪率居高不下,文盲比例高,有通过暴力反对社会变革的三K党,这里缺乏宽容,滥用私刑,从民主和社会价值的角度看,无疑是美国最不景气的地方之一。没有人能够说清这在多大程度上是人类在肥力耗尽的土地上勉强过活的结果,但其影响一定不容小觑。

加拿大也存在土壤侵蚀问题。迫于世界粮食需求压力,加拿大本国土地破坏加速,如果仅满足数量不大的加拿大人自己的需求,土地远不会受到如此伤害。1887年,加拿大西部省份萨斯喀彻温在草原土地被耕犁种植粮食后不久,便出现严重土壤流失。虽然采取了成功的控制措施,但仅限于零星几处,整体收效甚微。1934年,大约850万英亩的土地遭遇旱灾、大风,每英亩平均产量不足5蒲式耳。水蚀虽然不如美国严重,但在加拿大东部和太平洋附近省份时有发生。相比之下,它要比南部的情况更加危险,因为加拿大的优质土地很有限。[12]

美国中西部肆虐的洪水,以及人们对防洪抗洪建设工程的迫切需要是土地使用不当带来的副产品。那些定居于密苏里河、密西西比河,及其支流因洪水冲击而成的平原上,等待他人施以援手的人,让人不禁想到有人从帝国大厦跳下后又改变了主意。他们建造房子的土地和耕种的田地显然都是以前的洪水冲积而成的,不能仅仅因为人类占据了洪水平原就认为洪灾不会再次发生,这是没有道理的。

通过建造一系列将永久淹没全世界最肥沃的一些土地的防洪大坝,以达到短时间内减少洪水的目的,也就是美国陆军工程兵团负责实施的项目,只会显得更加愚蠢。1947年7月7日针对美国陆军工程兵团的一项调查显示,他们完全不清楚正在建设的水库会占去多少土地。在密苏里河流域管理局的规划下,美国人会永久失去多少良田也从来没有人计算过。但除非有过计算,并在此基础上做以规划,否则此类项目很可能会让全国人民都背上债务。水力发电水库占地面积巨大,不能再以这种方式丧失良田了,我们浪费不起。以良田为代价,保护下游地区免受洪水侵袭的后果我们同样承担不起。物价上涨等最近发生的一些事件表明,**我们已经没有可以满足当前需要的足够多的良田了**。尚存的良田还在遭受侵蚀，我们的损失远未结束；可国内外人民对良田的压榨却一天紧似一天。

基于分水岭的资源管理概念是现代世界最科学最有前景的一个概念。但像很多人类活动一样，它也受到亚里士多德式思维的影响。除非我们认识到，每个分水岭都有其特殊性，否则，流域管理局的措施或可带来严重破坏，浪费巨额资金。密苏里河流域**不是**田纳西河流域；假如田纳西河流域的管理模式并没有那么成功，那么在其他地区就应该在充分研究调整后再加以效仿。田纳西河流域犯过的错误，例如淹没肥沃的土地、忽视分水岭等在其他地方可能会更加严峻。密苏里河流域，很大程度上讲，是一个有着极易受侵蚀，既有粗放耕种也有集约耕种的轻质土壤区。

另一个特殊危险在于，未经充分研究工程师便开始投入工作。在密苏里河流域管理局的听证会上，美国一些顶级科学家对密苏里河流域合理开发土地，特别是灌溉问题的复杂性给出了精彩说明。这表明，我们对这一地区的了解还远远不够。翔实的研究不可能在一夜之间完成，在没有研究的基础上建设防洪大坝——正如美国陆军工程兵团和美国垦务局当前采取的措施那样——是对美国土地和纳税人钱财不负责任的滥用。

我们要支付的用于保护城市和挽救生命的上亿美元给纳税人带来沉重负担。在教师们领不到体面的工资，教育系统濒临崩溃的时候，在医院没有足够的资金医治病人的时候，我们却被迫要将几十亿美元花在那些居住于洪水平原的蠢蛋身上，花在破坏森林和草原后带来的洪水治理上。1936年和1937年涌入加利福尼亚州的雇农就是无视自然法则、滥用资源的结果。一段时间颇为有利的降雨让很多人又回到原来的危险地区；很显然，过不了几年，漂移的表土又会覆盖农舍——雇农们又会离开。那些过度放牧，在分水岭砍伐森林，最后只能在洪水经过的地方安家的人和雇农们一样，都是美国全国需要负担的债务。所以，我们不禁要问，提倡建设耗资巨大的流域管理局的西部参议员，是否还会投票通过牧羊人补贴措施，继续鼓励在分水岭过度放牧，损失土壤。

很多美国人本该担心，但却并未引起广泛关注的一种资源是地下水。整个美国的地下水位都在下降。很可能因为前文提到的土壤侵蚀和沉积物的原因，巴尔的摩周围的地下水32年里下降了146英尺。[13] 换句话说，1948年打一口井，要比1916年多往下凿146英尺。这当然会增加用水成本，也会让我们离城市供水不足更近一步。当巴尔的摩像墨西哥城那样，没有了消防用水和工业、卫生用水后，其惨景便足以为美国其他地方上一堂生动的基础生物物理课。人们需要这样一课。

历史上最愚蠢的浪费之一就发生在圣克拉拉流域。北美人的"进步"政权管理这里数年后，发现了这里的自流井资源，并将其用于灌溉。1910年，那里共有1000口自流井；19世纪90年代的机井都是在自流井带上开凿的。

地下水的补充大多依赖临近山脉雨后暴涨的溪流，但当时并没有采取任何措施确保地下水的持续补充。到1932年，在水文学家和很多工程师长达几十年的抗议后，仍有71%的径流水浪费在了旧金山湾。

1915年后，情况急转直下，但仍未采取行动增加供给。相反，地下水的抽取量迅速增加，从1915年的2.5万英亩呎增加到了

1933年的13.4万英亩呎。1933年以前地下水位每年下降约5英尺，但1933年当年下降了21英尺！

随着地下水位的下降，自流井也不再有水涌出，最后一口自流井于1930年关闭。1934年的平均抽水扬程是165英尺，灌溉既危险，成本又高。

随着地下水位的降低，圣克拉拉流域的地面开始下沉，20年内下陷了5英尺，建筑物、管道、果园和街道严重毁坏，损失达数百万美元，**永久消失的地下水储量达50万英亩呎**。

加利福尼亚人对每天都在上演的破坏行为似乎浑然不知。1922年，一项预算400万美元的土壤保护计划以7∶1的投票结果遭到否决。但在接下来的20年里，圣克拉拉流域的农民花费1600万美元开凿新井，购买更大功率的抽水设备等。无疑，他们也在祈祷。1934年，当旧金山湾的咸水慢慢渗入，水泵中抽出咸水时，人们才开始采取行动，设法让雨水回到地下。[14]

从巴尔的摩到圣克拉拉流域，资源的破坏以形形色色的形式重复着。西部干旱和半干旱地区情况最糟；东部很多潮湿地区也好不了多少，而且随着植被破坏的加剧和城市、工业过度用水，东部充足的水资源迅速消耗。俄亥俄州的水位已经下降至"警戒水平"。许多县的农民**必须花很多钱买水**、运水，当然这一支出会转嫁给消费者。[15] 人类的愚蠢增加了环境阻力，如果事后能反思，或许还会让一部分水资源得到恢复。现在圣克拉拉的水果和蔬菜价格上涨，我们所有人都要为之付出代价。

田野里的鸟兽

野生动物及其栖息地,用杰恩·达尔灵(Jay Darling)很有名的一句话来说,是被我们当做了郊游时的罗圈腿姑娘来对待。我们将野生动物几乎排在自然资源的最末尾,给出的解释通常似乎只是各种各样的辩解而已。造成这一现状的原因是多方面的,我们的偏好就是其中之一。美国人喜欢把金钱当做衡量事物的主要标准,就连金钱至上的法国人和拉丁美洲人也都给我们贴上了见钱眼开的标签。鲜红色唐纳雀的极速掠过,独唱鸟的尽情高歌,大沼泽地上空朱鹮的展翅翱翔,就连门前庭院里鸫鹩的啁啾声都会让人心旷神怡,怎能用金钱来衡量其价值?大草原上一望无际的多褶紫罗兰一片湛蓝,一株株红花半边莲鲜红似火,兜状荷包牡丹和杓兰娇美精巧,臭菘花朵朵报春,这一切该如何定价?锐麓草上绿翅鸟的哨鸣声,灰背野鸭归巢时的高声欢唱,又该如何定价?美国南方沼泽地上,活宝石一般的蓝翅黄林莺振翅起舞,欧洲哪座建筑可以媲美这片生机勃勃的大沼泽?如果你曾泛舟于我们三角洲湿地的天然运河,那么再来到威尼斯,看到瘀堵不堪的运河,岂不扫兴至极?我们不会以拍卖会上艺术品的价格来评判法国沙特尔大教堂和卢浮宫的价值,也就不该用金钱来衡量美国野生动物的价值。

美国人也很现实,对没有货币价值的东西,总要求它至少应该有某种"用处"。人们一次次问我,一朵野花、一条火蜥蜴或一只鸟有什么用?晚霞有什么用?海风吹来的咸咸的气味有什么用?垂柳枝上的厚厚白霜有什么用?冬月小溪冰下清脆的叮咚声有什么用？或遥远森林里连虫子都一动不动的万籁俱静有什么用？它们愉悦耳目，安定心神，陶冶性灵，这样的用处还不够吗？

从博物学家马克·凯茨比（Mark Catesby）画出的最早几幅美洲野生动物画作开始，一直到1947年，对户外活动和野生动物的热爱一直都是我们很重要的一笔财富。1947年游览国家公园的美国人超过2500万。美国的森林、鸟兽和周围的海洋对梭罗、爱默生、惠特曼、梅尔维尔、库珀、杰弗斯、毕比等很多美国作家都产生深刻影响。奥杜邦、本森、朗吉斯、贾克斯等画家无一不是在捕捉我们野生动物的美。自然意识对美国文化的影响，可能多过除英国以外的任何其他文化。今天，当我们受困于机械文明和单调乏味、毫无成就感的工作中时，比以往任何时候都需要花草遍地、鸟兽做伴的丘陵和森林来愉悦身心。

可惜我们却在忽视、虐待、消灭这些花草鸟兽。候鸽一度多到数也数不清，可就在1914年，最后一只候鸽死于笼中。1932年以来，再也没有见到黑琴鸡的影子。猎手们赶往市场的四轮马车里曾塞满爱斯基摩麻鹬，但1924年冬季迁徙途中，最后几只也在阿根廷被人捕获。像摆轮控制手表一样控制着鹿群数量的东部美洲狮50年前就已经消失；美国民间传说中的主角棕熊已所剩无几；只有在几个偏远村落里，才能寻得雄伟的大角羊的踪迹。

许多物种的生存都受到严重威胁，如冰川熊、食鱼貂、貂、狼獾、沙狐、大灰狼、佛罗里达山狮、各种海豹、凯鹿、北美驯鹿、佛罗里达海牛、多种鲸鱼、大白鹭、黑嘴天鹅、加利福尼亚秃鹰、优雅的美洲鹤、象牙喙啄木鸟——北美洲最大最令人惊叹的啄木鸟。[16]我们的野鸭是否能逃脱200万猎人的捕捉，结局尚难确定。

千百万年来，大自然已经使这些鸟和哺乳动物演化出一种独有的繁殖速度，虽然也有正常和自然损失，但繁殖速度能为它们提供足够补充，确保物种延续。正常损失包括天敌捕食、疾病、寄生物传染、恶劣天气和迁徙途中遭遇危险等。这些抑制因素大多仍然有效，但人类又增加了对动物及其栖息地的破坏。要知道，广阔的沼泽以及森林、河流、田野是动物生活的唯一家园。难怪它们的生存要永远警惕人类的靠近！

我们之所以没有损失更多，是因为美国幅员辽阔，物种丰富；与欧洲相比，人对环境造成的压力较小。在牧场主不放过最后一片草叶，锯木工要砍掉最后一棵大树，工程师要为巨型水库选址的当下，保护野生动物就需要多动脑筋，多加努力。

因为我们没有损失太大，因为还有丰富的野生动物资源，所以很多人并不放在心上。这就像一个小孩儿，因为手里有1块钱，就不愿再去挣1块钱；或者说得严重些，就像是熔毁意大利著名金匠切利尼的器皿，给出的理由是达·芬奇的器皿还在。

的确，捕杀最后一只美洲鹤，最后一只象牙喙啄木鸟的肆意破坏行为更加恶劣。器皿是死的，人可以花几周几个月来完成。但加利福尼亚山头乘风展翅的秃鹰和那些啼叫着飞越两大洲的麻鹬的进化，却经过了千百万年。曾经塑造地球的多种力量同样塑造了它们的形态，决定了它们的命运。经过千千万万代的演进，经受了风雨霜雪、季节更替、土地变迁、植物兴衰和狡诈天敌的重重威胁，在无数次的筛选、无数次的淘汰和无数次的变化后，它们才拥有了在这个世界上生存的完美身形。人类能像那个愚蠢大意的魔法师学徒，击碎熔铸它们的炉子，让它们变成博物馆里的填充标本，仅仅成为一种记忆吗?不能。在我看来,失去野生动物,人类自身也会走向贫瘠!

所幸,我们可以向那些金钱至上的人表明,我们的鸟类、哺乳动物、爬行动物甚至很多昆虫的价值都是可以用现金来衡量的。我们可捕杀的鸟、哺乳动物、鱼类维系着一个年收入20亿美元,由捕猎、捕鱼和相关活动构成的大产业。我们产皮毛的兽类价值可能高达5亿美元。野生动物在维持一个确保人类繁荣发展,平衡健康的生态方面所具有的价值,远远超过直接猎杀它们所创造的价值。无论户外活动的人带不带猎枪和鱼竿,野生动物都有益于他们的精神健康,这种愉悦是不可估量的。在捕获野生动物的过程中得到了基本训练,就可以在很短时间内把我们的年轻人从不好战的公民变成一流的丛林战士。欣赏和保护野生动物不需要理由,但的确需要时常更新观念;我们必须提醒自己,这种财富是无价的,只有积极付诸行动才能留住它们,供人类长期享受。

对美国可再生资源的简述让我们的注意力又回到美国人倍加珍视的自由企业上。过去15年里,我们听到有人频繁讨论有关自由企业的话题。持本质主义观点的自由企业拥护者一次次高呼:"自由企业成就了今日美国!"

对此,生态学家可能会不无讽刺地表示同意:"的确如此。"因为自由企业必须承担森林严重砍伐、野生动物锐减、牧场破坏、土地侵蚀、洪水咆哮的大部分责任。自由企业的发展脱离了对生物物理特性的理解,逃避了社会责任。

那些还愿意保留自由企业的人应该坐下来认真思考,并回答以下两个问题:如果我们没有世界上最丰富的自然宝库,自由企业能确

1790—1929年美国的小麦和面粉出口

10年移动平均值

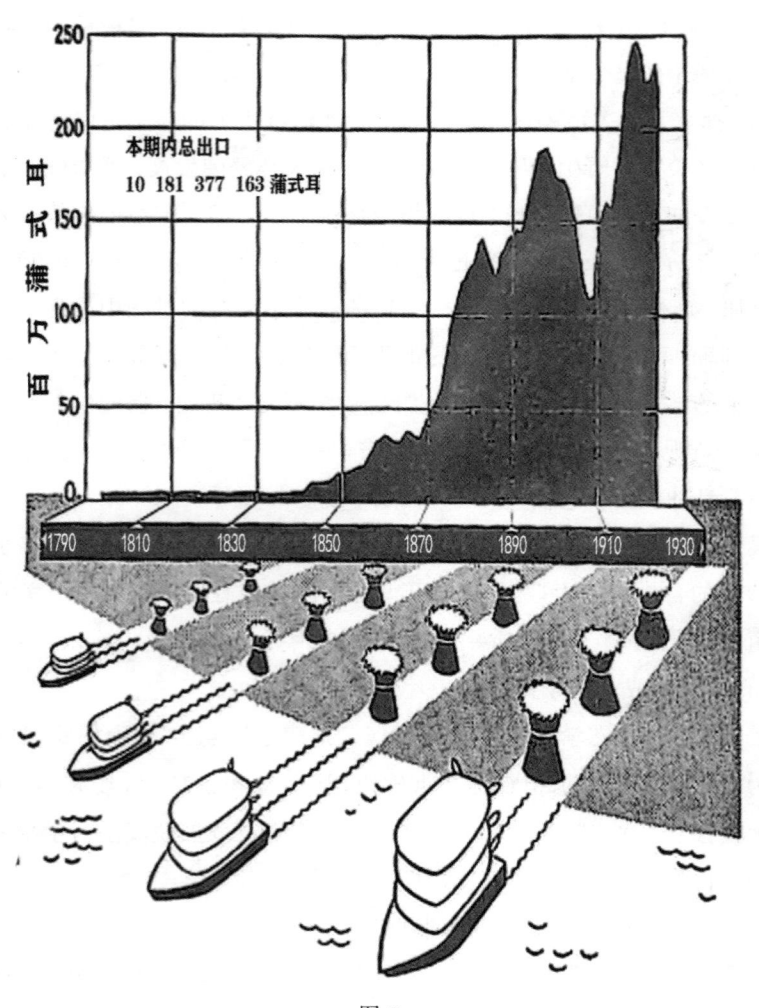

纵轴:百万蒲式耳（0—250）
横轴:1790—1930

本期内总出口
10 181 377 163 蒲式耳

图 5

1789—1932年美国的棉花出口
10年移动平均值

本期内总计出口
435 633 508包

百万包

图6

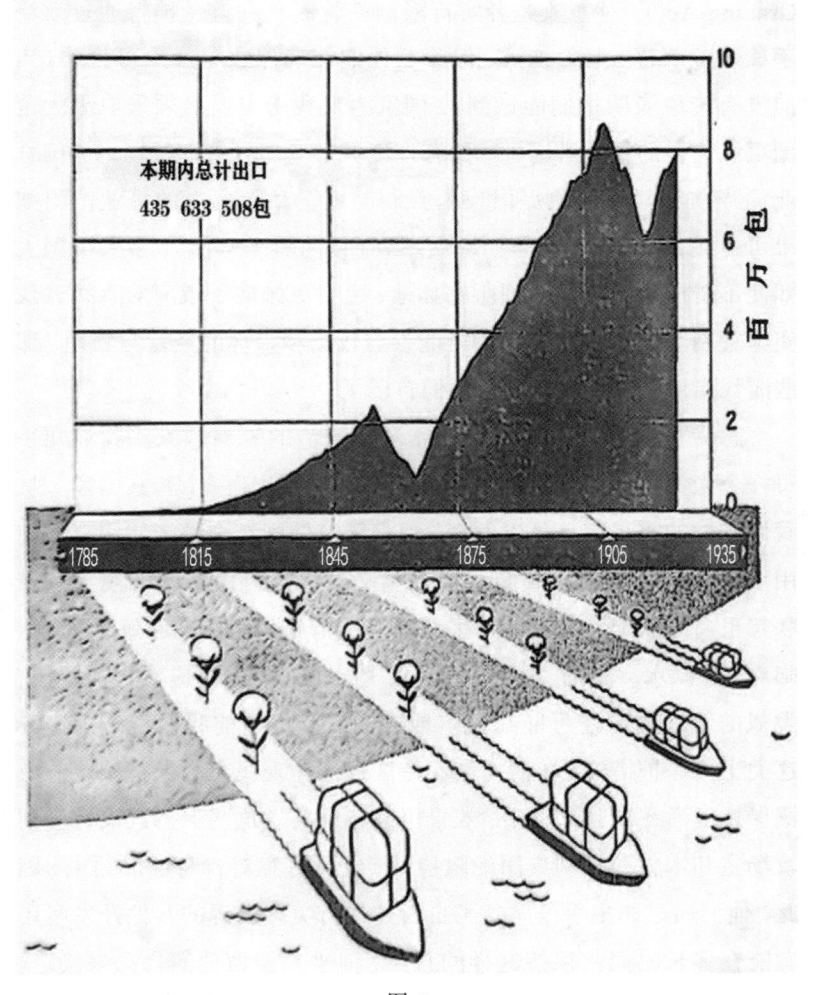

保这个国家强大繁荣、自由民主吗？如果我们像水手豪饮一般，大肆挥霍我们与生俱来的财富，自由企业还能保持哪怕是部分的自由吗？

为缓解牧场滥用，美国颁布了著名的《泰勒放牧法》（Taylor Grazing Act），对畜牧业者实行限制性管制。利益受损者通过政治手段百般阻挠、竭力抵抗，但除非他们能确保牧草产出可持续（当前没有迹象表明他们能做到），国家为自我防卫就必须采取更大范围更加严格的管控措施——像管理证券市场那样管理牧场。美国林业局当前勇气十足地提倡伐木管制制度。私人业主的林业产出如果可持续，固然很好，但如果做不到（目前看来不能），多数美国人即使不赞成政府直接管理所有林地，也会更倾向于政府对森林砍伐实施管制。自由企业如果不再能参与牧场和森林的经营与管理，那些滥伐滥用的人就只能责怪他们自己了。

感受过自由的人都憎恨依靠暴力统治的警察国家。我们几乎每一个人都宁愿为自由献出生命，而不愿生活于一个警察国家。从我们掌握的零星信息可以发现，警察国家俄国至今都未制定合理使用土地的相关措施。倾向于社会主义但仍是自由国家的澳大利亚联邦也尚未制定。美国各州采取的一些措施已经初见成效，如设立邮局、管制水禽猎捕、成立林业局、划定放牧区；为应对当前所需，类似的管理措施还可能在更多地区进行。但当前我们正努力避开这类土壤保护措施，转向土壤保持区这一体现民主的保护策略。土壤保持区尚在试验过程中，效果仍有待证实。这些保持区没有受到牧场主和木材商权利集团的阻挠，其成员有意对自身加以约束，因此，他们通过民主手段做到了自由选择。美国资源的其他开发利用者能在多长时间内保持这样的自由，似乎只能由他们自己来决定。

如果我没有完全说错,用不了多久他们就该做出决定了。

恢 复 之 路

我们已经开始医治土地,但行动还远远不够。我们的林业局、鱼类和野生动物管理局、国家公园管理局、土壤保持局取得的成就令人钦佩,但还不够。承担大量研究工作的很多综合性大学和赠地农学院长期经费不足、人手短缺。他们的研究是改善土壤利用的基础。一些州立土壤保持委员会贡献卓著,但其工作人员中不乏政治仆从、趋炎附势和平庸无能之辈。环保组织沃尔顿联盟、国家公园协会、应急保护委员会、全国奥杜邦学会、野生动物管理协会、国家野生动物管理联盟等民间组织都开展了卓有成效的工作,但其资金和成员都少得可怜。要知道,美国总人口1.45亿,其中至少有三分之一到一半的人都喜欢户外活动。以上多数团体,无论政府组织还是非政府组织,都因对保护工作的重要性缺乏充分认识而一定程度上影响了保护成效。

根据国家野生动物管理联盟负责人卡尔·舒梅克(Carl Shoemaker)的估算,1945年美国在自然资源保护方面的研究、教育和行动上总计支出约10亿美元,而我们国家的年收入接近2000亿美元!我们的财富和生存取决于国家的自然资源和土地;但保护和恢复自然资源的投入却只占国民收入的0.5%。我们在陆海空军上花费数百亿美元,确保国土不受侵犯;然而,却只愿投入极小一部分用来防御正在美国国内发生的、威胁我们生存的多种攻击。

在已经认识到科学保护土地实际能增加国民收入时仍如此吝

蠢，显然就更愚蠢了。如果牧场环境良好，每英亩土地需要较少的牲畜就能产出更多肉。得克萨斯一位牧场主在1937年开始经营牧场的时候，产出羊毛2.1万磅（平均每只羊产羊毛8.6磅），羊肉6.9万磅，牛肉3.9万磅。他告诉土壤保持局："这看起来很容易，于是我决定养更多羊，希望羊毛年产量增加到2.5万磅。

"刚开始的几年情况不错。1939年，我增加了山羊，到1942年每平方英亩土地有90只羊。但也就在这一年，我发现一个很大的变化——我只剪到1.6万磅羊毛，平均每只羊产6.7磅；羊肉3.6万磅，平均每只羊产51磅。那时我就发现，牧场的产出是有限的。

"此后，我削减了约四分之一的牲畜，发现每只羊能产羊毛8.5磅，羊羔重61磅，小牛重460磅。牛犊和羊羔产量也都有所增加，但我只为公羊和公牛购买饲料，牲畜的死亡损失和养殖成本都开始降低。1946年前，我需要大约50吨饲料，这一年却只用了10吨。"[17]

有人说，"如果1944年艾奥瓦州的所有玉米和大豆都采用等高种植，农民的收入就会显著增加，1945年的可支出收入会比实际花费多3700万美元。这一估值是建立在最低增产基础上的，即每英亩大豆增产2.5蒲式耳，玉米增产5蒲式耳。"[18] 要说明的是，那一年天气状况良好，粮食价格相对较低，没有出现大面积的严重洪涝灾害和旱情。如果有灾情，农民每蒲式耳的回报应该会更高。

人 力 资 源

一种资源的价值始终没有得到充分肯定，那就是参与联邦机构、高校和一些州政府及私人机构开展的资源保护活动的人。这些年,我认识了十多位这样的工作者。他们的智慧和奉献是国家最重要的一笔财富,可惜很多人的薪水低到让人羞愧,以他们的聪明才智和品格修养,就职于企业界收入会高得多。

其中吉福德·平肖特(Gifford Pinchot)和休·贝内特很可能是除我们伟大的总统外对这个国家贡献最大的人。平肖特在西奥多·罗斯福总统的支持下,在最初几场重要的森林保护战中取得胜利。他负责成立了美国林业局,并使资源保护成为大家熟知的词语。休·贝内特为保护土壤奔走了近20年后,他的建议才得到充分听取。他是科学家、行政人员,也是福音派传道士。为保护土壤,他四处讲演,只为唤起民众的保护意识。在他领导下,建成美国土壤保持局,它是全世界公认的最出色的土壤保护机构。土壤保持局在美国一些地区采取的保护措施立竿见影,在短短13年里取得了这个国家最引以为豪的历史性成就。未来1000年,如果美国人没有因为战争或其他灾难而消失,他们将继续享受平肖特和贝内特以及他们的同行以坚定的信念、无私的奉献和超人的能力取得的保护成果。

尽管美国的自然资源保护成果给人留下深刻印象,但无论从现实,还是象征层面看,美国都在继续丧失土地。我们开发土地的脚步没有停歇,国内外对美国土地和相关资源的需求又在稳步增加。在美国木材供应有史以来最短缺的时候,工业发展却赋予木材更多用途。有效利用木材废料可以满足部分新需求,即使如此,森林资源逐渐减少的趋势却不曾改变。美国当前仍有1.36亿英亩的森林没有火灾预防和扑救机制,这简直难以置信!美国历史上最严重的森林火灾发生在1947年的阿拉斯加,当时因为国会削减拨款,内政部消防力量大大削弱。

全世界对粮食的需求以及由此造成的粮价上涨，致使美国农业又倒退到了无视生态、靠天吃饭的状态，如果有雨，就万事大吉。据估计，有1200万英亩本不该耕种的土地又一次被翻种。政府官员称，1947年美国人之所以能免遭沙尘暴的袭击，正是得益于异常充沛的降雨。

随着美国和全世界其他各国人口的攀升，未来很多年粮食需求量都会有增无减。粮食，也即我们的土地，已经成为世界斗争的主要政治武器。战争期间，低收入人群享受的较高生活水平刺激了国民的肉类消费需求，而国内的肉类供应只有通过过度养殖和破坏牧场来实现。阿根廷的羊肉品质优于大部分美国羊肉，虽然可以从那里进口，但美国的养殖者不会同意。

耕种不适宜的土地、错误的耕种方法、滥伐森林、过度放牧，毫无例外都会带来径流量的增加，并导致1947年春季爆发严重洪涝灾害。这一过程循环往复，河水最终流入墨西哥湾。美国如果要保持农业持续产出，就必须清除多种障碍。我们还肩负着缓解他国贫困，缓解政治紧张局势的压力；因此，摆在我们面前的困难只会不断增加。

国会的无能

要清除的最大障碍就是国会。美国国会的缺点与不足也是我们生活方式的缺点与不足。国会代表人民，属于人民。几乎可以肯定，国会议员的平均智力和教育水平高于所有选民。除极个别人外，国会议员应该是坦率、诚实、从事着全世界最重要的一份工作，并极度努力的人。

但不幸的是，对这个复杂到人类几乎难以理解的人口过剩的世界来说，仅具备以上品格是不够的。很多国会议员都没有意识到人类对环境和环境对人的影响。亚里士多德式的教育通常过分强调人类已经熟知的内容，很多人对生态领域并不了解，甚至不懂得科学研究方法。很多人为自己"务实"而感到骄傲，殊不知务实者也可以被定义为"依据40年前的规则办事的人"。美国有十分务实的工业界领袖，他们在科学探索上投入上亿美元，很多研究还不能立刻得到"实际"应用，国会议员在评估土地利用相关研究时完全达不到工业界领袖对此类问题的理解。几乎没有一位议员意识到，有必要了解气候、土壤、植物演替、动植物竞争、动植物数量、制约因素，以及一系列复杂的相互关系。我们的立法者接受的大多是律师行业的训练，他们对生物物理规律的了解和普通生物学家对公司法的了解一样欠缺。因为对土地研究人员提出的问题不够了解，也就不会接受这些问题的存在。他们还没有意识到，**我们需要了解我们的所作所为**，他们对政府顾问常常持怀疑态度。这似乎也有一定道理，因为他们并没有聘请到政府以外的称职顾问。总体来说，一百年来国会议员操控下的政府科研工作评估几乎毫无进展。

他们在自己一窍不通的领域花费数亿美元，几千万人的生活因此受到影响，这就像是委托500名美国科学促进会的会员来改革我们的税制，或是任命一位著名果树学家担任最高法院的工作。科学家花二三十年研究一个问题，才最终找到解决途径，然而国会却要对他们指手画脚，发号施令。除非国会意识到它在许多方面是无知的，并聘请到有能力、客观公正的顾问，否则美国的资源很难保证持续产出。

国会必须知道,从长远上看,每年在土地利用研究上花费1亿美元,要比以土地和其他资源为代价节省1亿美元经济得多。很多议员似乎并没有意识到,失败的研究和成功的研究一样有价值,甚至比成功的研究更有价值。我们要知道我们能做什么,也要知道不能做什么。在科学研究方面,国会的态度常常更像每次钻探都想打出油井的石油公司经理。

结果我们看到,政府牵头的研究工作长期止步不前。科学探索很少能在一年内取得突破,但经费限制使长期研究的开展变得遥不可及。因为资金短缺,很多耗资巨大的研究成果只能深埋于政府机构的文献档案中,得不到发表。美国历届政府无不如此,其他许多宝贵的科学探索不得不因国会经费支持不足而中途放弃。

盲 人 国

这种做法的危害仍是源于亚里士多德式"只见树木,不见森林"的思维方式。我们割裂地看待问题,提出有限的解决方案,这些方案忽视了高度复杂问题的主要方面,而我们却以为自己"无所不知"。如果我们信教,就会在应该筑坝,成立节育诊疗所的时候开始祈祷;如果是自由主义者,就会抱有"我相信上帝和经济改革"的信念;如果来自工会联盟,则会深信除了能够保护我们所得红利的管控措施外,其他所有措施都该取消,这样世界才会幸免于难;如果我们是共产党员,就会相信警察国家会迫使我们所有人公正守法。事实上,我们的教育很少告诉我们,人的行动与其总环境有着

第六章　长刀

怎样动态、变化的关系。国会和选民对此一无所知。

让人难过的是，就连我们的顶尖科学家在这些方面也是无知的。美国科学促进会会长近期支持将新英格兰山坡上的灌木丛和次生林用于商业开发，看来他完全没有意识到环境对木材生产、控制侵蚀、保护野生动物、稳定水力循环等发挥的作用。以"布什计划"开头的一次全国科学基金会的讨论强调医学、工业和军事研究，几乎完全无视生物和物理学与土地的关系——在该领域我们惊人地落后。很多"自然科学家"反对全国科学基金会吸纳"社会科学家"，但事实上，我们必须依靠社会科学家对自然科学成果加以合理利用。如果我们的教育内容中没有对人与环境关系的认识，没有使这种认识成为教育取向的主要基础，就不可能在土地利用上有长期改善。我们必须理解这种关系，深刻感受到它的存在，并在对待儿童、国家、法律、生存、外交关系以及其他几乎每种思想和情感时都染上它的色彩。我们需要一场革命，一场俄国地理学家克鲁泡特金所说的基础观念上的深刻变革。

同时，因为我们才开始理解人与土地的关系，所以还面临着来自生态等五纵队的破坏。只要能找到买主，他们在任何时候、任何地方都会出卖国家。第五纵队是由一些压力集团构成的，他们是在美国国内和国外经营木材的木材商、农民、畜牧业者、商会、工会等。并非所有压力集团都是有害的，但其中一些的确已经成为资源管理的绊脚石，对国家构成不小的威胁。电力垄断集团通过各种正当或不正当的行为阻挠我们对分水岭的有序开发，就是其中最恶劣的一个例子。**通常为保护大众利益，必须牺牲个体甚至某些团体的利益。**除非理解这一点，接受它，使之成为资源管理政策的基础，否则，很难与土地建立和谐关系。

我们的土地所有制是合理使用林业资源的一大障碍。美国90%的木材生长在私人土地上，归属于四五百万私人业主。很多业主的林地面积很小，无力开展持续产出的林业计划。这些林地大多是互不相连、难以接近的多个小块，被大木材商的土地包围或阻隔；另外，小块林地的所有者也缺乏林地管理所必需的技术知识。

无论采取哪种方案，为保护国家利益，必须保持林木产量的可持续性。一些欧洲国家采取了林地公有制的方法，正如美国对一些森林实行国有或州有制一样。他们还限制砍伐，要求伐木必须征得官方许可。这种制度，委婉地讲，是美国很多林场主深恶痛绝的，因为他们的思想还停留在过去，始终认为美国木材资源异常充沛。第79届国会讨论的一项议案，试图使森林管控和自由私有制达成妥协，议案提出为林场主提供像农民那样的补贴。换句话说，纳税人身上又会增加一项负担，只为支持50年前就已过时的森林所有制。但从关照情绪的角度看，或许类似措施在所难免。

土地利用的蠢材

如何保护我们的森林这一问题，展现在人们眼前的是一幅令人沮丧的广阔图景，充分暴露出我们在应对生态问题上的无知与无能。我们养活着朱克斯家族和卡里卡克家族——特别是那些极度无能者，他们已经成为一种公共负担。同样，我们也养活着年老体衰者、不治之症患者、精神错乱者、穷光蛋、领取补助的畜牧业者和牧羊人等生态无能之辈。后一种人毁坏牧草、加速侵蚀、抬高洪峰，比穷光蛋更加可恶。他们的生存建立在破坏全民生存资料的基础上。如果我们能真正聪明地对待未来,就应该将这些人视为生态传染病患者——影响我们所有人的环境疾病的源头。那些一砍了之的伐木业者无所顾忌地破坏土壤,引发新一轮沙尘暴的小麦种植者、过度捕杀动物的猎人和只消耗不保护土壤肥力的农场主都是传染病患者。

这些人无异于30年前的专利药品制造商,毒害美国人的秘方最终被消除或控制,但控制我们对牧草、森林、土壤等生存资料的破坏更为重要。畜牧业、伐木业、狩猎业、渔业,甚至多数种植业的扩张和其他行业一样,已经超出环境的承载能力。现在除了放慢扩张的脚步,无法再通过其他方式增加资本。对现有资源而言,这些行业——至少其中大部分——实际已经破产。它们不仅掏空了银行金库,还试图兜售办公桌椅和痰盂来续命。为维护国家利益,必须清偿债务,至少部分偿还。清偿过程和任何其他债务清偿一样,都会牵连到很多人。但拖延的时间越长,受伤害的人就会越多。

我们的经济思维是美国生态失衡的主要原因之一。我们将美元符号视为真正的财富,这很像是用尺码来讨论热量。我们对国民收入的讨论就好像它与国民消耗有所区别一样。我们写出一本本的著作,讨论是否能"负担得起"土壤保护的成本。[19]我们开采石油、铁矿、优质木材,猎捕灰背野鸭,并称其为"*生产*"。我们歪曲了神话中普罗米修斯的故事,吞下自己的肝脏[①],还为美餐一顿而欢呼庆

[①] 根据希腊神话,很久以前,生活在地球上的人类没有火种,普罗米修斯偷偷将火种送到人间。众神之王宙斯发现后,为惩罚普罗米修斯,就将他锁在高加索山的悬崖上,派恶鹰啄食他的肝脏。——译者注

祝。我们对榨取美国资源的伐木业者、农场主、畜牧业者、猎捕者、工厂主以及日益增长的人口进行的评估都是从金钱角度展开的，新的评估必须以生物物理学为取向。我们在国际事务中的地位也应该以同样的标准来衡量。我们的祖先被他们驱逐出家园的印第安人称之为长刀。现在是该停止剥美洲大陆的头皮了[①]。不得不说，我们陷入了语义混淆的可怕大网，如果不抛弃这种错误的认识，不区分不同层次的抽象概念，就不可能冲破束缚。

美国人口过多

有人断言，以亚洲人的生活标准，北美洲可以养活5.77亿人。[20] 从美国人的生活标准看，特别是从必须为自保而帮助养活其他国家的人口来看，美国今天的人口很可能已经过剩。一位杰出的美国人口学家认为，美国最佳人口数量为1亿。他说，"人口越多，需要的农田、矿藏和其他自然资源就越多，或对一定资源的利用"就更集中，唯有如此，才能提供足够的生活必需品。由于我们的农田和矿藏大小不一，利用难度各异，因此消费量增加，就需要转向质量较低的资源。需求的增加和密集的利用都会降低工人的平均产量，导致工资降低或产品价格上涨，两者中任何一种情况的发生都会降低生活水平。

"如果美国只有1亿人而不是1.5亿人，从事农业、林业、采

---

① 北美印第安人打败敌人后，有割敌人头皮的传统，这对他们的战士来说是一种荣耀！美国殖民地时期曾对印第安人展开惨绝人寰的大屠杀，以印第安人的头皮为证，可以得到政府几十甚至上百英镑的奖励。——译者注

矿业的每位工人的产量就会更高，制造业和商业领域工人的产量也会大致相同，交通运输业工人的产量会有所下降。1930年农业和采矿业雇佣的工人是交通运输业所雇工人数的三倍，养活的人口也较多，由此可见，人口基数小于而不是大于当前，对美国更加有利。从人均经济福利看，美国当今人口过剩……"[21]

有人或许会反对说，1930年以来的普查数据显示，农业机械化增加了工人的人均产量。即使事实的确如此，也远不是纯粹的幸事。一些人离开家庭农场，流向城市，自给自足的农村人口减缓经济震荡的作用开始减弱。下一次经济萧条到来时，将会多出几百万领取救济金的人，如果我们的农场没有采取机械化耕种，这些人至少能够勉强养活自己和家人。机械化比以前的农耕方法对土地榨取得更厉害，所以它对土地的价值令人生疑。拖拉机棚外是看不到粪堆的，而且在拖拉机出现以前，第四到第六类土地只用来放牧，现在却都用于农业生产。没有农业机械化，大平原地区的小麦地就不会像现在一样处境危险。

遭遇石油荒时，或因石油进口，或不得不从煤炭或页岩中提炼石油，导致油价上涨时，机械化程度越来越高的农业将会是怎样一幅景象，似乎没有人能做出回答。

影响土地合理利用的另一重障碍是农场的租佃问题。多年来，农业经济学家对地主占有却无人打理的农田数量不断增加表示担忧。越来越多的田地变成了银行、保险公司和其他非农业经营单位的财产。因为佃农和其他农田租借者在土地上并不会获得长期利益，他们便只考虑如何以最小的投入在土地上换得最大收益——这种倾向也折射出我们的工业发展理念。一个明年又要去另一块农田耕种的人不大可能花钱改善排水，优化林地管理，采用休耕和长期轮作法。政府向佃农提供贷款，准许他们购买土地，是有望应对这一难题的有效措施，虽然还远远不够。但此类计划是否会持续推进尚不得而知。租佃问题颇为棘手，对那些破败的、肥力耗尽、生产能力需要全面恢复的农场来说，尤其如此。

城市过多

阻碍土地利用改善的一个政治因素是人口从农村到城市的迁移。如今有60%的美国人生活在2500人以上的城镇，30%的美国人居住的城市人口在10万以上。这些人在选举国会议员、州立法人员上——从土地管理的角度看——有压倒性优势，但他们关注的焦点却仅限于肉店、菠菜罐头和牛奶瓶，很少认识到人对土壤、牧场、森林、野生动物和地下水的依赖。

毫不夸张地讲，我们的学校在教育城市选民了解土地方面一败涂地。如果土壤保持局、国家公园管理局和美国林业局等政府机构能开展足够丰富的教育活动，或许能够在一定程度上弥补学校教育在这方面的不足。相比25年前，现在政府机构承担这一角色的可能性很小，因为国会认为，政府部门发起的几乎每项教育活动事实上都是为捞取名誉，获取更多拨款。美国大多数学童几乎从未见到土壤保持局出版过任何生动的刊物。如果每年能投入1000万美元供土壤保持局出版简报、拍摄影片，拨款支持林业局、鱼类和野生动物管理局、国家公园等机构为美国儿童开展土地合理利用的教育活动，那将是我们看到的最有效的资源保护措施。农业部和内政部以土地为工作中心，接触的人也大都是在土地上劳作的人，现在他们也该和许许多多只将土地视为休闲度假场所的人打交道了。

正如克雷文指出的，在人类刚刚踏足美洲大陆时，一两千万人的过度开发或在情理之中。在弗吉尼亚定居点建立后的很长一段时间里，北美洲的产出一直都大于人类的索取。但随着环境破坏和人口的增加，产出高于索取的日子一去不复返。1.45亿美国人当前的生活水平只能靠消耗资源来维持。在大约150年的时间里，我们失去了三分之一的表土，一半以上的优质木材，大量水资源，难以计数的野生动物。随着对资本的消耗，从利息中获取的回报自然也随之减少，于是，消耗资本的脚步再次加快。

显然，这种掠夺式利用不会长久。从丧失的生产能力和修补环境危害付出的成本来看，我们已经将子孙后代的很多福祉抵押了出去，正如先辈们抵押了我们的未来一样。铁路巨头在大平原地区留下累累伤痕，伐木业者从源头上毁坏了上千条河流，约翰·约伯·阿斯特(John Jacob Astor)①和一些冒险家带领捕猎者疯狂捕杀修堤筑坝、保护溪水的河狸，致使我们的自然景观活力全无。大平原地区像小麦和牲畜一样，被售卖给开价最高的人；伐木业者相信，花30枚银币买来土地，便永久有权破坏河流的贮水池。对毫无生态知识的人来说，如果没有河狸控制洪水，可以花大价钱自己筑坝。我们的祖先撇去了美洲大陆的奶油，现在我们又在争分夺秒地掠取剩余的乳脂。

---

① 美国皮草商人(1763—1848)，创建了美国皮毛公司，积累了巨额财富。——译者注

对土地及其附属资源的破坏不仅仅会影响美国人的物质生活。如果我们将来想要的只是少几辆汽车、少一些豪华马桶、少几个嘈杂的收音机、少一些好莱坞生产的花里胡哨的影片、少一些新奇的小玩意儿、大幅降低电影明星为我们设定的生活标准,那倒不用担心。美国文明最大的缺点之一就是:**物质**至上,物质控制着我们的悲喜。如果破坏土地能使我们像新英格兰繁荣时期一样回归到内在资源的培养上,我们这个民族应该会更幸福、更平静、更坚定。

美国面临的日益严峻的贫困绝不止于此。当我们的财富随滚滚河水逝去时,我们的购买力也会下降。工业发展也会受阻。100年前多数美国人可以存足够的钱来养老,这种熟悉的安全感已经总体上被一种社会"福利"制度所取代,这种制度提供的充其量也只是一种旧式的救济院而已。如果我们以过去50年的速度继续破坏土壤、水、森林、牧场等国家财富的基础,那么四五十年后在千百万美国人真正需要福利制度的时候,它还有多大价值呢?

醒醒吧!美国

在这个广泛联系的世界,民主的生存有赖于思想成熟、受过良好教育的选民。不安全预示着不成熟,当我们努力适应这个越来越贫穷、越来越不确定的世界的时候,会发现成熟越来越稀缺。随着生产财富——也就是自然资源的手段越来越有限,以及土壤随河水而去,我们强加给学校和图书馆的戒斋期或许会演变成一场大饥荒,整个教育体系可能会降至亚拉巴马或密西西比州的水平。仅有这种可能,对自由民族而言已经是一种邪恶的征兆。

第六章 长刀

没有丰富、均衡的饮食，没有水、木材、矿物质等资源，没有了来自肥沃土地的可靠的粮食供应，又不时遭遇洪水、尘暴的袭击和水库淤塞的难题，我们这个国家如何保持强大？在这个人口过剩的世界，我们也难免不被侵略。

我并非在暗示美国一定会衰落。美国可以不衰落。我们比世界上任何其他民族都更深刻地认识到环境破坏的问题，也比他们在应对这一问题上有更好的智力（如果不是情感上的）准备。美国的未来就掌握在我们手中。如果继续像过去那样肆意破坏、踩躏环境，几十年后，我们的主动权就会丧失，到那时，我们会以不可阻挡的速度滑向乌尔、提姆加得和吴哥窟的时代，重蹈古代中国人和古玛雅人的覆辙，渐渐淹没于历史的长河。

最大的危险或许是，亡羊补牢，为时已晚。

第七章　边缘土地

除三四个国家外,其余所有拉丁美洲国家都已人口过剩。他们只有进一步加速破坏自然资源,才能为其公民提供食物、住所和生活用水;生物破产,像摇摇欲坠的雪崩一样,悬在他们头顶。海地和萨尔瓦多已经遭此厄运,几十万人正因饥饿慢慢死去。墨西哥人对待土地的方式如果没有深刻改变,大部分地区用不了一百年就会变成一片荒漠,那时就连普通萨尔瓦多人(和成千上万的墨西哥人)每天勉强生活所需的 1500 卡路里的热量也将难以提供。[1] 过不了几年,智利也将遭遇同样的命运。

如果能消除时间因素,占西半球陆地面积 52% 的这一重要地区未来就会乐观得多。不幸的是,拉丁美洲人在失去其他资源的同时,也正在失去时间——一个最关键的因素。

拉丁美洲国家的方程式和现代世界各国的方程式一样,极端复杂;美国南边的 20 个国家有今日的国运,应该说是多种力量共同作用的结果。许多国家的领导人文化落后,不愿丢弃源自 16 世纪西班牙和 19 世纪法国的旧思想。国民多年来饱受外国剥削,国内某些顽疾也正是残酷的剥削造成的。对北美富裕生活的神往让许多拉丁美洲人流连于如梦如幻的永无岛,其金光为现实投下绝望的光芒。一些饥饿、不满的群众正在寻求苏维埃特效药,尽管不一定对症,但他们已然相信这就是出路。

在这团乱麻中,三种色彩格外引人注目。一种是地理,另两种则是欧洲社会习俗和原始美洲社会习俗。

敌 对 的 土 地

拉丁美洲的地理环境是限制人类进步最严酷也最难避免的因素。如果读者对西半球从格兰德河到合恩角的地形没有清晰的记忆,可以在阅读本章时放一张质量很好的地图在眼前——最好是美国地理学会出版的那种。粗看一眼,就会发现在拉丁美洲各共和国中,平地或接近平地的土地所占比例极小。俄国有乌克兰,美国和加拿大有玉米带和小麦带,而拉丁美洲只有大草原。

智利和阿根廷的巴塔哥尼亚高原属于半草原地带,每年只有13英寸的降雨。这里生产粗草,负载能力低,只适宜放牧。一些地区过度放牧,低适口性植物的侵入导致牧场退化;据报道,还受到风蚀的破坏。里约热内卢西北部地势较高且相对平坦的高原土壤贫瘠,降雨量不足,只能用于轻度放牧,这和美国西南部地区颇为相似。巴西东北部经常遭受致命旱灾,在较平坦的地区,巨大的亚马孙盆地被茂盛的雨林覆盖,那里土壤贫瘠,森林遭砍伐后,因为一些地方年降雨量超过7英尺,雨水会迅速滤出植物生长不可或缺的化学物质。正如一位地理学家所言,在热带太阳的炙烤下,土壤表面的有机物被氧化,"就像镁粉燃烧一样"。

过去800年里,雨水从高地冲下大量土壤,沿海平原的面积得以扩展,但同时也遭到极端高温和大量雨水的破坏。中美洲沿海地区的香蕉种植常常在七八年内就会使原始林变成惨遭遗弃的灌木林。除以上平坦地区外，可以某种程度上称为平原的就只有委内瑞拉的大草原了。这里多数土壤贫瘠，降雨极不稳定——一年中有时降雨过多，其他时候又雨水不足。[2]

除了阿根廷的大草原，其余土地的负载力都很低，农民基本被限制在小块的山间盆地或被迫上山耕作。山间盆地，由于下文提到的一些原因，无法养活本该养活的人口。随着雨水一次次地冲刷，山坡上的土地也从农民脚下静静流走。

在美国，通常坡度超过 5% 的土地，农民就必须谨慎对待，如采取条植法、等高耕作或开垦梯田。人口压力和土地所有制使拉丁美洲农民不得不耕种坡度达 100%，甚至更陡的斜坡。一些土地可以安全种植咖啡等木本植物，特别是像萨尔瓦多那样的梯田。虽然许多拉丁美洲国家的土壤远不如美国的土壤易受侵蚀，但它们还是在以惊人的速度消失。在南美洲的大部分地区，**几乎所有耕地都存在土壤侵蚀现象。**

西班牙旧俗

主导整个拉丁美洲的第二种力量是西班牙人强加给美洲大陆的中央集权传统。这一传统至少可以追溯到恺撒大帝时期。政府官员等统治集团延续了它的生命，因此产生大量不良而深远的影响。首都和省会城市几乎毫无例外总能得到相当份额的国民收入和政府服务；乡村除了被开发利用外，其人口和环境总是被遗忘、被忽视。有人说："在美国，地方政府贪腐成风，昏庸无能，挥霍浪费、管理不善。"³这一说法虽让人心痛但也是事实。在地方政府软弱无能,混乱不堪的国家,中央政府很可能同样贪腐无能,而这正是大多拉丁美洲国家的情形。因为这一原因,拉丁美洲当前几乎不可能根据人口需求对自然资源进行明智、负责任的管理。

政客们假公济私,个人与朋友的利益始终高高在上。全国各地谁出价最高,便为谁效力,和地方政府中的"老板"没什么两样。林肯·斯蒂芬斯(Lincoln Steffens)45年前就曾叙述说,企业之所以能维持诱人的生活标准就是靠贿赂政府官员实现的。政客们窃取巨额资金,虚报工资,导致很多拉美国家难以为有能力、有责任心的工作人员开出能够维持生计的最低工资或启动相关资源管理工作。一个国家的确在美国专家的指导下设立了规模25万美元,用于控制土壤侵蚀的专项基金。但美国专家领取到的只有1300美元的薪水,一头价值300美元的骡子和一架没有色带的打字机。

在一些国家,技术培训遥不可及。部长们没有足够的资金可以招聘到技能过硬的专业人才。除秘鲁的鸟粪管理局等极个别机构外,很多拉丁美洲国家没有公务员选拔考核制度。很多政府部门的工作人员,不仅因政府的更迭而变动,而且会随部长的频繁变动而变动,一些国家每五六个月就更换部长。正如一位拉丁美洲科学家观察到的,西半球多数国家的头号问题是道德遭受侵蚀;道德失范,位居其次的土壤侵蚀问题就只能被束之高阁。

印第安人毁坏性的耕作方式

影响多数拉丁美洲国家发展的第三大因素,很可能是当地原住民流传下来的渐进式耕作方式,或米尔帕(milpa)耕作法。[①]古时候,这里的原住民只有非常原始的工具,他们砍伐、焚烧树木,开出空地,其余植被也同样用火烧掉。田地在耕种三四年或更长时间,土地肥力耗尽后,人们便转向新的土地,重复原来的过程。二三十年后,以前的土地肥力部分恢复,于是人们又返回去耕种。在降雨集中,人口较少,山地不易侵蚀的地区,这种耕作方式并无大碍。但在其他地方,如洪都拉斯、危地马拉和墨西哥的高地地区,米尔帕耕作法使土地渐渐遭到破坏,考古学家认为高地玛雅文明和早期墨西哥文明的衰落正是这种耕作方式导致的。

正如以法莲[②]总是忠于他的偶像一样,在拉丁美洲的无数土地上,米尔帕耕作法始终占据主导地位。虽然原始社会时期,人们可以辩称,它是很多地区唯一可行的耕种方法,但在新大陆的几乎每一个地方,这种耕种都会带来灾难性的后果。拉丁美洲人口激增,耕地需求日益迫切,欧洲人征服前的土地休耕已经不可能再实现,钢斧和大砍刀的使用也使小农户的耕种更具破坏性。

古时候,当地印第安人用以维持生计的主要作物玉米是用耙和叉种植的,现在很多地方仍在使用这些工具,它们对土地不会造成很大破坏。但欧洲人的另一种创造发明——牛拉廉价耕犁却可以扒去地表植被,热带暴雨来临时,充分暴露的土地毫无抵挡。有时一个月降雨超过112英寸!

---

① 米尔帕耕作法:砍伐森林,辟为农田,耕作几季后即弃之不顾,再去砍伐另一片树木用于种植的破坏性耕作法。——译者注

② 以法莲:根据《旧约·创世纪》,以法莲是约瑟夫的次子,生于埃及。他的后代是以色列十二支派之一的以法莲支派。——译者注

第七章 边缘土地

历史学家莱斯利·伯德·辛普森(Lesley Byrd Simpson)将他的著作《许多个墨西哥》(Many Mexicos)一书中最精彩的一章取名为"暴君"。这里的"暴君"是指玉米。拉丁美洲民众对玉米的依赖,以及日益增长的人口和现代农耕方法对多数拉丁美洲国家的影响远远超过其他所有因素的共同作用。

强加于印第安传统之上,并被现代竞争性经济体系不断强化的西班牙传统致使拉丁美洲的经济成为当今世界最具压榨性的经济。美国每年花费10亿美元用于资源保护,即便如此,我们的自然资源债务仍未偿清。拉丁美洲人口更多,数百年来破坏须臾不停,投在资源保护上的经费不及美国的1%,其结果可想而知。

解除了水的锁链

燃料短缺是整个拉丁美洲地区最严重的问题之一。至少约7500万人依靠木炭和木材烧饭、取暖,工业生产甚至也以它们为燃料。萨尔瓦多几乎没有森林,那里的英国铁路公司就是靠烧木头驱动机车的。秘鲁、巴西、墨西哥以及其他许多国家的铁路也以木头为燃料。巴西的机车使用的木材要用卡车和马车从90英里外的地方运来。[4] 在巴西和智利,木头仍被用作熔炼矿物的燃料,正如16世纪的西班牙。毫无疑问,在整个拉丁美洲,充当燃料的树木是最重要的一种作物,但20个拉美共和国却没有一个成立像样的林业部,没有一个国家不在耗尽他们当前可以利用的有用木材。据智利多名技术人员估计,大火烧毁的森林是滥砍滥伐失去的森林面积的5到13倍。1944年,大火席卷这个国家25万英亩的森林,可当时智利政府雇员中却没有一个防火监察员或护林员。

毫无节制地毁坏森林,导致拉丁美洲整个水文系统遭到破坏。没有了高地植被这一锁链,雨水肆意撕裂土地,卷走大量泥沙,淹没大小城市,堵塞航道,夺走了许多人的性命。1947年,格雷斯航运公司(Grace Line)取消了通往哥伦比亚第二大港口巴兰基利亚的航线,原因是马格达莱纳河已被淤泥堵塞。一些哥伦比亚工程师说,这条长度仅950英里的河流带走的土壤超过4000英里长的密西西比河。就连年降水量约达6英尺的萨尔瓦多和智利等国家的地下水也都在下降。

根据资源调整人类需求,以永久保持合理的生活标准是极其复杂棘手的问题。适用于佐治亚州的土壤保护法在哥斯达黎加并不奏效;植物育种家在北半球改良的作物如果移植到另一个环境中,存活的几率将微乎其微,因为那里的日长、温度、降水、植物疾病、病虫害等构成完全不同的生物模式。在地形千变万化的国家,10英里的距离就会产生在美国五百英里才能看到的显著气候变化。拉丁美洲不同地区的地理各异,正如没有两个人完全相像,也正如美国每个牧场都有其各自的物理和生物特征一样。

科学真空

拉丁美洲各国地理差异悬殊。要明智应对截然不同的地理状况带来的各种问题,就要掌握长期可靠的气候数据。生物考察必不可少,唯有如此,土地管理者才清楚他们究竟在谈论哪些动植物物种。要增加环境中的有用成分,就必须了解制约有用物种增加的种种因素,从土壤中的固氮菌到控制啮齿动物数量的老鹰,都要一一了解。现代人侵入的环境中的各个要素——气候、土壤、动物、植物之间存在怎样的关系,几乎还没有人展开研究,土地管理要顺利进行,就必须将此类研究提上日程。也要了解哪些因素会造成菌类植物病害,哪些国家会阻碍肆虐中南美洲具有超强破坏力的蝗虫的繁殖,没有科学研究,就很难卓有成效地控制蝗虫数量。无论研究植物、研究人类或是研究所谓的低等动物,现代生物学都要求能够收集统计数据、分析数据。土壤考察与分析是改进农业的基础。要从土地的产出中最大程度地获益,就必须了解土地所需的营养,以及土地满足这种需要的能力。没有科学研究,便无法对愚蠢或贪婪短视的土地利用带来的结果做出客观评估。

在拉丁美洲,就连资源目录这样的基础数据都是空白。没有库存清单,任何一个企业都难以生存;搞不清有哪些资源,它们位于何处,有多大储量,对复杂的自然资源管理来说何等困难。很多拉丁美洲人能够自鸣得意地接受毁坏资源的行为,无疑也是缘于资源目录的缺失,人们没有途径了解正在发生的变化。

在本书写作的过程中,据说拉丁美洲只有阿根廷能够提供足够的气象服务,获取气候数据;只有阿根廷和墨西哥正在开展一些重要的气候研究工作,而墨西哥的研究却因资料不足而受到牵绊。开展森林研究的国家不超过两三个,而且研究价值不大;已经启动深入土壤研究的国家也不过两三个,生物调查同样如此,水文调查更不尽如人意。

少数坚韧不拔、品德高尚的研究人员开展的调查研究十分有益,但因为贫穷,常常无法获取世界其他地方的研究发现。在这些生活成本高于美国的国家，就职于政府和高校的科学家领取的薪水每月不足 100 美元，很多科技工作者必须兼做两三份工作，才能维持生计。一位优秀的生物研究员不得不在中学任教，以养活子女。在很多国家，因为政府的干涉和分赃制度，科研人员首先必须是政客，手段高明的人往往比拥有聪明才智的人生存能力更强。在美国，农业部、内政部、农学院、高校和科学协会合力开展研究，能像美国那样协同开展研究的拉丁美洲国家只有一两个。

现在看来（1948 年）这种情况改善的可能性不大。很多拉丁美洲大学仍在沿用中世纪的教学方法，一些大学则照搬 75 年前的教学模式。所谓的植物学家虽然能一口气说出几百个科学名称，但真正来到田间，能辨认出的植物却连 20 个都不到。他们没有听到著名生物学家阿加西（Louis Agassiz）的疾呼："如果只在书本上研究自然，那么出了门就找不到它了！"尽管投入巨额资金修筑公路、供养军队、行贿受贿，但多数拉丁美洲高校的经费却异常紧张，生物研究人员既没有实验室，也没有可借阅资料的图书馆。通常，整个生物班的学生只有一架破旧的显微镜。因为科学期刊和参考资料短缺，即使受过良好的早期训练，很多科技工作者也远远落后于本领域发展前沿。许多拉美高校的科学科目教学水平甚至比不上斯堪的纳维亚国家、英国或美国好的中学。要强调的是，这并不是因为能力或智商不足。拉丁美洲人为他们的文化感到无比骄傲，盎格鲁-撒克逊人在他们眼中和野蛮人不相上下。他们的诗人、哲学家就和我们的推销员一样多见，但物理学家、动物学家、植物学家、生物学家、地理学家、生态学家却寥寥无几，即便能找到，也个个营养不良。

目 光 短 浅

研究空白必然带来资源管理的空白。每平方英里可耕地有600多人的萨尔瓦多直到现在才成立农业部。墨西哥曾经被茂密的森林覆盖，如今却不幸遭遇森林荒。"选择性砍伐"和"造林"等现代概念这里的人们几乎闻所未闻。他们死守着老规矩：每砍伐一棵树，就再种三棵，至于为什么是三棵，就无从知晓了。毫无疑问，对采伐者来说，贿赂要比植树造林划算。墨西哥的森林生产比森林毁坏落后60到80年。智利同样如此，只不过在智利，连贿赂都不需要。

热带国家可获取的木料，也是唯一具有实际经济价值的树木，正在快速消失。即使他们有妥善管理热带森林的意愿，也不具备这方面必要的科学知识。可能除阿根廷以外，没有一个国家建立像样的土壤保持机构。格朗德河以南没有一个国家对其野生动物有所保护。只要能捕到鸟兽——包括知更鸟和毛皮兽，就会将它们赶尽杀绝。唯一能够保护这些动物的，是难以接近的栖息地或贫穷——没有钱购买猎枪。但无处不在的弹弓和陷阱已经导致很多物种灭绝。也不能指责人们捕杀动物，这不公平。如果要求美国人一周有一天不吃肉，我们都会惊慌失措，而千百万拉丁美洲人一周才能吃到一次肉，甚至更少。

土地所有制形式也是拉丁美洲自然资源保护的一大障碍。在多数拉美国家，事实上在所有拉美国家，最好的土地都掌握在大土地所有者手中。这些人通常对农业或土地管理知之甚少或全无所知，他们对土地的判断完全取决于这一年土地带来的收益或回报。在中美洲，最肥沃的土地总是由大咖啡园主、大牧场主或外国公司所有。很多人被迫来到半山腰开辟荒地，但自给农业的耕种方法只会毁坏田地。在很多国家，常常可以看到山间凹地有膘肥体壮的牲畜在吃草，这些凹地的土壤都是从印第安人的玉米地里冲下来的。任何合理的土地利用都是在山上放牧牛羊，山下种植谷物。

多数大土地所有者只索取不保护的土地利用态度，加上对农业的无知和忽视，导致土地可能遭受各种各样的伤害。为快速获利，他们焚烧森林获取新的肥沃土地，而不是选择性采伐或适当保护。他们几乎全然不顾土地对肥料的需求，很多土地所有者宁愿花钱去纽约旅游，也不会把钱用在保持土壤肥力上。

很多国家没有采取任何防止土壤侵蚀的措施。例如在智利（我曾在这个国家游历约一万英里），我看到这里90%以上的山坡耕地和智利中部**所有**放牧牛群的坡地土壤都在遭受侵蚀。在我到过的所有地方，只有一块农田采用了等高耕作。

墨西哥试图再次采用早期印第安人类似合作农场的方法，以打破传统的大庄园制。这一用意良好的方案是华雷斯、萨巴达、马德罗等理想主义者提出的，后又经过了卡德纳斯总统的完善，但总体来说，效果事与愿违。合作农场建立在集体所有的基础上，在这种情况下，农民只能分得很少的土地，一家人大约只有10英亩，所以几乎做不到休耕、轮作、放牧、施肥；最后贡金、贡品还必须从每一块土地上挤出。土壤侵蚀威胁着合作农场。很多农民都没有受过多少教育，没有土地管理的概念；对土地的渴求迫使合作农场转向大量完全不适宜农业耕种的土地。腐败见缝插针，合作农场主可以目无法纪，任意砍伐树木，在国家公园种植土豆，并总能寻得某位政客的庇护。（应该指出的是，在写下对墨西哥的这些评论时，阿莱曼总统还没有结束他打击腐败的行动，尚未证明其反腐效果。旧习、贫困、麻木都是阻碍他的绊脚石。此次反腐如果取得成功，将成为拉丁美洲历史上非常突出的一项成就，但有人担心他的改革也会像北方合众国制定的类似计划一样，不幸失败，这样的忧虑也是可以理解的。）

药物的威胁

除以上因素外，一系列来自北方和大西洋沿岸的现象使这团乱麻更加千头万绪，无从解开。好心的公共卫生部门帮助降低了死亡率，完全不顾千百万拉丁美洲人的吃饭问题。黄热病在多个拉丁美洲国家已经销声匿迹，疟疾在很多地区也明显减少，天花正在消失。虽然供水减少带来不少麻烦，但许多城市的饮用水有所改善，限制人口增长的最有效途径——肠道疾病——的患病人数大幅降低。很多拉丁美洲国家都面临着养活更多年轻、饥饿人口的紧迫难题。

拉丁美洲原材料的国外市场扩大，再次加速了土壤流失。鞣革用的白坚木皮价格昂贵，这种树在巴拉圭和阿根廷的很多地方已经砍伐殆尽，很少或完全没有补种。智利的木材在国外市场越来越畅销，一个美国林业代表团访问智利时交流了森林开发的可能与方法，这为智利伐木业注入了一剂兴奋剂。截至目前，森林里的树木只有毁坏，没有或鲜少有补种。

在这场破坏活动中，美国伐木业者和美国的资本发挥了重要且不光彩的作用。毁坏美国大量土地的不负责任的态度在环境更为脆弱的拉丁美洲四处播下祸害的种子。这里既没有形成有影响力的公众舆论，也没有足够的技术知识帮助这些贫困国家免遭掠夺者的毁坏。无所作为，任由破坏继续发展将是我们永久的耻辱。

即使只考虑本国利益，也应对国外的美国掠夺者采取一定措施。我们花费巨额资金想要证明我们言出必行，"睦邻政策"不是空谈——但同时，我们却允许，甚至鼓励美国商人破坏千百万人赖以维持生计的原材料。这是一种非常危险的美元外交，拉丁美洲民众一旦觉醒，定会给予强烈回击。他们会忘记是自己乱砍滥伐背叛了国家，而将矛头对准北方的巨人。

委内瑞拉油田的开发使其经济走上自我毁灭的道路，石油这种不可再生资源正在快速耗尽。多年来，委内瑞拉满足于在金灿灿的油海上漂浮，完全无视本该重视的粮食种植以及肉类和乳制品生产。但千千万万的委内瑞拉人民几乎没有从石油开发中享受到任何益处，只能通过务农勉强度日，结果就是我们今天看到的，委内瑞拉已成西半球土壤侵蚀最严重的国家之一。1948年，该国公共建筑预算8200万美元，国防预算3500万美元，农业预算却只有2500万美元。[5]

美国借助中美洲国家的少许帮助，正努力将"美洲洲际公路"向南推进至巴拿马运河，这也是美国军事措施的一部分。一定程度上讲，当地政治势力控制着公路的路线走向，其设计规划者解释称，路线之所以莫名其妙，是因为他们希望公路经过的国家能最大程度地获益。他们在改善交通方面的确成功，如果这条公路的修筑不会破坏自然，我们也会举双手赞成。但洲际公路经过的国家完全没有技术或财力管理新开辟的土地,这就方便了第一章提到的吉姆·罕拉汗这样的伐木者。自然资源显然在劫难逃。

今天在拉丁美洲,还有一股不可小视的破坏力量,就是所谓的"美国人的生活标准"。它驱使各个阶层争先恐后地信仰外国上帝,这很可能会成为整个南半球最棘手的一种影响。从西伯利亚地区的鄂木斯克一直到智利的麦哲伦,汽车、收音机、抽水马桶被奉为至宝,无论独裁者还是民主人士,都认定它就是衡量生活水平的标准。美国电影在格兰德河以南备受青睐,千百万人都想过上他们神往的美国人的生活;美国企业迅速迎合拉美人的口味。美国政府将纳税人上千万美元的财富,或者说将其国民的劳动注入拉丁美洲,以"提高当地人的生活水平"。美国的所作所为极其无知,极其缺乏头脑,虽然这样说有些偏离正轨,但要知道,没有哪种经济炼金术可以将劣等的拉丁美洲土地变成北半球的肥沃土壤。

工业化的磷火

我们南面的国家总体都非常贫穷,可能除阿根廷和巴西外,其他国家的生活标准都不可能接近美国。千千万万的拉丁美洲人被"工业化"一词所迷惑,认为他们会像其他国家一样从工业发展中充分获益,改善生活。实际上,他们忽略了这样一个事实:为英国等欧洲国家和美国发展提供了必要条件的煤炭资源,在格兰德河以南是不存在的,那里只有储量很小的低质煤。一些国家寄希望于水力发电,希望以此确保工业中心的运转,但他们并没有注意到,这一动力距离遥远,很多情况下,难以充分利用。有瀑布的地方,树木常被任意砍伐，毫不顾及植被与水力发电的关系。欧洲和北美洲很少有公司试图在南半球成立分公司，这也足以表明拉丁美洲想要实现工业化的希望十分渺茫。

从政治意义上看，拉丁美洲已经巴尔干化了。只有巴西，可能还有墨西哥和阿根廷有足够的人口，能为不同程度的工业化提供理想的国内市场。巴西、墨西哥和众多邻国一样贫穷，许多老百姓连鞋子都买不起。传统上，进口税是拉丁美洲政府的主要收入来源，现在他们要再次提高进口税，保护刚刚起步的民族产业。如果关税壁垒肉眼看得到，就会发现拉丁美洲已然高墙林立。经济学家告诉我们，"世界要繁荣，就必须有自由市场""要提高生活水平，就必须走工业化道路"。但经济学家并没有告诉人们，像智利或墨西哥这样的国家，没有了强有力的关税保护，如何才能实现工业化？

智利向美国借款2100万美元建造冶炼厂，但智利500万人口中，大多数人很少购买比小刀和小斧子更大的钢制品。秘鲁700万人口的人均购买力低于智利（见表2），即便如此，秘鲁也在建设钢厂，将来会和智利、巴西的钢铁展开竞争。

拉丁美洲商人与北美商人不同，他们追求高利润少销售。1942年，智利商店出售的毛巾价格高达60美分，同样的毛巾在美国只需要10美分。这种毛巾是由秘鲁的棉花制成的，智利对其征收很高的进口税。其他进入智利的秘鲁产品完全属于非竞争性产品，也要征收高达135%的从价税。虽然智利劳动力价格低廉，但1945年其国内产品价格往往是美国同类产品的十倍。

一个难以逃避的事实是，拉丁美洲土地的负载力极低，土地所能创造的财富非常有限,致使人民购买力很难赶上欧美国家。国内市场受限,拉丁美洲国家只能将工业品销往国外——但其竞争力远远不及美国、英国、比利时、瑞士、捷克斯洛伐克,甚至俄国。

对个别国家进行深入考察,或许能让我们更清晰地了解拉丁美洲的情况。事实上,笼统地看待"拉丁美洲"是不合理的,因为拉美各国差异显著。虽然它们都有着伊比利亚文化传统(当然除了海地),但将一国等同于另一国的认识是极端错误的。

"暴君"的土地

墨西哥是距离美国最近的拉丁美洲国家,也是美国人最熟悉、受美国文化影响最大的国家。让语言纯化主义者感到失望的是,英语,或者说很多美洲人自称的英语,已经污染了墨西哥的西班牙语。墨西哥首都墨西哥城很大程度上已经丧失其西班牙特征(抽水马桶除外)。虽然所讲语言为西班牙语,但这里更多让人想到加拿大城市温尼伯或美国的明尼阿波利斯城。墨西哥人和美国人都喜欢去带有茶室的杂货店;墨西哥各大报纸充斥着美国美联社和合众国际社的报道文章,美国新闻评论家沃尔特·李普曼(Walter Lippmann)和作家洛拉·帕森斯(Louella Parsons)的文章和在洛杉矶一样大受欢迎。难怪美国的商人、游客或外交家总喜欢透过芝加哥或迪比克色彩的眼镜看待墨西哥,而墨西哥人也好像乐于接受我们的评价。据一位墨西哥熟人讲,去美国沃斯堡市或圣安东尼奥旅行的墨西哥同胞会四下打量那里宽阔的街道、雄伟的建筑,大声惊呼:"看看,美国佬拿走了我们什么!"定睛再看——目光一直延伸到加利福尼亚——则会让他更加怒不可遏。如今的墨西哥已经无路可退。

最新数据表明,墨西哥当前耕种的农田有1700万英亩。据估计,另有2400万英亩的土地也可用于耕种,这一数据未免过于乐观。1700万英亩的农田大多遭受不同程度的土壤侵蚀,因此人口达2200万而且还在不停增长的墨西哥,必须依靠人均不足两英亩的**潜在**可耕地,这已经运气不错了。"结论让人沮丧至极,单靠墨西哥的土地,是无法为其国民提供足够粮食的。目前,墨西哥连供应合理饮食所需的三分之一的土地都没有"。[6] 当前耕种的多数土地,或可能被耕种的多数土地都不是一类土地,尽管设有土壤保持局,工作人员技术精湛,但土壤侵蚀的治理措施远远不够。墨西哥的可耕地正迅速被大海吞没。

这对我们南侧的邻国来说并不是一个新问题。已故的乔治·韦兰特(George Vaillant)是研究阿兹台克族的著名专家,他说:"阿兹台克族首领伊克斯利克希特尔(Ixtlixochitl)曾认为,宗教冲突、叛乱、粮食歉收导致特奥蒂华坎[①]走向衰败……滥伐森林造成河流干涸,这可能是粮食歉收的原因。"在特奥蒂华坎,所有建筑物都涂有石灰水泥,地面也都是水泥铺成的。现代玛雅印第安人烧毁的木材是当年烧制石灰所用木材的10倍,他们的钢斧无人能及。因此,有人提出这样的假设——在缺少任何金属工具的情况下,托尔特克泥瓦匠发现,烧毁森林做成木炭炉要比用石斧砍伐树木,获

---

① 特奥蒂华坎(Teotihuacan)位于墨西哥西北40公里处,是闻名于世的古城遗址,特奥蒂华坎在印第安语中意为"神都之城"。它曾是古代印第安托尔特克人的宗教和文化中心。——译者注

取燃料容易得多，这一假设也不是毫无根据。如果这种解释是正确的，可以想见，当时山上的树木一定遭到疯狂砍伐，最终导致河流干涸，农田土壤流失。另外，今天特奥蒂华坎的荒山秃岭一定不仅仅是因为征服后那里的人们需要燃料和木材。托尔特克人和其继承者奇奇米克人、阿克尔华人，以及阿兹台克人无疑都为森林的毁坏贡献了力量。"[7]

在墨西哥的广阔土地上，这样的毁坏过程不断上演。曾经由广袤森林形成并保护的肥沃土壤，在树木被无情砍尽后，留下贫瘠的硬土层，这种硬土层连仙人掌都难以生长。从墨西哥城到莫雷利亚有大约200英里的路程，我一路留意着里程标，观察着这里的土壤侵蚀情况，发现每两英里就有一条雨水冲成的沟渠。

从1930年到1945年，墨西哥人口增加了30%，土地需求随之增加。玉米地从山底一路向上，一直延伸到高高的山顶。来墨西哥的普通旅行者，只要对土壤侵蚀有最基本的了解，就可能对这里的土地破坏记忆深刻。驾车沿通往墨西哥城的拉雷多公路行驶的过程中，侵蚀的土地尽入眼帘。1944年，我曾在墨西哥首都以西和以北大部分地区低空飞行，我发现超过90%的耕地因遭受侵蚀而满目疮痍。很多玉米地夹在两条深沟之间，异常危险，显然迟早会被吞没。墨西哥政府不但不悬崖勒马，反而大加鼓励，甚至还为玉米产量增加者提供奖励。

墨西哥人全盘接受的一条北美价值观是，路好益处多。墨西哥每年花800万美元用于公路建设，这对他们来说是巨额的资金支出。公路拉近了森林和偏远农田与市场的距离。墨西哥没有采取任何**有效**措施，既没有教育国民如何在公路联通后利用好土地，也没有

171 控制当地人的破坏行为,其结果是,土地破坏与公路修筑并驾齐驱,速度甚至超过公路,正如被污染的水井传播疾病一般,一发不可收拾。

墨西哥的土地甚至不需要公路来破坏!一位对瓦哈卡州了如指掌的权威人士说,这里将在50年内退化成一片沙漠,现在这里大部分地方都只能靠步行或骑驴。几乎所有土地都已变成第六、七、八类土地,完全不适宜农业种植,但人们恰恰是在这些土地上精耕细作。农民从自己住的小屋到玉米地常常要步行五到六英里,这在他们看来稀松平常;身材矮小的印第安妇女要从五英里外的地方挑回饮用水也并非空穴来风。现在很可能有成千上万人都过着这样的生活。

森林的破坏造成无数井泉枯竭。我在墨西哥很多国家公园看到有人非法伐木、放牧,并拍下照片。去一趟佩洛特国家公园感觉像看到了美国的酒水走私犯。木材走私者都配有墨西哥歌曲和故事中提到的枪支,他们躲在树后四下观察,直到认出我们的向导是他们的朋友时才肯露面。湖泊、蓄水池以及发电水库填满肥沃的土壤,一到雨季,米却肯州简直就是红色的巨型泥潭。如果能将这些泥浆留在土地上,它们原本可以成为墨西哥创造财富的原材料。[8]

1944年秋天,一场热带飓风席卷墨西哥高原,侵入内地,一天之内降下几百万吨雨水。因为分山岭的树木已悉数砍尽,流向加勒比海和太平洋的很多河流水位暴涨,300多人失去生命。通往首都的交通也被切断,输送汽油和柴油的管道破裂。没有了烧饭用的木
172 炭和煤油,人们几乎陷入恐慌,墨西哥政府曾努力保护森林不受木炭烧制者的掠夺破坏,但终归徒劳无益。现在,它竟无视滥伐森林、

提供木炭是造成洪涝灾害的主要原因之一,取消了对木炭生产的所有限制。几周后,我从危地马拉飞往墨西哥首都,一路上根据我的统计,共有17起森林火灾,多数森林大火肆意燃烧,政府无动于衷。熟悉情况的墨西哥朋友告诉我,有一半的墨西哥同胞没有足够的食物。

表2 拉丁美洲的食物与收入 [9]

	战前人均每天摄取热量数(卡)	得自谷物的比例	人均年收入 1938年—1940年 (美元)
墨西哥	1909	52.6	50
哥伦比亚	1934	39.7	68
萨尔瓦多	1944	47.9	25
哥斯达黎加	2014	34.6	84
洪都拉斯	2079	51.6	34
秘鲁	2090	49.4	32
多米尼加共和国	2130	31.0	40
智利	2481	44.61	33
巴西	2552	33.6	49
巴拉圭	2813	19.4	33
乌拉圭	2902	33.5	82
古巴	2918	29.9	105
美国	**3249**	**27.3**	**555**
阿根廷	3275	37.9	171
海地	……	……	15
厄瓜多尔	……	……	22

续表

	战前人均每天摄取热量数（卡）	得自谷物的比例	人均年收入 1938年—1940年（美元）
危地马拉	……	……	28
尼加拉瓜	……	……	38
玻利维亚	……	……	67
委内瑞拉	……	……	105
巴拿马	……	……	135

这对墨西哥来说并不新鲜，饥饿和土地匮乏是墨西哥爆发革命的两大主因。为解决土地不足问题，政府开始分割很多大庄园的土地，移交给当地的印第安社区。墨西哥革命爆发前，土壤侵蚀随处可见。常常可以看到窄窄的土墩上矗立着四五英尺高的石墙，而土墩周围的土壤多年前就已被雨水冲走。新的土地所有制并没有带来多少改变。波菲利奥·迪亚斯总统独裁统治期间，土地所有者仅几千人，现在却翻了几百倍。另外，说服人们必须改变耕作方法，并教给他们如何耕种并不是一件容易的事。面对人口激增、粮食短缺的巨大压力，这一任务着实艰巨。伟大的农民领袖艾米利亚诺·萨帕塔曾大声疾呼："土地属于耕作者！"显然，萨帕塔从未想到，拥有土地这样不可或缺的资源除了享有"权利"外，也必须履行一定的责任。

工业化是墨西哥吞下的另一个现代秘方，他们深信工业化包治百病。其工业发展具有很大随意性，忽视了工业化可能影响的多种国内外因素，这些因素同时也决定着工业化的成败。为利用森林资源，墨西哥人建造了一家"人造丝"厂，但那里的森林却是科利马城水源的重要保护屏障；为获取木材，他们竟改变科利马国家公园的地界，所有森林都被排除在外，而当初建造该公园的其中一个目的就是要保护科利马城的水源。似乎没有人考虑过这座城市25年后的用水问题。

墨西哥人民与其政府几乎都没有意识到现代工业用水需求量巨大。美国规模最大的一家公司曾考虑在墨西哥首都设立分厂，但当其工程师发现那里供水不足后，便放弃了设厂计划。墨西哥城建在一个古老的湖床之上，一百多年来人们不断降低地下水位，不幸导致环绕墨西哥城的特斯科科湖从宝贵的贮水池变成了干旱的平地。一到旱季，城里碱尘飞扬，据说墨西哥城呼吸道疾病和肺病高发，就是由它引起的。地下水位下降，建筑物开始下沉并出现裂纹，就连羽蛇神[①]高度推崇的（但其子孙并没有那么崇敬的）顽强挺拔的柏树也已奄奄一息。

墨西哥城很多地方从傍晚到天亮都供不上水。只有安装了私人贮水罐的建筑夜晚才有水，一旦发生火灾，就只能任其燃烧——因为没有用来灭火的水。

据乐观报道，建于内卡萨的水力发电水库将会解决墨西哥城的供电问题，但分水岭没有得到保护，陡峭的山坡上大多种植了玉米。虽然没有掌握具体数据，但从照片上看，显然径流量急剧增加，淤塞问题已经显现。1947年**雨季期间**，因为缺水，政府被迫发布政令减少40%的电力供应，墨西哥各大报纸对此做过广泛评论。一些

---

① 羽蛇神：中美洲印第安神话中的羽蛇神是中美洲各个民族普遍信奉的神祇，一般被描绘为一条长满羽毛的蛇的形象。传说羽蛇神发明了书籍、立法，而且给人类带来了玉米。——译者注

工厂只好关闭,首都一些地方夜晚连续停电数小时,玉米地对坡地的破坏却仍在继续。

供水不足的部分原因在于城市发展过快,人们提出利用距离遥远的莱尔马河。这一计划雄心勃勃、成本高昂,但同时也可以看到,强劲的市场需求与现代技术的共同作用导致莱尔马河源头的森林迅速消失,目前仍有森林覆盖的分水岭已不足50%。

那些没有被一砍了之的高地森林通常都存在过度放牧现象。这里没有人们通常能够看到的幼树和伴生植物,也没有肥沃的能够保护水分的腐殖质,它们更像欧洲庄园周围休闲用的开放林地,高地森林里的草通常牛吃起来并不可口,而且要时不时地烧掉那些不能吃的难嚼的草叶,当然,大火毁坏的不仅有土壤中的有机物,还有森林里的小树苗以及野生动物生存所需的食物和隐藏地。①

类似的资源破坏在墨西哥习以为常,只有尤卡坦和特万特佩克是例外。因偏僻难至,树种混杂,这里竟多少免于暴力破坏。但当前世界多地木材短缺,伐木业者疯狂搜刮热带雨林中的树木。至今我们还无法确切讲出滥伐森林的后果,因为没有人对这些地区的生态做过深入研究。高温、大风、季节性大暴雨,尤卡坦又有着多孔的石灰石土壤,这一切似乎都在告诉我们,乱砍滥伐墨西哥热带低地地区的森林将会使尤卡坦和特万特佩克变成贫瘠的沙漠。

很长一段时间里,墨西哥都没有爆发革命战争;另外,卫生和

---

① 为保护分水岭,阿莱曼总统颁布了禁止在政府林地伐木的法令,这是他采取的最初几项措施之一。墨西哥首部《森林法》于1550年颁布,人们的遵守程度让人想起梅隆德斯(Antonio Meléndez)的感叹:"上帝不允许我们认为这些法令,还有其他一些很好的法律会在西班牙的领土上得到遵守。"

公共健康措施也在不断改善，墨西哥人口因此得以快速增长。从当前获取的为数不多的一些数据来看，墨西哥人的寿命只有其北美邻国的一半，但在降低婴儿死亡率方面却进步显著，未来几年他们的人口曲线会继续上扬。到 1955 年，人口很可能将达 2800 万。

但与此同时，墨西哥的土地生产力曲线却在快速下降。如果目前有一半的墨西哥人都在挨饿，沿老路子走下去，到 20 世纪末饿肚子的人只会更多。墨西哥农民占人口的绝大部分，随着土地面积一缩再缩，他们只会遭受更多饥饿的折磨。人越来越消瘦，子女也因粮食和营养不足，越来越难应对生存的挑战。虽然肠道疾病减少，婴儿死亡率大幅下降，但这似乎并不像它表面看上去得那么喜人，这仅仅意味着将来墨西哥人不会在出生仅几个月后就死去，而是会在出生几年后，在度过一段每况愈下、十分悲惨的生活后才会离世。墨西哥全国的食物来源已渐渐枯竭。

即便墨西哥人能在工业部门找到岗位，生活也不会十分富裕，因为粮食有盈余的国家如阿根廷、美国，都有着很高的生活标准。他们生产的物品以比索计，但购买时却要用美元，1948 年比索与美元的汇率是 5∶1，而且正如前文所述，经济活动的民族主义倾向就好像一堵堵高墙，限制了低价产品的流动。

有史以来，很少有墨西哥人承认他们的国家十分贫穷。甚至今天当我们前所未有地感受到人类的生存有赖于土地时，墨西哥人还在为本国的财富欢欣鼓舞。当他们打开水龙头，没有水流出来的时候，就能切身感受到国家的贫富，无论从哪里出发，走不了多远就能看到侵蚀的土地、毁坏的森林、日渐缩小的玉米地。清晨走上墨西哥的街道，一眼就能看到数百人排起的购买木炭的长队，一年年木炭越来越少、越来越贵。人行道上，随处可见填不饱肚子的肺结核患者咳出的痰液。到了旱季，森林大火燃烧蔓延，烟雾弥漫，两条山谷这边望不到那边。墨西哥是一个穷国。在人口快速增长的压力下，日子越来越拮据。如果认识不到这样的国情，墨西哥付出的争取社会、经济与工业进步的英勇努力就只会遭遇更大的挫折。

苦难的抛物线

萨尔瓦多人津津乐道的一句饱含爱国热情的老话是，在他们的国家"没有人死于饥饿"。几十年来，他们以此为傲、深以为然，但没有发现很多同胞确是死于饥饿。他们的富裕只停留在口头上。一个和佛蒙特州面积相仿的国家竟有200万人口，人均可耕地仅大约一英亩——一块200平方英尺的土地，用来种植维持生计的粮食、制衣所需的棉花和出口的作物。萨尔瓦多的可耕地大多属于二、三类土地，如果掌握先进的农业技术，这些土地就能得到充分利用，但在1948年，90%以上的萨尔瓦多人都没有学习新技术的有效途径，农村地区文盲率几乎接近100%。

他们既没有煤炭也没有石油。萨尔瓦多的水力发电量远远不够，仅供少数通电的几个城市都已捉襟见肘。"雨季发电量最大的时候，电厂只能满足最小用电需求，无力为工业发展提供电力支持。旱季发电量受限时，最大发电量只能满足最低用电需求的60%。"[10]无奈之下，烧火做饭、工业生产都只能依靠木柴。很快，他们会像几年前危地马拉的一些印第安人一样，因为缺乏燃料烹饪而吃不到玉米饼。森林已经完全砍光，而且没有任何造林措施；萨尔瓦多旱季漫长，地下水位持续下降。森林砍伐和过度耕种导致大量泥沙涌入河中，因此完全不可能在那里建成美国田纳西河流域管理局修建的那种水库。

据估计，萨尔瓦多人每天从饮食中摄取的热量有 1500 卡。① 因为一小部分富人摄取的热量远高于这一数字，所以多数穷人甚至达不到 1500 卡。穷苦大众大都靠玉米饼和黑豆度日，吃肉对他们来说是件大事。肺结核、钩虫、痢疾、性病和疟疾等疾病肆虐。萨尔瓦多人的生活甚至不如波多黎各人，因为波多黎各人至少可以得到美国的救济。在所有西半球国家中，只有海地人的日子比萨尔瓦多人更加悲惨。萨尔瓦多受限于单种栽培，和类似的国家或地区一样，他们自知处境危险。除了咖啡，这里几乎没有其他作物，因此咖啡就成了唯一可观的出口作物。咖啡地有这样一个特点——如果用来种植玉米、菜豆等中耕作物，土地就会遭到破坏。很多咖啡种植园水土快速流失，土地生产力直线下降。

萨尔瓦多土地严重不足，只能转而依靠他们无力保护的土地（1948 年），因此，该国环境负载力每年都大幅下降。如果人口只有现在的四分之一，生活就会好很多——虽然赶不上美国那样物产丰富的国家。他们的人口基数自 1890 年开始就已经过大，因此生活水平的改善注定痛苦而缓慢。[11] 一个聘请了美国技术人员的农业试验站发现，通过技术手段每立方英尺表土的农业产量有望增加。但除非快速降低文盲率，否则这一努力从长远看究竟能产生多大作

---

① 这一热量摄取量低于《人口指数》上发布的数字，它是萨尔瓦多著名内科医生，该国教育部长拉努弗·卡斯特罗博士（Ranulfo Castro）提供给我的估算数字。

用，仍是一个未知数。从目前的人口增长压力看，充其量也只能延缓土地退化的速度——1910年以来，萨尔瓦多人口已经翻番。

萨尔瓦多的人口增长曲线（见图9）很有研究价值，它是世界多地人口变化的真实反映，一位著名的欧洲作物生态学家称其为"苦难的抛物线"。不幸的是，目前我们还没有自然资源减少方面的具体数据。美国一方面组织农业技术人员和教育代表团帮助萨尔瓦多人改善生活水平，虽然这些措施还远远不够；另一方面，又与萨尔瓦多合作，推动进一步降低人口死亡率的卫生运动。但在降低人口出生率方面却并未采取任何措施。和对待印度、波多黎各一样，美国完全是好心办坏事。

但萨尔瓦多人意志坚定，其领导人尤其如此，这对他们来说是非常有利的因素。从当前各项行动来看，他们诚实勇敢，敢于直面现实，这令人鼓舞。萨尔瓦多位居西半球最贫穷国家之列，但它是极少数没有因为贫穷而牢骚满腹、无动于衷的国家。人们卷起袖子积极行动——萨尔瓦多人是著名的实干主义者。

如果不用竭力争取时间，我们就有充分理由保持乐观。如果有足够的财富给他们50年的喘息时间，这个国家很可能会带领其他拉丁美洲国家走出困境。但事实是，这里大多数人饿着肚子，没有文化知识，社会动荡在所难免。共产党人和法西斯分子多次试图接管政府，饥肠辘辘的人是不会放过一丁点儿面包屑的。因此可以说，只有通过长期、理性的政府活动，使社会远比当前稳定，萨尔瓦多的问题才能顺利解决。

财富与时间

从萨尔瓦多来到哥斯达黎加，让人精神为之一振，就好像是从一个一贫如洗、生活异常艰难的地区来到一个朝气蓬勃的年轻人经营的富饶农场。这里有世界上最肥沃的土地，也有一些最抗侵蚀的土壤。哥斯达黎加有80万人，面积203万平方英里，从潜在生活水平——甚至**实际生活水平**来看，都算是西半球地理条件最有利的国家。这里仍有一些无人居住、土质良好的农业用地，还有大面积的森林，尚未开发的水电资源。如果人们能够丢弃16世纪西班牙人那样落后的土地利用观念，哥斯达黎加未来可能会像瑞士一样富裕，因为两国在很多方面都高度相似。然而不幸的是，这个身强体壮的年轻农民对待土地极端无知狭隘。他和世界各地的人们一样，理所应当地认为自然资源取之不尽，于是无所顾忌地开发土地，在他看来，根本没有钱可以用在保护这一财富上。

哥斯达黎加得益于人口稀少。在人口密度较大的地方，如梅塞塔高原，多种自然资源遭到破坏，哥斯达黎加大部分地区都有着深厚、肥沃的火山土壤，这种土壤渗透性强，每年有12到14英尺的降雨渗入底土，但却见不到在美国非常普遍的严重沟状侵蚀。尽管如此，雨水还是带走了最肥沃土壤里的有机物，植物生长所需的矿物质也被快速滤除。许多地区种植的咖啡产量明显下降，有些地方下降甚至高达80%。土壤侵蚀是罪魁祸首。

抗侵蚀的土壤面积有限。在哥斯达黎加很多地方，只要有2%的坡度，雨水就会冲走肥沃的土壤，太平洋沿岸坡地必须忍受骄阳的炙烤。旱季到来，土壤中的水分快速蒸发，砍伐森林带来侵蚀连锁反应。从原始森林变成低劣的牧场或没有多少用处的次生林只需要不到25年的时间。这里制约土地生产力最有效的因素就是没有雨水的炎热月份。哥斯达黎加河流落差小，这对计划发展水电的人来说是一大困扰，而且河流中的泥沙量高达20%。

哥斯达黎加多数牧场都集中在瓜纳卡斯特省，这里洪涝成灾，森林砍伐致使形势越来越严峻。成千上万头牛不得不被赶离低地，逃避洪水的袭击。到了酷热的夏季，牧草干枯，动物无法食用而且找不到水喝，问题一年比一年严峻。瓜纳卡斯特大部分地区以前被森林覆盖，一些大牧场主通过保护能够维持地下水位的次生灌木林，成功帮他们的牛群度过了干旱季节。但许多牧场主正在用牧草代替森林，看来瓜纳卡斯特用不了几年就会遭受严重的风沙侵蚀。

哥斯达黎加没有对水源采取任何保护。长此以往，洪水威胁会越来越大，哥斯达黎加人有意大力发展的将军谷地区也将不再适宜人类居住，其他多个地区也会迎来同样的厄运。由于上游治水不力，肆虐的洪灾和积满淤泥的沼泽地必将增加，将疟疾传播到更多地区。

哥斯达黎加的森林大多为混交林且地处偏僻，不易获取，因此当前还不适合经济开发。其余多数森林高地都属于第七和第八类土地，砍伐不当会彻底毁坏土地。在这里，森林开发完全是榨取式的，没有任何管理措施，也没有类似森林管理局一样的机构。即使伐木者为保证持续产出想要采取一定管理措施，也会发现无计可施，因为森林生态方面的数据一片空白，土地也被划成了零散的小块。对于可建成自耕农场的林地，当局要求农民砍光树木，丝毫不考虑林地类型,不关注这一要求对经济的不良影响,也不顾及乱砍滥伐对土地本身和水文系统有何冲击。

哥斯达黎加税赋低,这对美英两国人都很有吸引力。在这个国家,所得税有名无实。据称,如果有能干的税务律师的帮助,甚至不用纳税。哥斯达黎加花费巨额资金修筑公路(它是美洲洲际公路的主要受害者之一),改善多种卫生和社会服务。很多大地主都是有钱人,从他们的豪华轿车、出入的乡村俱乐部,以及奢华的住房上就能窥见一斑。哥斯达黎加向美国大肆借款,并试图(1946年)加大贷款,发展公共建设。理论上讲,这些贷款必须偿还。哥斯达黎加1946年的年度预算超过1100万美元,却没有一分钱用在自然资源保护上。[12]

在哥斯达黎加的任何一个地方,都可以听到人们说这个国家有多贫穷,但很少有人清醒地认识到,他们正在快速滑坡,也丝毫看不到人们愿意减少当前的收入,保护未来所得。

哥斯达黎加是世界上为数不多的几个能够避免像海地和萨尔瓦多那样因资源耗尽而极端贫困的国家之一。因为识字率较高,学校分布合理,而且据说他们的农民也愿意改善耕作方法,所以有着其他姊妹共和国少有的独特优势。但显而易见,无知无为的政策是救不了它的。

秘 鲁 引 路

一位秘鲁总统曾颇有说服力地(或许并不准确)将其国家描述成"坐在金板凳上的乞丐"。这一说法激发了秘鲁人的想象力,很多人至今走不出它的魔咒。人们几乎看不到国家的真面目。

占秘鲁总面积三分之一的太平洋沿岸是一片荒漠，大部分地区极度干旱，就连仙人掌都无法生存。唯一的生命迹象就是秃鹫、秃鹰等大鸟冲向海岸搜食腐肉时从高空划过而投下的阴影。偶尔能看到几条由安第斯融雪形成的小河，自旧石器时代起当地人就用它们来灌溉土地。经过3000多年的精耕细作，只有借助于鸟粪，这些河水灌溉的土地才能保持肥力。而沿海岛屿上留下的鸟粪只是一种幸运的大自然的巧合而已。

占秘鲁三分之一的中部地区由山脉和山间小盆地构成，很多盆地海拔1.2万英尺以上，雨水少且分布不均，加上高寒气候，农业产量长期低下。这里道路凹凸不平，通过飞机接收利马报纸的几个城镇一直都没有汽车往来。许多山地上生长的营养价值最高的植物是簇生草，这种植物只适合少数美洲驼和绵羊食用。生活在这个美丽世界屋脊上的印第安人只能艰难度日，其艰辛仅次于巴塔哥尼亚人和西藏人。

秘鲁的第三部分土地位于安第斯山脉以东，这里深受东南信风的影响，而且雨水充足，应该说过于充足。它明显属于热带雨林地区。低地沙质土壤上的树木被砍伐后，滂沱大雨就会滤去表土中的矿物质，有机物也会被赤道烈日快速烧尽。这里是丛林生长的理想地，虽然人们多次试图向秘鲁东部迁移，但种种努力都因改变雨林后果不堪重负而最终放弃。

秘鲁任何地方的土壤都在流失。灌溉渠沿海岸带走土壤，全世界最陡峭的山腰农场也在失去土壤。燃烧木柴的火车，如从库斯科市向北行驶的列车，逐渐吞没树木，撕裂土地，引来肆虐的洪水，

第七章 边缘土地

甚至整个农场都被冲入维坎纳塔河。距库斯科附近一所农校不远的地方，能够看到几年前在佐治亚州见到的令人震惊的沟壑冲蚀。

秘鲁的土地是荒凉的，这里有美洲大陆环境负载力最低的土地。两三年前一条穿越安第斯山的公路竣工投入使用，在此之前，在秘鲁首都利马市购买来自美国俄勒冈的松木比购买200英里外秘鲁森林里的硬木还要便宜。现在或许依然如此，如果有变，将来也一定如此，因为秘鲁人正加紧毁坏森林，至今仍未关注木材资源的可持续发展。

秘鲁在保护产鸟粪的鸟群方面首屈一指，因此他们的资源保护非常有意思。在鸟粪保护的完好程度上秘鲁为美洲甚至全世界都树立了榜样。如果我们能像他们爱护鸟粪那样明智地保护自然资源，人类未来就会充满希望。

没有鸟粪，海滨土地的生产力会迅速下降，甚至一降到底。有了鸟粪，能够与其生产力相媲美的地区可以说所剩无几。

秘鲁沿岸的鸟群和一系列独特而极为有趣的条件密不可分。最重要的就是海水的背岸流动，部分原因在于，信风在越过安第斯山脉后到达水面，对海水产生影响，另外也是由于地球的自转。正如加利福尼亚海滨一样，这会造成海底冷水上涌，这些海水富有海洋植物生长所需的化学物质，安第斯山脉发挥了绝热冷却的作用，使信风变得干燥，保护了鸟粪，使其免受湿气的侵扰。秘鲁寒流为鸟粪的主要生产者白胸鸬鹚从亚南极地区侵入秘鲁热带水域创造了机会。这些鸟栖息于秘鲁各个岛屿，数目非常庞大，形成了全世界有脊椎动物最集中的群体。

早期新英格兰人用鲱鱼当肥料，为玉米地增肥，哥伦布发现新大陆以前，秘鲁印第安人对鸟粪的使用很像早期的新英格兰人。印加人①切实保护鸟粪岛，违反禁令，踏足岛屿者都会被判以死刑。

随着西班牙人的到来（他们的目的是攫取一切可能到手的金银），当地人口和农业急转直下。鸟粪岛开始无人问津，鸟粪日积月累，越来越多，19世纪中叶以前只有少量鸟粪运出岛屿，但此后在地理学家洪堡（Alexander von Humboldt）的激励下，人们对鸟粪的兴趣快速升温，世界各地的帆船竞相前往，秘鲁迎来"鸟粪热"，疯狂程度堪比加利福尼亚的"淘金热"。鸟粪资源的开发者和世界大部分地区的大多数人一样，自以为取之不尽。据19世纪博物学家冯茨舒蒂（Von Tschudi）估计，秘鲁的鸟粪供应竟超2300万吨。在秘鲁人称之为"农神狂欢节"的几年里，很多人靠鸟粪发了财，整个秘鲁政府的日常支出也有了着落。但生产鸟粪的鸟群却成了碍事的东西，人们花钱雇小孩从巢穴中赶走鸟儿，理由是它们影响鸟粪的收集！19世纪后半叶，鸟粪开发者在多数岛屿上翻了个底朝天，1911年秘鲁整个海岸只产出3万吨鸟粪。

经过充分讨论、权衡利弊后，1909年一个全新的资源保护机构，秘鲁鸟粪管理局，或"秘鲁鸟粪管理公司"诞生。这是一个股份有限公司，其股份目前仍在支付10%的保息，秘鲁政府持有公司51%的股权。公司的运作完全掌握在商业组织手中——该组织是鸟粪岛的唯一管理者。30多年来，鸟粪管理局的工作都在唐·弗朗西斯科·巴伦（Don Francisco Ballén）的指导下完成，鸟粪的成功管理

---

① 印加人，南美洲古代印第安人，印加的意思是"太阳的子孙"，他们主要生活在安第斯山脉中段，中心在秘鲁的库斯科城，信奉多神。——译者注

大部分也应归功于他。巴伦要求对所有鸟粪岛屿实施严格管理，雇全职看守人保护海鸟，渐渐海鸟数量再次增加。1911—1938年间，鸟粪产量从3万吨增长到了16.8万吨，这一变化就是最好的证明。借助鸟粪，秘鲁实现了正常的生态循环，但在大多数国家，土地养分却因生态循环的破坏而被大海吞没。秘鲁的海鸟使用之不尽的海洋财富流入耕地，也因此扭转了生态恶化之势。[13]

如果没有鸟粪，秘鲁人的日子一定很难过。一位在秘鲁特鲁希略区附近生活了25年的北美采矿工程师曾颇为嘲讽地说："这个国家的主要财富都得益于它的廉价劳动力。"这话一点不假。

不稳定的土地

智利最宝贵，或许可以说最大的一笔财富就是其居高不下的死亡率。这种说法耸人听闻。但如果我们相信让更多人以更悲惨的方式生活，快速毁灭这个国家是不道德的，那么得出这一结论就是必然的。

占智利总面积三分之一的北部地区是世界上最贫瘠的沙漠地区之一，这里有很多国家急需的储量丰富的硝酸盐，但多数国家无力购买——或自认为无力购买。智利既没有秘鲁的地理优势，也没有零散的河谷可以通过灌溉地种植作物。

智利中部是全世界最富裕的地区之一。从安第斯山脉的积雪融化而来的灌溉用水充足又可靠。如果没有现在的土地所有制，该地区的土地负载力会更高。

大面积的土地被闲置，有钱的大地主只会偶尔造访。在圣地亚哥以南,肥沃的一类水浇地常被用作牧场。在中部省份,占地达500多英亩的5396座庄园占去了农田总面积的80%;69761块农田加起来还不到农村土地总面积的5%——每块农田平均占地16英亩,大约40万人靠不足4英亩的农田艰难度日,与此形成鲜明对比的是,375家农场占地却超过12250英亩![14] 智利多次尝试重新分配土地,但大庄园主称霸一方,取得的进展微乎其微。政府(1946年)只是围着他们转,管控改革无从谈起。

智利中部的安第斯山脉是林地。"中央山谷"受到海滨牧场的封锁,半干旱的牧场放牧过度,土地侵蚀严重。一次我乘火车从洛里奥(Llo-Lleo)到圣地亚哥,一路上随便数数就发现,这里每1300英尺就有雨水冲出的沟渠。智利中南部有一些优质牧场,但多数牧场很大,一旦开垦为农田,大暴雨来临就会面目全非。很多地区在20年的时间里便由处女林变成了一块块荒地。奥罗科(Arauco)、比奥比奥(Bío-Bío)、马利科(Malleco)和考丁(Cautín)等省份曾是智利的谷物主产区,但正如北方八省一样,现如今土壤侵蚀已导致大约三分之一的土地遭到破坏。从八个中部省份的小麦产量下降情况(每公顷多少公担)就能看出土壤侵蚀有多严重:[15]

1911—1917年	10.4
1918—1924年	9.9
1925—1931年	8.4
1932—1939年	7.1

达尔文在他的著作《比格尔号航海日记》(*Voyage of the Beagle*)中生动逼真地描写了智利南部的景象,除巴塔哥尼亚地区有小部分半干旱牧场外,其他地方都是茂密的温带雨林,达尔文的同船船员

在奇洛埃岛登陆的时候，不得不爬过郁郁葱葱斜躺在地的草木——扒开密密层层的树枝，测量他们与地面的距离。现在奇洛埃岛上的森林已伐尽，大部分酸性土壤不复存在。自达尔文沿该岛航行以来的 100 年里，岛上大量表土被冲入大海。

智利南部大部分地区都必须从农业区的账册上勾去。这里温度低，不利于土壤发展；很多地方全都是坡地，只要砍掉一棵树，就会引发严重的土壤侵蚀。

智利尽管人口相对稳定，但也面临和其他美洲国家一样的土地不足问题。正如 100 年前美国向荒芜的西部进发一样，今天智利人努力向南部内地谷地推进，他们尝试沿艾森省的辛普森河开发牧区和农业区。从个别地区看，智利正在重复美国当年犯过的很多错误。

人们在泛滥平原上建设城镇和农舍，和密西西比州、密苏里州的湿地一样，这里极易遭受洪灾。在陡峭的山坡上，总有人砍伐、烧毁树木，在此过程中不仅会损失表土，还将导致**所有**土壤流失。沿通往艾森省的内地水路行进，可以看到大约 20 年前人们来此定居后遗弃的农场。辛普森河的入口处已积满淤泥，艾森省驶往智利大都会的小轮船只有在涨潮时才能通过。因为忽视上游水利工程，美国现在已经向河流和港口委员会进贡了几亿美元。智利没有足够的资金可用于疏浚河道，修筑防洪堤坝。南部主要城市奥索诺（Osorno）以前可以通航，现在却因高地上冲刷淤积的土壤而无法通航。南部主要港口科拉尔（Corral）的航道也很快会因泥沙堆积而难以靠近。毫不夸张地讲，智利对其复杂脆弱的土地管理不善正导致整个国家走向灭亡。

秘鲁寒流食物链
（部分基于推测）

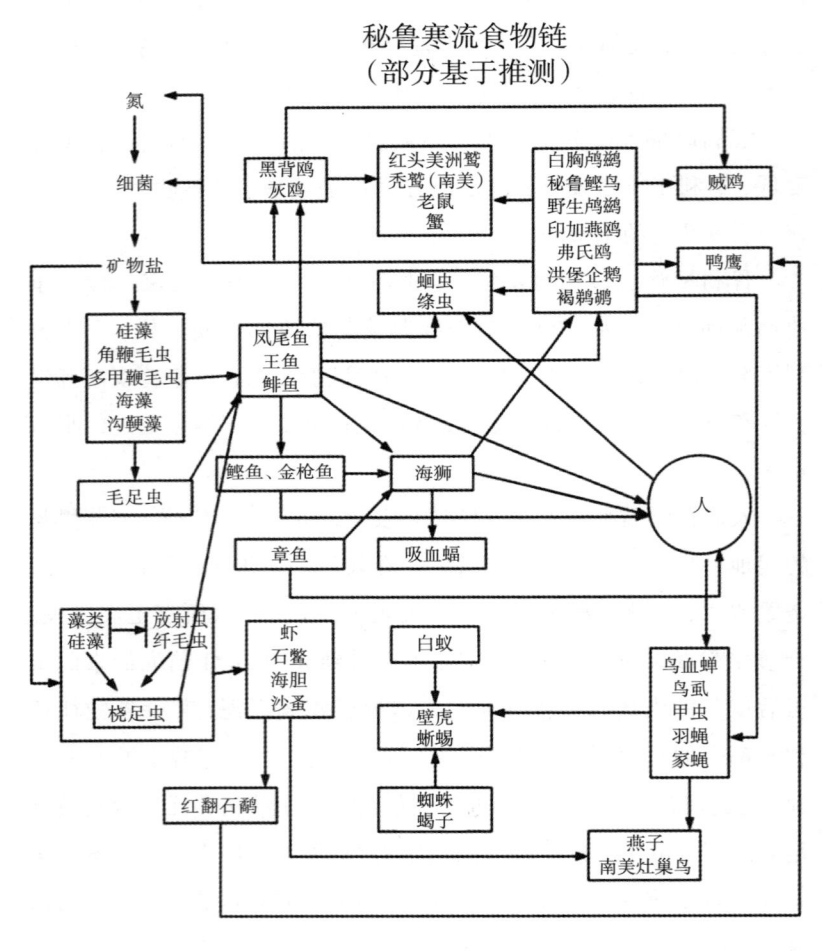

图7

智利最了不起的一笔财富是其农村地区无与伦比的自然美景。白雪皑皑的山峰绵延几百英里，从秘鲁边境一直伸展到最南端的合恩角。智利中南部有一处处在美国国家公园才能看到的清澈湖泊，湖水明镜一般，山峰倒映其中。旖旎风光吸引了世界各地的游客；如果采取科学的保护措施，智利的旅游很可能与瑞士不相上下。但事实上，智利却为了眼前利益加速毁坏宝贵的自然风光。湖泊周围的森林多属第七和第八类土地，当地人却把它们当一类土地用。他们烧毁树木，任意砍伐，还在坡地上建造农场，要知道过不了几年这里就会异常贫瘠，遭人遗弃。1945年我在智利南部待过一段时间，我记得那段日子爆发的森林大火燃起滚滚浓烟，晚上根本不敢开窗。来自阿根廷和圣地亚哥的游客赶第一趟火车匆匆离开，大火蔓延至湖泊周围，一直烧到游客入住的宾馆门口。除非智利政府及时采取明智审慎的政策，保护南部仙境般的自然景观，否则，除了对毁坏的土地一步步恢复生产力的缓慢过程感兴趣的博物学家外，这里将无人问津。

新 大 西 岛

并非所有拉丁美洲国家的生态都已失衡，如果能在土地使用方法上有所改变，很多国家的未来并不黯淡。玻利维亚东部仍有肥沃、完好的土地；巴拉圭也还有全世界最优质的一些闲置土地；多米尼加共和国成功阻止了海地人的大批涌入，因此也还有容纳更多人的空间。幅员辽阔的巴西如果能对资源进行科学管理，就能再吸收几百万人——尽管它只是很多移民支持者提出的移民数的很小一部分；对巴西来说，更为重要的是重新安置几百万巴西公民，恢复正在破坏的坡地。阿根廷的大草原有深厚肥沃的土壤，或许是世界上最不易滥用的土地。其他很多国家和地区都没有如此富饶的环境，所以也只有羡慕他们的份儿。

拉丁美洲的困境与生态环境密不可分。因为气候原因，几千万人都集中在海拔 2000 到 8000 英尺的地方，以逃避疾病和低地地区对农业的限制，这时很多人不得不转向坡地。结果大面积的土地遭到破坏，损毁程度堪比中国。无数农田遭到侵蚀，侵蚀速度在破坏性日益加剧的农业技术的作用下逐年加快。

拉丁美洲的土地管理首先要考虑该地区 **2000 万到 4000 万的生态难民何去何从**。他们所生活与耕种的土地属于第五至第八类土地，如果要保住国家的生存资源，就必须让他们搬离坡地。重新安置难度大、耗资高，但拉丁美洲别无选择，必须重新安置难民，否则人们只能勉强维持生计、悲惨度日。

一位有文化的危地马拉印第安人对拉丁美洲当前的问题做了精辟总结。我第一次告诉他玉米地和小麦田里雨水冲刷成的沟渠，以及那棕黄色的河水意味着什么。

我们伫立在雨中，他久久注视着前方，过了一会儿叹息道："唉，原来我的国家是新大西岛①。它正渐渐沉入海底。"[16]

---

① 传说中大西岛位于大西洋之中，是一块面积很大的岛屿，大西岛上的人们因生活腐化，道德沦丧，激起众神的愤怒，于是地震与洪水降临，使该岛一夜之间沉没于汪洋大海之中。——译者注

第八章 人口增长与战争爆发

如果凯巴布高原上的鹿配有枪支弹药,也都有大脑皮层,能不受本能行为的束缚,能产生民族优越感,很可能它们已经发动征服世界的战争。因为过度保护和过度繁殖,它们的处境已经和现代欧洲人颇为相似,每天都有十万人的肚皮要填饱,而土地能够满足的仅仅只有很少一部分。从上帝的选民[①]、乌尔班二世[②]、白人负担的承受者[③],以及约瑟夫·戈培尔(Joseph Goebbels)[④]等人身上能够看到民族优越感一次次的复活;它是那些成长中的民族最便利的良心安慰剂。

但鹿没有"高级"的大脑皮层,而且很多鹿已经死去。人类和其他动物的主要区别在于,人类有能力从历史中吸取教训,也能**无视历史**。现在他们面临着是否要毁灭许许多多同类的决定,这一决定——是否利用其特殊能力——关系到人类的生存。如果像高原上

[①] 上帝的选民来自于基督教,意思是上帝在众生中选择了犹太人,挑选以色列民族为选民,拯救他们脱离了埃及法老的奴役。——译者注

[②] 罗马教皇,1088—1099年在位,中世纪四大拉丁神父之一。——译者注

[③] 英国作家吉卜林所作的一首诗歌的名字,其"白人的负担"是指白人有责任"统治""教化"土著居民。——译者注

[④] 德国政治家、演说家(1897—1945),曾担任纳粹德国时期的国民教育与宣传部部长,擅长讲演。——译者注

的鹿，固守古老的行为方式，人类文明将难以延续。这一决定对欧洲至关重要，因为欧洲人口已经超出土地负载力，而且欧洲也发明了释放恐惧和仇恨的毁灭性武器。在欧洲，贫穷一次次成为战争的导火索。

在整个欧洲大陆，人均可耕地只有 0.88 英亩，根据美国营养专家的测算，每人达到 2.5 英亩才能保持较好的生活水平。如果欧洲无法从其他国家的土地上获得粮食，几乎每年都会有数百万人死于寒冷、饥饿。即使在战前，欧洲工业化程度较高，并能从其他地区进口到数百万吨粮食和原材料的时候，生活水平也远低于美国。根据科林·克拉克（Colin Clark）的计算，欧洲人的生活标准只有美国人的 44%。

每一粒小麦和黑麦、每个甜菜、每颗鸡蛋、每一片牛肉、每一勺橄榄油、每一杯酒都要取自大地。但土地不是橡皮筋，不能拉伸；人类以及每个国家的土地面积都是有限的。随着人口的**增加**，土地的相对生产力相应却在**缩小**。

我们来简要看看欧洲的情况：[1]

表 3

	人均可耕地（英亩）	人口增长率（每千人）	人口翻一番需要的年数
希腊	0.74	11.8	59
匈牙利	1.53	5.9	118
罗马尼亚	1.70	10.1	69
波兰	1.33	11.2	62
意大利	0.74	9.4	74

续表

	人均可耕地（英亩）	人口增长率（每千人）	人口翻一番需要的年数
比利时	0.30	1.2	579
荷兰	0.27	11.5	61
德国	0.69	7.6	92
法国	1.24	0.4	—
瑞典	1.46	3.1	224
丹麦	1.73	7.5	93
联合王国（UK）	0.27	—	—
英格兰和威尔士	—	2.2	314

凯巴布人

第三栏的意义或许可以这样来表述，它告诉我们土地的人均负载力减少约一半所需要的年数。要记住，我们以自己的生活水平为代价慷慨援助的两个国家，因为未能控制出生率，自给自足的能力正在快速下降，他们的行为像极了凯巴布高原上的鹿。

把我们掌握数据的且在海外没有殖民地的欧洲国家单列出来看，很有意思。如果按生活水平排，最高的排在最后，再按出生率重新排列，出生率最低的排在最后，就能看出它们的密切关系。

生活水平	出生率
罗马尼亚	罗马尼亚
意大利	希腊
波兰	波兰

匈牙利	意大利
希腊	匈牙利
德国	德国
瑞典	丹麦
丹麦	瑞典

以上两个表格中,没有一个国家按人口计的可耕地面积接近2.5英亩的最低限,只有法国在一段时间内人口没有增加。所有这些国家都依赖或将要依赖欧洲以外的土地获取粮食。欧洲人指望,甚至坚持认为,他们的生活水平会上升而不是下降。的确,大西洋宪章和联合国宪章都许诺会改善欧洲人的生活,但政客们并没有透露如何重现粮食大增产的奇迹。

若不是因为欧洲人农业技术出众,他们和这个世界的境况一定要比现在糟得多。美国人常认为他们是世界上最优秀的农民,实则不然。比利时人每英亩土地的土豆产量约为320蒲式耳,而美国只有110蒲式耳。北欧19个国家中只有一个国家每英亩的土豆产量低于160蒲式耳。[2] 美国每英亩谷物产量18.6蒲式耳,而英国却能达到31蒲式耳,丹麦39.3蒲式耳,德国29.8蒲式耳,荷兰和比利时37.7蒲式耳。

战前,欧洲14%的谷物靠进口(包括100万吨的大米),另外,43%的脂肪和油类,31%的食糖和15%的谷物饲料也都靠进口。欧洲的自给自足能力一度大幅提升。20世纪20年代,欧洲以相对较高的价格购入约7亿蒲式耳的小麦;但到1938年,小麦的购买量锐减了三分之一,或者说,减少的量相当于**3500万英亩土地一年的小麦产量**。

1938年，英国进口小麦2亿蒲式耳略多一些，比20世纪20年代少了几百万蒲式耳，当时英国人口大幅增加。得益于农业补贴，1932—1937年英国粮食产量增加了40%。

意大利曾是欧洲大陆进口小麦最多的国家，20年代中期每年小麦净进口量约8000万蒲式耳。到1937年，意大利已将进口量削减到了1800万蒲式耳，减少了78%；部分原因在于，意大利每英亩土地的产量增加了25%；另外，农业耕种面积也增加了5%。

20年代，德国小麦净进口年均约7000万蒲式耳，但在1932年到1937年7月的五年中，平均每年仅进口800万蒲式耳，或者说，进口减少了89%。

20年代中期，法国平均每年进口小麦5300万蒲式耳，1937年进口削减到了1000万蒲式耳。1934—1935年，小麦出口量大大超过进口量。

南欧和西南欧的葡萄牙、西班牙和希腊小麦产量不足。西班牙内战爆发前，几个国家就开始减少小麦进口，与20世纪20年代相比，它们的小麦进口每年共减少约850万蒲式耳。葡萄牙和希腊战前小麦产量一度有所增加，能够供应其总需求的92%，20世纪20年代仅能供应86%。

进口减少并不意味着欧洲农业产量有大幅增加，其实它是欧洲人饮食质量大跌的结果。为保证本国和欧洲粮食自给自足，人们越来越多地食用玉米、黑麦和土豆粉；谷物饲料用量显著减少，带来肉类食品供应下跌。[3] 战前勒紧裤腰带的日子为欧洲在大战期间采取斯巴达或亚洲式节制措施做好了准备。1944年的情形如下：

粮食需求高度依赖进口的所有国家开始耕种广阔的草地，开垦闲置土地，制订计划，调整粮食种植面积，增加农业补贴，并征召更多人参与农业生产。这些粮食进口国增加了土豆、甜菜、糖用甜菜和胡萝卜的种植面积，因为它们所能产出的热量随土地面积而非工时的增加而增加。同时，油籽的种植面积也显著增加。

欧洲农民还加紧生产另一种食物——蔬菜。例如，德国人的蔬菜商品或蔬菜生产增加了250%，随着肉类和脂肪的短缺，蔬菜成为替代它们的高产健康食品。

正如斯坦福大学的卡尔·布兰特（Karl Brandt）博士所言："如果会失去2000万吨的食品进口，为应对饥饿，自然要减少最稀缺食物中的非必要部分。这就包括工业国家消费的大量动物产品和脂肪。先杀掉鸡，因为鸡吃人能吃的谷物。喂鸡我们会损失十分之七到十分之九的用卡来衡量的食物能量。换句话说，我们吃掉的每一磅动物产品都有90%的能量浪费了，而动物产品在我们的饮食中并非不可或缺。比利时、丹麦、荷兰养鸡数量庞大，喂养主要靠进口饲料，在几百万人面临生死存亡的关键时刻，他们果断杀掉鸡，剩下的只有战前的25%或30%。这是当时唯一能够采取的英明之策。报道这些消息的美国媒体给人留下的印象是，杀鸡是欧洲人遭受饥饿的表现，这种印象是错误的，事实恰恰相反。它证明，这些国家非常警惕，他们做出了避免挨饿的正确选择。下一步就要削减猪的数量，因为猪和人争食。猪吃掉谷物、土豆和脱脂的牛奶，如果人想要或只能吃这些东西，那么就可以直接用它们来代替熏肉和猪肉，这只是对谷物饲料和油渣饼短缺做出的一种自然的经济调整。"[4]欧洲人在战争期间就采取了战后美国政府要求我们采取的措施——降低饮食质量，这种以生存为目的的饮食方式欧洲人习以为常。

表 4　食物和收入 [5]

	热量（卡）	战前人均谷物获取量（%）	人均年收入（美元）
塞浦路斯	2304	68.1	—
葡萄牙	2461	55.1	—
希腊	2523	54.5	68
土耳其	2619	61.3	77
意大利	2627	61.1	141
波兰	2702	52.6	81
捷克斯洛伐克	2761	45.0	159
西班牙	2788	50.8	—
匈牙利	2815	63.8	114
保加利亚	2831	75.1	72
罗马尼亚	2865	69.6	86
南斯拉夫	2866	72.1	74
比利时	2885	41.3	258
奥地利	2933	42.4	303
芬兰	2950	42.0	150
荷兰	2958	32.7	323
德国	2967	37.6	449
冰岛	2980	39.7	—
英国	3005	29.9	478
法国	3012	40.1	257
瑞士	3049	34.2	450
瑞典	3052	29.8	394
挪威	3129	36.6	349
爱尔兰	3184	37.8	240
丹麦	3249	26.4	348
美国	3249	27.3	555

20世纪30年代的整体趋势和战争期间被迫做出的巨大调整足以证明，如果将生活标准降到亚洲人或挨饿的程度，欧洲可以再养活35%的人口。[6] 战前普通欧洲人的肉类消费量是亚洲人的6倍，每年消费肉类94磅，另外还要消费442磅的谷物，519磅土豆，60磅糖，53磅脂肪和油。然而，尽管遭受战争和德国的大屠杀，而且局部地区粮食短缺，除俄国外，欧洲人口在1936到1946年10年间却增加了1100万；到1955年人口可达4.04亿，或者说，会**在大约20年的时间里增加10%**！[7] 这无异于自毁粮仓，这一事实再怎么强调也不为过。以后要用产自土地的粮食做成一日三餐来填饱的肚皮不再是3.7亿张，而是4.04亿，增加的人数是1939年瑞典、丹麦、荷兰、比利时和奥地利加起来的人口总数。挨饿的人更多了，土地却完全没有增加！的确，随着人口压力的增大，土地的总环境阻力也在上升。

看看欧洲大陆一些地区的自然条件，就能更清晰地理解这一现状。

北欧接近于我们的缅因州、密歇根州北部、威斯康星州、明尼苏达州和华盛顿州，最早这里被云杉、冷杉和落叶松覆盖。这一地区包括斯堪的纳维亚大部分地区，俄罗斯北部和苏格兰。其土壤属酸性，和我们松树林下的土壤相同，土地负载力不高。针叶林带以南是大片的阔叶林，从爱尔兰一直延伸至黑海。

大西洋沿岸的大风不利于树木和作物生长。虽然温度适中、稳定——爱尔兰平均气温变化不到15华氏度，但夏季温度过低，不利于玉米生长，雨水太多，又不利于小麦种植；降雨也不稳定，影响农作物长势。1947年爱尔兰小麦收成锐减也就不足为奇了。这一沿海地区最适宜种植燕麦、根茎作物和喂牛的牧草。

在德国、法国东部和斯堪的纳维亚南部，温度和夏季的雨水更稳定，冬季降雪充足，适宜种植谷物和葡萄。经过数百年的农业发展，这些地区的人们已经熟练掌握了轮作、休耕、施肥等方法。和使用人畜粪便增加土壤肥力的中国南方、爪哇以及菲律宾一样，西欧保持了农业的持续产出，杜绝了只种不养的坏习惯。事实上，过去几十年，在农业科学家的努力下，西欧一些地方的单位面积产量持续上扬，生物潜能得到充分发挥。但这种乐观情形并不普遍，而且不断增加的人口压力也在改变着这一趋势。

最重要的是，西欧没有美洲那样的大暴雨。这既挽救了欧洲的土地，也带来一种恶果：美洲的欧洲移民理所当然地认为"土地**就是土地**"，不需要人为保护，因此对美洲土地的严重侵蚀无动于衷。

进入欧洲内地，海拔高、降雨少两大限制因素不容小觑。越靠近俄国边界，自然环境就越接近美国的大平原地区；多瑙河东岸的天气和美国的蒙大拿、达科他两州的天气一样变化莫测。

地中海地区冬季温度适宜，有一定降雨，夏季炎热干旱，但雨水对农业的贡献很小，因为作物生长的季节少有降水。当地最常见的植物有栓皮栎、柏树和雪松，这些树木遭砍伐或焚烧后，取而代之的是"马基"灌木丛，"马基"一名在二战期间就已尽人皆知，因为法国抗击德国法西斯的游击队就叫这个名字。过度耕种和过度放牧，特别是数量庞大的山羊，使地中海地区的环境阻力陡增，严重阻碍了那里生活水平的改善。从西班牙到匈牙利，山坡受雨水冲刷，露出光秃秃的岩石，除了山间凹地和河谷外，土地负载力普遍下降。从表5即可看出这里的农业生产力情况：

表 5　农业每周收入情况（1937 年）[8]

	小自耕农	雇佣工
南斯拉夫	1.00—2.00 美元	很少有人雇佣
波兰和罗马尼亚	1.40—2.40 美元	1.40—2.00 美元
匈牙利	2.00—3.00 美元	1.40—2.40 美元
比利时	3.60—4.60 美元	3.60—4.40 美元
德国	4.00—5.00 美元	3.60—4.60 美元
荷兰	4.00—6.00 美元	4.60—6.00 美元
丹麦	6.00—8.00 美元	4.60—5.20 美元
英国	8.00—? 美元	6.00—7.20 美元

饥饿的人民

战前欧洲人食物摄取的大致情况可见表 4，但数据是有欺骗性的。例如，尽管丹麦生产大量乳制品，但国人的餐桌上却很少见到乳制品的影子，只有食糖和人造黄油。丹麦也缺少水果和蔬菜。他们依靠从美洲进口的粮食喂养牲畜，然后将玉米、小麦变成腊肉、黄油、奶酪、蛋，再运往伦敦等高消费地区——这些地区的生活离不开其他国家的土地。货币体现出的贸易差额对丹麦总是有利，所以没有人过多在意营养标准，生物潜能这类遥远的概念就更鲜有人关注了。意大利人的饮食构成中有三分之二是小麦、大米和玉米。波兰一些地方一年只能吃到三四次肉；尽管很多农民生产乳制品，但他们会悉数卖掉，换取农业用具。[9]

从西班牙到巴尔干半岛，欧洲很多地区的土地都被少数不在当地的地主占为大庄园，所以众所周知，土地生产力严重衰退。它们是西班牙共和国改革的首要对象之一。这些庄园很少得到有效或充分耕种，西班牙共产党人最得人心的一项措施就是将大农庄划成小块的土地售卖给农民。人们很少关注，或很少引起普遍讨论的是，（已在上一章拉丁美洲部分提到的）"迷你农场"的问题。东欧很多**农户**仅依靠五到七英亩的土地勉强维持生计，就连这几英亩的土地也是很分散的，彼此相距三四英里。人口的增加加剧了土地的碎片化，造成土地成本增加。据报道，东欧政府分给农户的土地很少，甚至不够糊口，目的或许是要迫使农民接受集体化的农业生产模式。因为土地面积过小，放牧完全不可能实现，法国农民非常重视的粪肥供给开始减少，土地也无法再休耕。结果，东欧很多地区单位面积产量开始下跌，波兰南部的粮食产量已连续 20 年下滑。[10]

对欧洲一概而论当然是有误导性的。每个国家的生产能力、经济组织形式、文化模式等都有一定的独特性。战前，英国为养活其 5000 万人口，约 50% 的商品都靠进口；德国的食品进口量占总需求的 25%。盛产乳制品的海滨国家，从比利时到丹麦，都从海外进口大量谷物，再以动物蛋白的形式出口到他国。法国的粮食基本能自给自足，人均可耕地面积较大，同时气候适宜农作物生长，城乡人口平衡。

由于篇幅所限，无法对欧洲所有国家一一详尽讨论，但希腊对美国人意义不同寻常，而且近期联合国粮农组织的一个代表团对希腊展开深入细致的考察。该国与其他东欧国家有很多共同之处，与美国面临的问题息息相关，应该给予特殊关注。

山羊神的领地

希腊是一个小国,总面积只有5.01万平方英里。希腊境内可利用的农业用地面积仅1.27万平方英里,占国土总面积的25%。无论当前,还是以后可能用于农业生产,这些土地就是750万希腊人赖以获取粮食的全部用地。

可耕地大都在山谷里或海岸附近的平原上,或是在坡度很大的山坡下。剩余75%的土地多是险峻的高山,一些海拔可达1万英尺。这种类似东欧、亚洲和拉丁美洲大部分地区的不利地形给希腊带来非常棘手的自然环境和经济问题(例如交通运输问题)。要实现粮食自给自足的目标,就必须首先解决这些难题。即使在和平时期,希腊也只能生产其粮食总需求的大约60%。

希腊土地的单位面积产量在欧洲排最末位,只有13.5蒲式耳。希腊平原上的普通大农户每户拥有土地面积仅7.5到12.5英亩。1938年,农场平均面积9.1英亩,包括种植粮食的农田、休耕地、葡萄园和果园,也包括一些大农场和大庄园。在美国,小麦产区的普通家庭农场占地达320—640英亩,种植玉米和养殖牲畜的农场达160—320英亩。

希腊也存在很多人口庞大的国家面临的土地滥用问题。数百年来,希腊放牧的牲畜数量超大,导致森林被毁、水土流失、径流量大增。和其他人口过度饱和的国家一样,希腊把土地交给了山羊,而且人们普遍错误地认为,烧山可以改善草场,于是自1821年独立战争以来,希腊人数次烧山,这种习惯在这个国家已经根深蒂固。

因为烧山、过度放牧，以及在没有土壤保护措施的情况下种植谷物，希腊第二到第八类土地的破坏十分普遍——无论走到哪里，都不难看到良田遭受严重侵蚀。如果人们能遵守自然法则，这种景象本不会发生。希腊也有成功的梯田，但仅限于个别地区。如今经济压力剧增，除非能帮牧羊人和农民另谋生计，否则鼓励侵蚀的做法仍会继续。和其他几大洲的几十个国家一样，希腊也面临严峻的民众安置问题。要有效释放土地的潜在负载力，几百几千甚至几百万人都必须搬离山区。

如第五章所述，植被的破坏会对水文系统产生灾难性影响。希腊的河流和委内瑞拉安第斯山脉中的河流一样，处于"无政府状态"——时而暴涨，造成洪水泛滥，时而水位极低，例如，皮尼奥斯河最大水流量据估计每秒至少达 8.83 万立方英尺，但最小流量只有 200 立方英尺。洪水裹挟着泥沙碎石，淹没肥沃的土地，阻塞水流，被逼回的洪水流向肥沃的海滨平原，常冲出新的河道。希腊和美国的洪水治理都是从下游而非山顶源头上入手，因此堤坝蓄洪能力大大降低，希腊在这方面恰似美国。防洪建筑的预期寿命与实际寿命相差甚远！[11]

总之，希腊和世界上其他人口过剩的多山国家一样，盲目利用土地。在未来 59 年的时间里，希腊人口或可翻倍，这也就意味着其人均土地会减少一半。

这就是口口声声要美国人相信可以在几年内"恢复"民主稳定的国家。我们要拿出几亿美元——数百万美国人的辛苦所得——"提高"希腊人的生活水平。虽然战前希腊人均收入仅 68 美元，战争的到来又对国家造成严重破坏，但人口增长却从未停止。希腊总出口额从未达到,至少近年来从未达到9000万美元;出口产品主要为农产品。现在,经济学家又建议在希腊大力发展工业,提高希腊人的生活标准;但专家并没有告诉人们,面对来自德国、英国、法国、意大利和美国的竞争,希腊人能卖什么,又能卖给谁。经济学家和政客们同样也没有告诉人们,如何使希腊快速"恢复",至少能使其发展与人口出生率保持平衡。

当希腊牧羊神潘看到越来越多的土地被自己的小卒收入囊中时,一定会狂欢不止。当陌生的西方人诚惶诚恐地献上贡品,以修复被它们利蹄撕裂的土地时,牧羊神的笑声定会在阿蒂卡的高山中回荡!

联合国粮农组织为希腊制订了一项农业发展计划,希望保护这一路障,阻止共产主义的蔓延,计划中提到了种种犹如铁丝网般的限制条件。仔细研究这一计划给我的印象是,其制订者无意帮希腊走出困境。计划中多次提及人口过剩,并建议如有可能,希腊可以将盈余人口迁往富足的国家——如果能找得到(毫无疑问,这并非粮农组织原话)。整个计划只字未提可采取怎样的积极措施,扼制希腊人口增长。我很想知道,那些科学家是怎样逻辑严密地解释这一遗漏的。在美国,即使在最落后的地方,即使是野生动物管理人员,出现类似疏漏也都会被炒鱿鱼。希腊人的手已经伸进美国人的餐盘,所以对美国的纳税人来说,这已不仅仅是一个学术问题。

生殖力惊人的意大利人

人均可耕地面积与希腊相仿的意大利也乞求得到美国的援助,

而且毫不含蓄地暗示如果得不到就会转向苏联。1946年，卡罗·斯福尔扎（Carlo Sforza）伯爵为找到摆脱过剩饥饿人口的地方，曾大声疾呼："我们人太多，怎么可能养活这么多人！"如果意大利人口继续以当前的速度发展，74年以后，其人均土地面积将不到现在的一半。

空着肚子的人可不愿忍受民主的缓慢进程。自由对那些饿得前胸贴后背的人来说，远没有那么重要。这个时候，善于煽动的独裁者或赤色分子自然会脱颖而出。在这个互相依存、纷繁复杂的现代世界，民主更不可能靠愚昧无知取得发展。在过度拥挤、肥力耗尽、侵蚀严重的土地上勉强糊口的人们是不会建学校、买图书、培训和招聘老师的。所以，形形色色的独裁者都反对教育自由，鼓吹过度生育，也就不是偶然了。

在人口过剩的欧洲地区，土地尤其脆弱，易受侵蚀。在那里，因即是果，果也是因。西班牙严重的土壤侵蚀开始于摩尔人的占领时期。摩尔人毁坏了地中海南岸的大部分土地，又在伊比利亚半岛开启了同样的破坏行动。无人打理的大庄园取代了自给自足的小农场，为放牧（和过度放牧）创造了空间，本已严峻的土壤破坏因此雪上加霜。

早在古罗马时代，亚平宁山脉上的森林已经砍伐严重，在希腊则开始得更早。据说，比利牛斯山脉和阿尔卑斯山脉上的森林在中世纪末期以前并没有遭到很大破坏，但谷地人口的暴增带来农田、草场、燃料需求增加，同时也给山地造成灾难性压力。法国境内的比利牛斯山大部分地方遭到破坏，农民们应对土壤侵蚀的努力让人联想到东南亚的情形。[12]除希腊外，巴尔干半岛国家竟开始尝试"茶匙农业"——让孩子拿茶匙去岩石缝隙和任何可能找到肥沃土壤的地方，带回来当做肥料倒进自己田里。

二战以前，欧洲粮食供应一度缓和，因为可以从多瑙河盆地，有些年份还可以从苏联购得一些粮食。比起世界其他地方，欧洲的社会结构更像一个各部分相互影响的复杂有机体。这种一体性使人类生存更成问题。欧洲让人联想到一只恐龙，它在1800—1914年一系列生态条件的作用下进化出了庞大的身躯和复杂的结构。现在环境发生深刻变化，这头巨兽陷入重重困难。这样类比不大恰当的是，在这个爬行动物的小小脑袋里，我们看到了欧洲的希望：欧洲人掌握着丰富的科学知识，如果加以利用，就可能摆脱困境。但不能指望很多欧洲国家，甚至包括英国在内的整个欧洲，能在粮食供应上自给自足。

20年前，一位美国顶尖作物生态学家写道："总有一天事实会证明，美国农场人口稀少，甚至整个北美洲人口不多，对欧洲和亚洲人民来说是一大幸事。"[13] 这些文字写在大平原地区还没有受到黑色尘暴袭击的时候，当时休·贝内特也还没有让美国人意识到，他们滥用和过度使用的土地究竟发生了怎样的变化。但贝克（Baker）博士仍是对的，他说欧洲会拿走它们所能得到的一切。欧洲将继续依靠世界上其他遥远地方的土地获得粮食，也指望那里的人们购买英国工厂生产的产品以换取粮食。不管其他国家是否情愿，很大程度上它们都会成为欧洲的原材料殖民地——如果欧洲可以持续这种状态。

正如前文所述，经济学家认为，欧洲如果降低到亚洲人的生活水平，就可以养活比现在更多的人口。当铁血宰相俾斯麦要为德国争得有利地位，当希特勒蛊惑国人争取生存空间时，德国的生活水平已经远高于世界多地，即便如此，他们仍不满足。德国寻求掠夺其他民族的土地以提高生活水平，而不是减少本国土地需要、缩减人口，从而降低需求。德国不是其领导人宣称的——为生存而战，而是想追赶上美国人的生活。德国竭力通过贸易改变命运，但其他国家又何尝不想？毫无疑问，德国遭遇了来自其他工业国的激烈竞争，这些国家以关税的形式保护本国工业。没有贸易保护，阿根廷、巴西、智利、秘鲁、萨尔瓦多、埃及、印度和澳大利亚就很难挥动经济学家的工业魔棒。

在民族主义至上的世界里既要发展新工业，又要降低或消除关税壁垒，自然会带来经济上的精神分裂症。欧洲是这种分裂症的主要受害者。随着人口压力的升级，欧洲的需求日益增加，而它的市场却在步步缩小。欧洲想要为更多人改善生活，为达此目的，一些国家甚至会敲诈勒索。

我们别无选择

美国作为最富有的国家，显然会成为头号目标。我们有很多欧洲求之不得的物品——粮食、原材料和短时需要的资本货物。但欧洲又有哪些我们的工会和商会官员可以不顾工人和商人的反对强烈需要的呢？"欠发达"的原材料来源国又哪里有购买力吸收来自欧洲、北美、日本，可能几十年后还有苏联的竞争性产品呢？

二战期间，在为欧洲供应粮食和武器的过程中，我们自己的生活水平大幅下降。战后，为努力维系一个国际公共事业计划署，美国人的生活水平再次下降。毫无疑问,未来几年还将持续下降。

的确,除了同意遭人敲诈勒索,我们别无选择。(如果敲诈勒索几个字听上去过于刺耳,我们不妨想想有人叫我们守财奴夏洛克,再想想纳粹党人神采飞扬的蛊惑演说,还有炸弹将埃塞俄比亚的茅草屋炸开花时,有人却在欢呼"领袖!领袖!"的情景。如果认为我们的钞票可以让杰弗逊和林肯的精神在欧洲的大地上得到传扬,那就太幼稚了。)不给予经济援助就会留下真空地带,东边的极权国家可不会放过这样的机会,如果他们得逞,就不会再有民族自决权这种可笑的东西了。除非我们情愿施以援手,否则军国主义的复活不可避免。在国际公共事业振兴署和我们毫无抵抗能力的原子战或细菌战之间,我们更愿意选择前者。欧洲有发动战争的潜力,或许未来几年就会挑起战争。它们已不止一次表明乐意释放这种潜力。如果我们在尚有能力阻止的情况下还不拔掉这根导火索,那真是太愚蠢了。

欧洲过去的混乱无序与人口过剩息息相关,人口威胁将持续存在并越来越严重,看不到这一真相真是愚不可及。我们的公共事业振兴署正在意大利、希腊和其他地方扩大威胁。到1975年,欧洲人口将达4.5亿,那时它要比1935年拥有3.7亿人口的欧洲危险得多。它将需要更多来自他国的土地,不是欧洲的土地,我们一定要记住。欧洲没有那么多土地。

美国的援助带来欧洲人口的增加,同时也使欧洲的困难和我们的危险与日俱增。我们提供的粮食、资金和医疗服务除非出现重大问题,否则一定会促使死亡率继续下降。

人口出生率在下降,但下降得还不够快,贡献不大。人口统计学家郑重地告诉我们,如果耐心等待,会看到人口曲线逐渐趋于平稳,出生率和死亡率"自然"会达到平衡。但结果是否如此,对他们来说不过是飘散到学术圣殿的下水道恶臭罢了。出于礼貌,他们会尽力装作没有闻到;不幸异味越来越大。任何增加这种恶臭的行为——增加人口——对欧洲和我们自己来说,都是在帮倒忙。稳定欧洲人口并使其逐步减少是世界和平和福祉迈出的最大步伐。欧洲人口如果是现在的一半或三分之一,人们的生活水平很可能会接近甚至超过美国。

现在我们还能讨价还价。我们的援助应该给予那些实施全国计划,鼓励人民自愿采取人口行动的国家。我们应该像坚持要求言论自由那样要求避孕自由,它们同样重要。在散尽美国纳税人数亿元财富的时候,应该确保一大笔钱用于购买教育和避孕用品。和我们成天挂在嘴上的四大自由——言论自由、信仰自由、免于贫困的自由和免于恐惧的自由——同样重要的是第五种自由:免于过度生育的避孕自由。很多人有所不知的是,前四种自由的部分实现都要取决于第五种自由。

第九章 人与地理

在我们的文学作品中，经常能读到英国作家吉卜林的名句，其中一句极具误导性：东方是东方，西方是西方，东西永远不相逢。东西方，实际上曾多次相逢，双方兵戎相见，多有伤亡。来自亚洲腹地的游牧部落摧毁了古罗马和古代中国文明。现代西方文明的最大威胁很可能就埋藏于亚洲肥沃的团粒土壤中。

彼得大帝在西方的大墙上打开了第一个现代缺口，从这个缺口流入的思想力量现在仍有一定影响力。克莱夫和黑斯廷将印度的财富嫁接到了大英帝国的身体上，当前还无法预见这一截肢手术会导致怎样的后果。1853年美国海军上将佩里撬开日本的大门，从此打开了潘多拉的魔盒，成千上万的美国人失去生命，耗资几十亿美元。恶魔虽已被制服，但它似乎稳稳坐上了美国的餐桌，可以说，它带给我们的烦恼无穷无尽。西方的未来已和亚洲人以及亚洲的未来紧密相连，我们共同的命运之舟究竟会驶往何方，很可能取决于我们是否足够聪明，能处理好与广袤的亚洲大陆之间的关系。

西方人到来以前，除了因气候的缓慢变化而出现的几次社会动荡外，亚洲大陆的生活相当稳定。亚洲人慢慢建立起一种与其生态相适应的生活方式。南亚和东亚还产生了享誉世界的文化，诞生了西方难以超越的艺术、建筑和文学作品，以及宗教。（北亚在音乐和文学上的成就远超美洲，但其创作源头都在欧洲。）一些亚洲文明有着任何西方文明都难以企及的悠久历史，这足以彰显其文明程度。

亚洲文明的生命力很可能源自其简单的结构。亚洲国家很像海绵这类未充分分化的低级动物，一部分毁坏后，其余部分仍可不受影响，并能从受损的地方再生出新个体。现代西方文明则更像较复杂的类人猿，各部分高度依赖以致部分的疾患可能带来整体的死亡。受西方影响，现代亚洲的病症也日趋复杂。

亚洲在地理环境十分恶劣的条件下创造了灿烂的文明，这足以引起我们的关注。亚洲是最不利于人类居住的大陆，在那里，"每平方英里的人数"毫无意义，在亚洲1800万平方英里的土地上，大部分地区人都难以或完全无法生存，整体环境负载力很低。

缓慢建立的平衡

亚洲的人口对其环境负载力做出了合理回应。上千年来，亚洲人口始终保持低位。据估计，16世纪印度人口不到1亿，仅为现在印度人口的四分之一。佩里进入日本时，日本只有2600万人；1800年，俄国总人口仅3900万；爪哇岛如今人口暴增至4700万，但在1815年需要养活的人却只有450万。

在简要梳理亚洲地理环境的过程中，我依据著名地理学家乔治·B.格雷赛的划分方法，将苏维埃共和国也囊括了进来。俄国的欧洲和亚洲部分长期以来没有令人满意的边界划分，现代俄国的统一似乎与其地理概念相一致。很多人都不会把英国、波兰或罗马尼亚划入亚洲，同样，也没有理由把苏联西部的一小片地区排除在亚洲之外。

亚洲拥有全世界三分之一的陆地面积，从达达尼尔海峡到中国西部，连绵的高山支脉不断，形成一面巨型墙体，一直延伸到苏联东北部的堪察加半岛。山脉的背风面是世界上最大的沙漠或半沙漠地带。

山区土地大多起伏不平，只能通过开辟梯田和极耗费人力的劳作才能实现持续的农业生产。显而易见，这里土地负载力异常低下。

亚洲地域广阔、山脉连绵，很多地方远离海洋。在北美和西欧，动植物生存必不可少的雨水正是来自于海洋。亚洲内陆雨水欠缺，75%的亚洲地区可能年降雨量不足51厘米。因为远离海洋，温度得不到很好的调节，极端温度频频出现。中亚地区夏季温度飙升，大地的热量进入地表空气，热空气变轻上升，冷空气流入，风便从四面刮来。到了冬季，亚洲大陆热量快速散发，人类已知的最低温度常出现在西伯利亚地区。大地的冷却形成一个高压区，空气从北极注入，猛烈的冷风从高压区边缘奔腾而出，进一步加剧了降水不足造成的干旱。风作用于植被稀少的土地，形成强大的侵蚀力量。

夏季风从海洋吹来，越过绵延的山峰时，便会冷却下来，给印度、缅甸和中国东南部各省带来大量降雨。泛滥的雨水冲击坡地，造成世上少有的水土流失。在较平坦的地方，森林一旦被砍伐，雨水就会带来垂直侵蚀或淋溶作用，使土壤丧失养分。

生态学家通常根据植被来判断土地情况。北纬30度以北的大部分亚洲地区被北极苔原覆盖，永冻土终年不化，这里有大片的针叶林，类似加拿大辽阔的酸性土壤上的森林；或可见半干旱的草原，树木稀少；其余便是沙漠和相应的沙漠植被。这些地方都不适宜农业生产，北纬30度以南有绵延的山峰，强劲的季风雨时常光临。

苏联地理上更像一个三角形，底位于大西洋，另外两条边向东延伸。气旋毫无阻挡地到来，从大西洋带来万物生长必不可少的雨水。从印度到中国北部，因为受季风的影响，有印度洋和大西洋带来的降水，农业发展才成为可能。这些地方较为平坦，而且没有漫长的冬季，亚洲的粮食来源就指望这里。从人口地图上就能发现亚洲人对以上地理环境作何反应。苏联的三角地带和各大山脉以南以东的地区人口居住最为集中。

这些地方现在已经人满为患，生活水平极低，除苏联外，亚洲其他地方几乎已没有一块肥沃的空地。苏联正努力在其年降雨量只有三四十厘米的土地上种植粮食，希望能养活不断膨胀的人口。正如我们的农民不幸发现的那样，雨水不足的地方收成很不稳定，可能连续五六年大丰收后又会有两三年的歉收。半干旱的黑钙土是世界上最高产的土壤，克雷西（Cressey）就曾指出："只要天然草皮不被破坏，就很少有风蚀；但土壤一旦耕种，就可能造成大面积的侵蚀。欧亚草原的尘暴侵蚀由来已久。"[1]

在这种极为不利的环境中生活着超过 13 亿人口，爪哇岛人口的绝对密度最大——每平方英里约 1000 人。日本及其看护者——美国，面临的问题是如何用每平方英里的可耕地填饱 3000 人的肚子。

我们已经见识过亚洲给西方造成的惨痛打击。导致日本疯狂扩张的很多条件在几个主要亚洲国家已经成熟，而我们还在盲目（好心地）努力将打造日本成为定时炸弹的配方推广到亚洲其他国家。显然，我们并没有从美日交往中吸取教训，因此回顾在这个不同寻常的岛屿帝国发生过哪些事件，大有裨益。

来就餐的日本人

　　从 1600 年到 1867 年，日本人口稳定在大约 2600 万。这个封建国家与外界很少接触，出生人口和死亡人口保持平衡。或许是与生俱来的保守性，或是出于一种不自觉的生态保护意识，日本的领导者主动将其国民与外部世界隔绝起来。美国人打开日本大门后不久，日本人口便以每年超 1% 的速度增长。一些书中提到的"良好"的经济和卫生条件带来死亡率的下降。（从当前日本人的生活条件看，经济学家和公共卫生学家对"良好"一词的辩护很有意思。）我们的宗教传道士，既承诺一种永恒的生活，同时又竭力拖延日本人过上那种生活，他们和医疗、商业传教士已经毫无区别。西方帮日本将乡村为主的社会结构变成了城市贫民窟，日本人则模仿西方，使用机器生产廉价消费品，并用它们在国际市场上换取原材料和不断增长的人口所需的口粮。随着死亡率的下降，人口稳步上升，虽然 19 世纪 20 年代出生率有所下降，但下降的速度还不够快。[2]

　　日本人的生活水平远低于西方，随着人口压力的增加，他们必须做出选择——继续降低生活水平，或通过更多途径养活庞大的人口。实事求是地讲，日本过去几十年全力以赴，竭力通过单纯的经济手段获取更多原材料和粮食，但美国坚持征收高关税，日本的付出以失败告终。我们迫切想出售产品给日本人，但却不愿购买他们的苦力生产的物品，当我们提高关税保护自己的生活水平的时候，其他国家也纷纷效仿，贸易停滞随之而来，日本只能将目光转向亚洲大陆。

第九章 人与地理

这种摆脱困境的方法并不是日本的独创,很多标榜民主的国家同样应该受到谴责。我们从墨西哥手中夺得大片领土,西奥多·罗斯福总统执政期间,我们厚颜无耻地对哥伦比亚采取了俄国现在想对土耳其采取的行动。我们抱有这一态度的主要理由似乎是,我们是在几十年前侵占的,而不是现在。当时我们也没有今天的日本所承受的巨大的人口压力。没错,日本本应采取明智而强有力的人口限制措施,正如克雷西(Gressey)指出的:"没有哪个国家有允许其人口超出本国土地生产力的道德权利,除非他们愿意接受较低的生活水平。一个国家没有权利因人口压力而占领邻国土地,特别是当邻国也面临同样压力的时候。这个世界已经人满为患,控制人口成为当下最重要的国际问题之一。不计后果地增加人口而没有相应的技术发展只会造成一片混乱。"[3] 但我们一直都不愿意在本国的贫民窟地区,如波士顿南部、哥斯达黎加等地控制人口,也不愿意在国际机构倡导这一做法,尽管一些美国领导人清醒地意识到缩减人口至关重要。在我们批评日本没有采取补救措施的时候,要知道我们自己的处境也十分危险。

现在日本人口增至7600万,贸易通道关闭,又不愿控制人口或不够明智,未能采取人口措施,那么他们面临的两难选择是,要么挨饿,要么战斗。[①]

十分不幸的是,他们并没有摆脱窘境——情况比原来更糟。到1950年,日本人口将达7900万。如果允许日本恢复在世界贸易中

---

① 许多其他因素,如财阀和军阀的好战,以及日本人深信能称霸亚洲的天命论都可能导致他们发起战争,但在所有这些因素中,生存手段面临的前所未有的巨大压力才是最具主导性的因素。

的地位,美国和英国很快就会多一个竞争对手。日本会发现很多国家都试图通过关税壁垒实现经济自给自足。考虑到日本每英亩可耕地需要养活大约 5 个人,那么除了勉强填饱肚子,它还能奢望什么,这是事实,尽管日本的土地管理措施能够给包括美国在内的很多国家有益启示。杰克斯(Jacks)和怀特(Whyte) 说:"日本没有土壤侵蚀。"[4] 这一结论难免有些夸大,但日本的土壤侵蚀程度的确很低,这让人敬佩。日本每英亩土地的粮食产量居世界之首,虽然近年来因肥料进口减少,产量有所下降。日本林业发展迅速,对其水源的保护也很值得我们的工程技术人员学习,和日本人认识不同的是,我们的工程师认为水情只能通过大坝和防洪堤来控制。

  日本在不到 75 年的时间里,从一个封建国家跻身工业强国之列,足以证明日本社会充满活力,国民聪明过人。如果不实行无限期的严格管控,日本仍会是东方事务中的危险因子。今天的日本在美国的救济下虽有粮可吃,但绝不充足。美国的国会议员不会同意无限期地救济日本。近 8000 万的日本国民对他们的历史成就念念不忘,在饥饿的驱使下,他们的要求越来越难以满足。

  日本国内粮食产量增加的可能性很小。显而易见,只能通过降低需求来维持供需平衡,但正如美国人当前所了解的,日本并没有这样的认真打算。

贫瘠的土地

  据估计,过去 100 年中,中国有 1 亿人因饥荒而亡。[5] 毫无迹象表明,以后不会再次遭遇饥荒。中国人均可耕地不足半英亩,据美国国务院估计，1950年中国人口将增至4.3亿。一些学者提出，以当前的增长速度，2000年后中国人口很快将达9.5亿。当然，这样的增长不可能继续下去。没有外界的帮助，中国是做不到的。希望其他国家足够清醒，不再加剧中国的人口困境。

应该指出，中国的人口数据和世界很多地方一样，并不准确，部分原因在于，缺少令人满意的原始数据；另外，过去300年多国政治疆界都曾发生变化。据估计，当前中国人口在4亿到6亿。在选用数据时，本书经过了多重考虑，其中最重要的便是对数据提供者的理解分析做出评估。中国的土地面积数据同样不够准确，有助于科学使用土地的地图在全世界都寥寥无几。考虑到世界各国的人口统计数据普遍不够准确，以上概数显然接近于实际数据，完全可以作为我们判断的依据。

中国每天需要填饱5亿人的肚子，除了三角洲地带和河流附近地区外，适宜种植作物的平地很少。和世界其他类似地区一样，因为水情的影响，这些区域的农业产量大打折扣；洪水的冲击塑造了这里的地貌，未来洪水仍将继续发挥作用。中国的森林大多遭到肆意砍伐，河流流量极不稳定。

中国北方地区主产小麦，土壤富含矿物质，但年均降雨只有63.5厘米或更少，且变化幅度大，导致每10年就可能出现大面积的作物歉收。从这一点来看，它和我们的大平原地区相仿。另外，中国北方很多地方一年只有4到6个月没有霜冻。降雨不足、雨量不稳、生长季节短暂等因素共同作用，形成了强大的环境阻力，降低了这里的环境负载力。

长江流域以南雨水过于充沛，淋溶作用强，造成土壤难耕种，肥力大大下降。

中国西部和西北部,包括新疆和内蒙古两大区域,地理上以草原和沙漠为主,降雨稀少。整个中国的土壤都极缺有机物和植物养料。

尽管环境恶劣,但中国很多地方的农民,特别是南方农民,逐渐建立起一整套完全适应土地实际的耕作方法。三四千年来,超过数百万英亩的土地都保持了稳定的产出。这主要归功于开辟梯田(南方)和大量施肥两种措施。中国农业广泛使用人类粪便,实现了氮循环,并使欧美人大量浪费的有机物重回土壤。詹姆斯·索普(James Thorp)说,在产出这些粪便的每个城市周围,在马车一天可以跑一个来回的地方都能看到肥沃的农田。[6] 绿肥在这里很少使用,原因是绿色植物非常宝贵,常用于其他用途。在一个每人只能靠大约2000平方米的土地种植粮食的国家,休耕完全不可能。

在中国很多地方,每平方英里人口超2000人,结果农田只能被划分为手工精细种植的小块。林地几乎闻所未闻;很多农耕地区都没有可用于放牧的土地。因为中国大部分地区养不起牲畜,加上通往西部牧区的交通不便,中国人饮食中的动物蛋白含量极低。

近期在中国西部的考察显示,偏远的西部很可能和内地一样土地使用过度。考察者写道:"牧草是中国很多地区最基本的资源,但那里让人满意又省钱的唯一一种牧草收割方法却是使用牲畜。"

"我们常常听说这样的计划——大幅增加草原地区的人口和牲畜确保充分利用'荒地'。除极个别地方外,类似的计划不可能成功。很多地区的牲畜数量都应该减少,目前只有极少数地方可适当增加。有了科学的牧场管理方法,并能有效控制放牧后,才能逐步增加牲畜总数，继而增加人口。下一步就是要保证牧场充分发展，并开垦牧场周围适宜耕种的少量土地，使农业与牧业相互补充，而不是像现在相互竞争冲突。

"有人认为，从目前的牧场条件看，中国的牲畜数量已接近或达到最大值。很多到当地考察过的人，还有和本文作者讨论过的人都持相同观点。东北西部和内蒙古常遭旱灾，一旦发生旱情，牲畜过多的结果就更加严重……"

"在这片草原地区，衡量居民财富的不是长期净值而是牲畜的头数，在当前的经济和市场条件下，几乎没有经济回报能够刺激畜牧业者付出财力或人力提高生产效率。"[7]那里养牛人4000年来学到的知识还不如我们100年学到的多。

人口增加导致土地过度使用，土地过度使用又违反科学使用土地的原则。和世界其他类似地区一样，过度使用土地造成土壤侵蚀。据估计，中国有25%的土地生产力已经丧失殆尽。杰克斯和怀特曾一针见血地指出："中国北部的荒漠和波斯、美索不达米亚、北非的荒漠一样，都是文明扩张导致土地需求激增，久而久之致使土壤难以恢复、肥力耗尽的结果。无一例外，土壤衰竭之后便是土壤侵蚀。中华文明的摇篮——中国西北部的黄土高原已无异于千疮百孔的大型战场，强大的自然力量给土地造成的创伤远远胜过任何一场现代战争。这种奇异的景观是中国文明最了不起的杰作。在许多面积辽阔的地区，曾经深厚肥沃的土壤消失得无影无踪，洪水经过的地方，黄土层被划出一道道宽度和深度有时可达数百英尺的惊人深沟。流失的土壤在谷底平原、河流或海洋里沉积。黄河和黄海的命名非常准确，它们被来自贫瘠的黄土高原的底土染成了黄色,流失的土壤至今还在不停涌入。从侵蚀地区沿河道行进数百英里,就能看到随土壤日积月累的沉积,黄河河床越来越高出两岸地面。源头处透水性很强的土壤再也无法吸收更多水分,暴雨一次次冲毁山坡,带来世界罕见的洪涝灾害。曾被视为天灾的大洪水成了意料之中的家常便饭。黄河每年运走25亿吨土壤,中国还有其他多个土壤快速侵蚀的地区和浑浊河流,但满目疮痍的西北部和黄河却是文明终将消失的醒目且永恒的标记。"[8]

不同作者对中国人口增速持不同观点。该领域研究最细致深入的学者之一汤普森博士认为,在至少近四五十年,中国人口增长在东方国家中首屈一指,很可能在过去两百年里中国人口就有大幅增长。除其他因素外,红薯、玉米、花生等作物的引进和其人口扩增不无关系。

中国已经没有可以扩大种植的荒地了。如果农民掌握先进的生产技术,在现有的一些土地上增加产量是可能的,但信息闭塞的中国农民学不到先进的农业技术。灌溉和旱地耕作法有望增加粮食产出,但产量的增加很可能赶不上人口的激增。

农业机械化的支持者寄希望于提高农民人均产量,土地足够的地方有这种可能,有了盈余,农民可以养活更多人,购买底特律或芝加哥农民工生产的产品。但在土地不足,负载力非常有限的地方,增加每个农民的产量无济于事,提高每块农田的产量才是重点。

有人梦想通过大项目帮助中国,中西方工程师和经济学家的案头和制图板上堆满了河流管理局、公路、铁路、工业化等各种蓝图。但中国国内尚不和平,蓝图变成现实的希望十分渺茫。即使完全能实现构想中的和平与发展,对中国和世界其他地区而言,也会是相当黯淡的一幅景象。那时中国人口会像印度一样暴增,10年增长15%;事实上,中国已**无法养活更多人口**。如果气候不利,比如随时可能遭遇旱灾,仅养活当前的人口就已经非常吃力。能够供应食品的其他地区不可能大批购买来自中国的商品,帮助与日俱增的中国人填饱肚子。目前,中国最需要正视的是人口死亡率的降低。

我们眼睁睁地看着王氏在路边死去,他的痛苦也随之而去。他和上千万中国同胞所遭受的痛苦是无法用语言来形容的,任何语言大师都难以言传。无数人将以同样的方式离开这个世界,别无出路。这些男女老幼将成为人类无节制生育和滥用土地两座祭坛上的可悲祭品。

人 口 灾 难

印度受到很多限制因素的影响。只有在海岸、河谷和这个三角形国家的北部底边等狭长地带才能看到一些平地。上千万印度人挤在恒河、印度河和布拉马图特拉河三角洲。这个三角形国家的西部也有面积不小的荒漠,那里年降雨量不足3英寸。印度大部分地区的降雨有很强的季节性,而且降雨量也体现出较大的地区、年份差异,人们期盼的雨季开始和结束的时间也都有较大变化。很多地方暴雨倾泻而下,冲击着早已没有植被保护的土地,印度东北部村庄乞拉朋吉有一年降雨量竟达425英寸。[9] 10分钟降雨量即可达1英寸,24小时就有近40英寸的降水。[10] 除前文提到的平原地区外,印度多数地方都有大大小小的山峰,暴雨在这些地方造成巨大破坏。

由于燃料短缺，千千万万的人做饭都只能用干牛粪做燃料，这也侧面反映出印度森林的破坏程度。在很多地方，任何能找到的木棍、玉米秆、稻草都变成了燃料，人们的房子是用这里唯一能够获取的材料——泥巴砌成的。

印度人口集中在平原地区，人口的分布与地理环境高度一致。虽然很多土地可以得到灌溉，但灌溉方法不当导致碱大量沉积，毁坏了相当面积的土地。另外，热带暴雨的淋溶以及烈日炙烤导致有机物快速氧化，大多数土壤因此非常贫瘠。由于土地负载力极低，人们只能聚集在窄小的土地上，肥料对他们来说只是一种奢望。

印度人的预期寿命只有32岁——不到英美人寿命的一半。45%的婴儿活不到10岁，65%的印度人最多只能活到30岁。一位年轻的印度经济学家说："今天的印度是世界上最穷的国家，国民毛收入每年人均勉强达19美元或每天5美分。印度4亿多人有60%每天收入不足2美分。因此如果要养活三个人，印度人的平均收入……只够养活其中两人，或为三个人每天只管两顿饭，条件是他们同意光着身子，成年在外流浪，除了最低级、最粗糙、最没有营养的食物以外，没有任何休闲娱乐需求。"[11] 据估计，印度人每天摄入的平均热量不足1000卡。[12]

对于印度当前的情形，英国虽不能说负有罪责，但也有主要责任。在英国殖民统治前，据估计印度人口不到1亿，疾病、饥荒和战争抑制了人口增长。英国人在很短时间内平息了战争，并通过修筑水利工程，传授食物储存方法，进口粮食等缓解了饥荒。工业化和医药卫生条件的改善也起到了一定作用。在经济和卫生条件"改观"的过程中，印度人我行我素，不负责任地大量生育。正如钱德拉塞尔(Chandrasekhar)所言,性交成为一项全民运动。到1850年,印度人口增加超过50%,100年后,据美国国务院估计,其人口将超4.32亿,钱德拉塞尔博士准确描述了这一困境:

"如今印度人口超过4亿,以最低热量需求——每人每天1400卡计,印度只能供养不到3亿人!也就是说,有1亿人或和美国人口总数大致相同的人正在挨饿或处于饥饿的边缘。在邻近国家澳大利亚,人们日均摄取热量3000卡,造成这种差异的根本原因在于,澳大利亚约800万人口占有的土地是拥有4亿人的印度土地面积的两倍。"

印度每天新增1.4万人。在1931—1940年10年间,人口增加了5000万,比英格兰、苏格兰和威尔士人口的总和还要多。要养活如此庞大的人口,除了现有的4.47亿英亩的土地,就连最乐观的人也找不出任何还能用于农业种植的地方。

印度人口占世界人口的五分之一,饲养的牛占全世界的三分之一。人们重视耕畜,给予它们悉心照料,但其他动物却无人问津,任由它们在乡间游荡,毁坏可用作他途的宝贵植被。"神圣"的牛每一天都在大力拉低本已使用过度的土地的负载力,这也足以说明印度人何等落后愚昧。他们深陷迷信、无知、贫穷和疾病的漩涡。印度这位母亲是自己超强生育力的受害者,全世界生活最悲惨,最无望的地区很可能就是印度了。

它的无望也许预示着世界其他地方也将遭受同样的灾难。印度已经开始走上对外扩张的现实政治道路。该国一位著名经济学家写道:"在拥有广阔空间的地区,如亚马孙流域和澳大利亚,限制移民的政策不利于世界经济和生产力的发展……北美洲一望无际的干旱地区只定居着一些养牛人，如果鼓励适度移民，中国人和印度人可以迁往那里，使干旱的土地得到耕种……未来应考虑如何平衡经济资源与人口发展。要避免反复出现的人口危机和侵略，各国生活水平和经济机会应逐渐趋同。"[13] 换句话说，澳大利亚、巴西、美国和加拿大应该向穆斯林、锡克教徒、印度教徒（以及他们神圣的牛）敞开国门，以减少过度生育造成的压力。要养活数十亿落后的亚洲人，我们的生活标准无疑会被拉低。

穆克吉（Mukerjee）博士提倡在印度实行强有力的人口控制政策，但没等这一政策落地他便不再努力。如果能早一些控制人口增长，印度就不会落到今天这般田地，我们必将成为它的受害者这一结论让人难以接受。

在巨大的人口压力下，印度大力发展工业会对整个世界构成威胁。英国撤出后，印度社会将陷入动荡无序中，这似乎又会使英国人到来前的人口抑制因素再度发挥作用；社会动荡很可能也会阻碍印度在工业方面大展拳脚。在联合国完善其战争预防机制前，或印度人口得到有效控制前，这样的结果是我们热切期盼的。

一 头 巨 熊

关于苏联的财富，当今世界有着最普遍的错误认识。苏联虽是地球上最富裕的国家之一，但"财富"是相对而言的。一些地理学家认为苏联已经人口过剩。如果用我们所说的"美国生活水平"作为衡量标准，俄国人口显然已超出合理范围。俄国不可能为其国民提供我们那样的生活水平。

苏联绝大部分土地的负载力很低。从这个方面看，它接近于加拿大，而不是美国。苏联有着极丰富的矿藏资源，但人是不能吃镍、钨或石油的。苏联很多地方生长季节短暂，降雨严重不足。"年平均降雨量越少，各年降雨量变化就会越大，这是大家公认的气候原则；同样，年平均温度越低，春秋霜冻时期的温度变化似乎也会越大。"[14] 因此，由于气候存在较大的不确定性，苏联很多土地即使不是完全无法耕种，也是相当贫瘠的。

只有西部和高山地区的一些地方降雨量超过 20 英寸。亚洲中部和西伯利亚东北部的半荒漠植被只能得到不足 8 英寸的降雨。降雨量变化无常使苏联一些最高产的地区常常遭遇饥荒。

降雨不足与三个因素有关。首先，苏联南部山峦重叠，这一巨型屏障阻挡了来自印度洋和南太平洋的雨水。因地理位置的关系，北太平洋的水分同样无法到达，气旋运动使北太平洋的暴雨暴雪被西伯利亚的大风卷走。这样一来，大西洋几乎成为苏联唯一的水分来源，但苏联大部分地区远离大西洋，雨水在滋润这里的大地前就已经消失殆尽。

根据柯本气候分类法，苏联约一半的地方有着短暂凉爽的夏季，只有一到三个月温度超过 50 华氏度，另外 25% 或更多地区则是大草原或荒漠。

苏联有一半以上的土地是冻土覆盖的苔原、生长于干旱土壤上的针叶林或大山。它拥有全世界最大的木材储量，据估计，约占世界三分之一，大部分木材地处偏远，交通不便，即使在这样一个社会主义国家，也无法对其进行大规模的开发利用。俄国西部地区甚至从芬兰和斯堪的纳维亚半岛进口木材！

里海以东的广大地区主要是沙漠,沙漠以北,向东几乎延伸到中国的广大地区是大草原,这里的草较为低矮,年平均降雨量只有12到16英寸。在少雨的作用下,肥沃的黑钙土逐渐形成,这种土壤富含有机物和土壤养分,表明大草原没有遭到暴雨的淋溶。世界上还没有哪个民族能够与这种环境友好相处。我们从自己的尘暴灾难中痛苦地了解到,草地一旦耕种就会带来一系列严重后果,数百万英亩的土地会退化为第五到第八类土地。或许可以通过灌溉和科学耕种保持土壤,但采取这些措施的前提是,人口压力不能过大。

他们的草原地下水位深,这里可能是最适合用原子能抽取地下水的地区之一,但其储量如何,仍有待探明。地下水不易补充,地表水分蒸发又快,显然枯竭是迟早的事。灌溉过的土地也会存在碱性物质沉积的问题。但苏联政府似乎正是依靠广袤的草原区域养活其快速增长的人口的,押在黑钙土生产力上的赌注一旦失败,整个世界可能都会惹上大麻烦。

据计算,1928年苏联拥有可耕地4.33亿英亩,1940年已有85%的土地被耕种,人均拥有土地2.2英亩,而美国人均占有土地2.8英亩,[15]所以,苏联能扩大种植面积的空间似乎很小。

苏联的产粮区乌克兰在气候和植被上接近美国的蒙大拿平原和加拿大的萨斯喀彻温省,环境不算非常有利。因为潮湿的酸性土壤,白俄罗斯的农业生产受到很大限制,这里无论家庭还是电厂都依赖泥炭做燃料,可见其落后程度。如上所述,西伯利亚内地以森林和荒漠为主。西伯利亚东北部有优质的农业用地,但漫长的冬季和从亚洲大陆中部呼啸而来的干燥的大风限制了农业产出。另外,该地区不少人患有不容小视的心理疾病——北极圈癔症或称西伯利亚癔症。患者会"哭嚎、胡言乱语、哀叹、经常抽筋、乱跑，直到筋疲力尽后才会睡去……在亚洲东北部……各种情绪狂暴症在当地十分常见，而且常常具有传染性"。据说，这些病和气候、生活方式、工作条件、食物、生活单调等有关。[16]

苏联是否有能力利用旱地发展农业对苏联的未来，以及它与世界其他国家的关系有着重要影响。俄国有很多科学天才，没有人比他们自己的科学家对他们的土壤和气候缺陷更加了解。他们在土壤科学方面始终走在世界前列，苏联人可能也比任何其他国家的人都更清楚科学利用土地的重要性。铁幕降落以前的报告表明，苏联已经采取有效措施，与恶劣的环境至少达成长期"停战协议"。例如，毛皮猎手开始改用不会伤害动物的箱式捕捉器，考虑到物种的繁殖，捕到母兽也会放掉。在美国，要限制猎手在动物皮毛完全长好的季节才去扑杀都很困难。科学利用土地的方法可以由独裁政府来推动，这种政府会强迫人们合理利用土地，在"民主自由"制度下，很多人会毁坏土壤，正如美国无数土地所遭受的那样。但现在就对苏联的自然资源保护效果下定论，未免为时过早。

虽然政府严格控制土地，对科学高度重视，但从苏联归来的旅行者口中可得知，苏联也存在严重的土壤侵蚀问题。如我们所料，苏联当局认为所有的破坏都是革命以前的制度造成的。毫无疑问，农奴制的确是将过多农民集中在极少的土地上，而且常把他们赶上易受侵蚀的山坡。

苏联冬季漫长，气候寒冷，土地冻结较深，这使春天融化的雪水无法渗透到地下，从而造成严重的沟谷侵蚀（融雪占总降水量的三分之一)。

"苏联南部和东南部属大陆性气候,强劲、干燥的热风造成风蚀、尘暴,沙质土壤满天飞。冬季风蚀更为普遍。猛烈的暴风雪来临时,狂风卷走积雪,毁坏土壤和大片地区的冬季作物。在这样的冬天,吹雪混杂着沙尘,田野不是一片洁白,而是黑漆漆的一片……侵蚀的土壤、极具破坏性的暴雨在苏联西南部地区尤为常见,如乌克兰和摩尔达维亚境内、白俄罗斯部分地区、高加索地区和外高加索地区,以及远东共和国。苏联中部的沟谷地形也助力了侵蚀的发生。"[17] 约翰·费舍尔(John Fisher)说:"事实上,没有采取任何措施阻止土壤侵蚀……在苏联西部,我从没有见过一块梯田或一个拦水坝,等高耕作完全无人知晓。"[18]

虽然中央领导有科学头脑,但其官僚机构的掌权者都是一些对科学一无所知的笨蛋,而且实行恐怖统治,帮派林立。1946年,很多人传言苏联大面积粮食歉收,这些地方认为责任正是在于过度集中化的管理模式。从他们的报告中可以看出,土地管理权几乎都集中在中央政府身上,没有上级的指令,集体农庄甚至不敢播种。熟悉美国官僚体制的人都不难想象这种制度的结果,即使在每位工人身后都有一位密探的国家,这种高度集中的制度也势必引发动荡。

这本书还在写作的过程中就听说苏联小麦获得"大丰收",报道称可以为欧洲供应200万吨的小麦。按每英亩14蒲式耳的较低产量计,就相当于大约500万英亩土地上的产量。在一个人口爆炸式增长的国家,这种盈余不值一提。

奇怪的是,讲求实际的苏联领导人并没有采取更加现实的人口政策。苏联丰富的资源本可以确保几百万人过上富裕的生活,但当然无力为几十年内就会非常庞大的人口提供衣、食、住房。据我们所知，他们还没有制定资源清单，所以只能推测苏联最佳人口数量应控制在1亿到1.5亿。超过这一数量，就会对土地负载力造成巨大压力，导致生活水平普遍下降。莫斯科显然受到19世纪经济思想和技术空想主义的误导。可以想见，部分苏联领导人希望征服世界，对外扩张，但可以肯定的是，人口没有饱和的地区已经所剩无几。

如果政治局能向本国一些杰出的生态学家请教（苏联的生态学家不在少数），就可能在未来几十年免遭痛苦。

除爪哇岛外，亚洲东南部土壤大都较为贫瘠。这里又是我们熟悉的热带环境，土壤受到雨水的淋溶；有机物因高温迅速氧化；雨量大，降雨集中，土壤侵蚀见怪不怪。理论上讲，泰国、缅甸、新几内亚、婆罗洲等地还有广阔空间，能容纳数百万人。

最大的绊脚石是类似于美洲米尔帕耕种法的移耕农业。这种集烧荒、耕种和休耕为一体的耕作方法在土地充裕的情况下或许还能满足人口所需，但现在人口的增长已经不能保证充分的休耕和土壤肥力恢复的时间。未来几十年，可以预料，土壤贫瘠、土壤侵蚀和洪水泛滥只会进一步恶化而非改善。

东南亚国家几乎没有科学家可以解决人民面临的重大科学难题，即使有，也需要几十年的探索才能找到应对棘手的热带环境问题的方法；而且即使能应用世界最先进的科学方法，这些亚洲人也会在很长时间里深陷无知、迷信的深渊，无法使其得到充分利用。除非控制生育，否则就算取得任何进步，也都会被庞大的人口抵消。

在亚洲西南部，特别是巴勒斯坦地区，可以看到亚洲甚至整个世界最有希望的地方。在纵横交错的山坡上、泥沙堆积的平原上，犹太人在死亡大地上重复着生命复活的奇迹。我认为，20世纪中叶没有什么比阅读沃尔特·罗德米尔克（Walter Lowdermilk）的《巴勒斯坦——应许之地》(Palestine——Land of Promise)更振奋人心的事了。他的描述中没有强调，甚至没有提及的一个令人鼓舞的事实是，巴勒斯坦的土壤没有遭到雨水的淋溶。土地浇灌以前，恶劣的半干旱气候使土壤中的养分得以保持。该地区潜力巨大，但这里我们也必须记住，面积、生物潜能和环境阻力不可避免地会对人类活动造成限制。

巴勒斯坦地区再次证实"可耕地"既是农田的函数，也是农民的函数。现代犹太人聪明过人、意志坚定，上百年来在他人手中原本贫瘠荒凉的土地正在他们手上渐渐恢复生机。在这个毁坏者居多的世界上，他们的努力尤为引人深思。

凭借尽人皆知的挥霍无度，澳大利亚人的生活水平得以跻身世界前列。为开心一时，祖辈的财富被随意丢弃。E. S. 克莱顿（E. S. Clayton）说："澳大利亚的牧场和耕地遭受的风蚀比美国或加拿大都要严重……雨水侵蚀同样严重，虽然还没有达到美国那种程度，但要知道，这些土地的耕种时间只是美国土地耕种时间的大约三分之一。"

在中澳大利亚、昆士兰西部和西南部、新南威尔士、南澳大利亚北部，以及西澳大利亚，牧场严重退化。过度放牧、野兔成群和气候干旱的共同作用导致"牲畜较少的无数牧场"逐渐退化。在气候适宜的季节，植被茂盛，野兔疯狂繁殖，旱季到来后，它们就会吃掉大量滨藜属植物和其他保护性植物，就连金合欢树的树皮也会被兔子从中间啃掉一大圈，干枯而死。坏天气接连不断的时候，表土就会被大风卷走。

在澳大利亚的马利地区,翻起草皮的犁当属罪魁祸首。农民种下小麦,土壤却随大风而去。小麦价格高,导致人们像西方人那样在雨水充沛的年份里扩大耕种,而在干旱的季节土壤只能遭到侵蚀。

据估计,在半干旱的南澳大利亚牧区,原来保护土壤的植被已经减少了 75%—90%。澳大利亚科学家认为,只要大幅削减羊的数量,该地区一些土地的土壤肥力即可恢复,但其他地方的土壤肥力则要通过消灭引进的兔子来实现。[19] 事实证明,两种措施都很难推进。澳大利亚大部分地区环境阻力极大,特别是降雨量不足,降雨不均衡;欧洲人土地管理方法不当和对土地的过度需求也使环境阻力进一步增加。大量土地的负载力已经降至最低。

人们在失去牧草、森林和土壤的同时也失去了水。降水并没有进入土壤,澳大利亚很多地方都在重复美国加利福尼亚人干过的蠢事,风车吸走的地下水比渗入地下的水多得多。兔子、绵羊和风掀起沙尘。马丁斯船长在一千英里外的黄云下感受到的,与眼看着家乡的土壤轻轻飘向华盛顿的得克萨斯、俄克拉何马和内布拉斯加州议员的心情没什么两样。

人 口 与 生 存

一些人口专家认为,世界和平的最大威胁在于印度和中国的工业发展,在他们看来,工业化可能引发战争。想想两个国家庞大的人口,加上退化的土地,它们带来的威胁也就不用当真了。今后几十年，造成国内压力的人口增长问题很可能将阻碍工业的大发展。东方工业品找不到巨大的国外市场，人均每天五美分的购买力不可能建成规模化的工业体系。英国撤出后，印度人口很可能会回落，要想过上像样的日子，人口回落就是绕不开的必选项。但这种人口减少的景象会让人不忍直视。如果控制出生率可以减少人口，确保土地不仅能提供足够的优质食物和其他产品，同时也有盈余可用于购买教育和健身设施，该有多好！如果能通过人性化的，较简单的生育控制方法而不是痛苦的战争、饥饿和疾病来减少人口，该有多好！

日本和苏联才是亚洲更加危险的国家。如果能将日本控制在我们为其规定的狭小空间内，永久禁止其参与世界贸易，阻止其重建工业，日本会继续以一个苦力国家存在。日本也会遭遇饥荒，除非能够采取及时有效的人口控制措施。但如果试图提升日本人的生活水平，使民主在这个国家成为可能，那么，不限制人口，日本仍将成为这个世界的一大威胁，其国内资源无法养活八千万国民，也没有工业发展所需的原材料。日本曾在短短75年的时间里从一个封建国家一跃成为世界强国，这段往事日本人记忆犹新。要取得曾经的工业强国地位，就必须严格管控其战争潜力，或通过降低出生率全面减少人口，直到它满足人口需求的能力远远超过1880年以来的能力。如果日本人口能减少到与斯堪的纳维亚半岛国家相仿，就可能取得和那些国家一样令人尊敬的地位。

亚洲的主要威胁——这是一个大家很少公开讨论的问题——是苏联不断膨胀的人口压力。苏联每人和每英亩土地的生产力从未超过经济学家记录的最低水平。苏联在革命前和革命后多次爆发饥荒。他们已经在有计划地增加人口，制订这样的计划，部分原因在于它能充实红军的力量。但无论出于何种动机，苏联的人口将在1950年达到2亿，并在5年后增至2.1亿，20世纪末达到3亿，这就需要4.33亿英亩的可耕地。正如前文所述，苏联的可耕地作物生长季节长短不一，毁灭性旱灾常常光顾，土壤侵蚀极其严重。未来几十年，如果这些不利因素在很多地方碰巧同时发生，苏联人口过剩将不再是几位地理学家的假设，而是会成为整个世界都痛苦接受的事实。

根据很多消息灵通人士的可信证言，苏联人民并不想要战争。对他们来说，现在就该采取行动，消除人口过剩这一引发战争的头号因素。

第十章　奄奄一息的土地

从人类的角度看，非洲是最贫穷的大陆。每平方英里的环境承载力最低，遇到的困难已经引起全世界的关注。非洲大陆是地球上最早有人类居住的地方，比亚洲以外的任何一个大陆都拥有更悠久的文明。如果能从这里吸取教训，人类会受益匪浅。

除最北和最南端外，非洲全部位于热带地区。这里平均海拔只有2000英尺，因此不得不忍受太阳的炙烤。热带地区外的两端大部分是沙漠——撒哈拉沙漠、卡拉哈里沙漠、达马拉兰沙漠和纳马夸兰沙漠。一些沙漠七年才有一次降雨，是真正意义上的沙漠。非洲西南部的年平均降雨量不到1英寸，有迹象表明，非洲正在经历一个日渐干燥的气候变化周期。即使忽略人类活动，沙漠也会继续行进。

紧邻广袤无垠的沙漠和半沙漠地带的是灌木丛生的大平原和荆棘灌木丛，这里降雨少且不稳定，常年烈日暴晒。

除去这些环境负载力极低的地区，就只剩非洲腹地，该地区约由北纬15度延伸到尼亚沙湖以西的南纬18度。只有在这一小片区域才有农业生产所需的充沛降水。但热带雨林覆盖的大部分中央地带一旦降雨又会雨势过大，过于集中，造成森林破坏和不可避免的土壤破坏。

第十章 奄奄一息的土地

非洲几乎所有地方都不适合农耕。尽管它比南美洲的土地多27亿英亩，但据估计适宜农耕的土地，只比南美洲多2000多万英亩，[1]1946年的非洲人口却比南美洲多70%以上。

正如世界大部分地区，原生植被是判断一个地方的土地是否适宜人类利用的最好方法。粗略了解非洲的植物地理情况，就能清楚地看到，非洲为何不能养活大量人口。非洲的雨林受到上文提到的降雨的影响，雨林的周围是潮湿林，除了以地中海植被和气候为特征的几个面积很小、过度拥挤的地区外，这里的气候条件最适宜人类居住。潮湿林和半干旱草原之间是长有落叶树的热带稀树草原。由于下层植物稀少，绿草疯长蔓延。稀树草原和委内瑞拉的无树草原有些类似，这一植物群落是非洲当地人最喜欢的一个居住地。

在稀树草原和干草原、荒漠之间还有一个我们很多人通过马丁·约翰逊的电影熟知的另一个过渡性区域。这里有含羞草那样的硬质牧草和刺丛，一群群的非洲羚羊和狮子等动物徜徉其间，最后便是沙漠和类似沙漠的干草原，平均降雨每年不足12英寸，干旱季节至少持续9个月。造成以上植被分布的主要气候条件如下：

群系	旱季数	旱季月份	年降雨量（英寸）
热带雨林	0	0	65
潮湿林	2	3—4	44—65
有树木覆盖的稀树草原	2	5—8	24—44
灌木丛和荆棘丛	1	8—9	12—24
半荒漠草原和荒漠	1	9—12	12

尽管对"黑暗大陆"复杂环境的研究几乎尚未起步，但英国

非洲植物地理

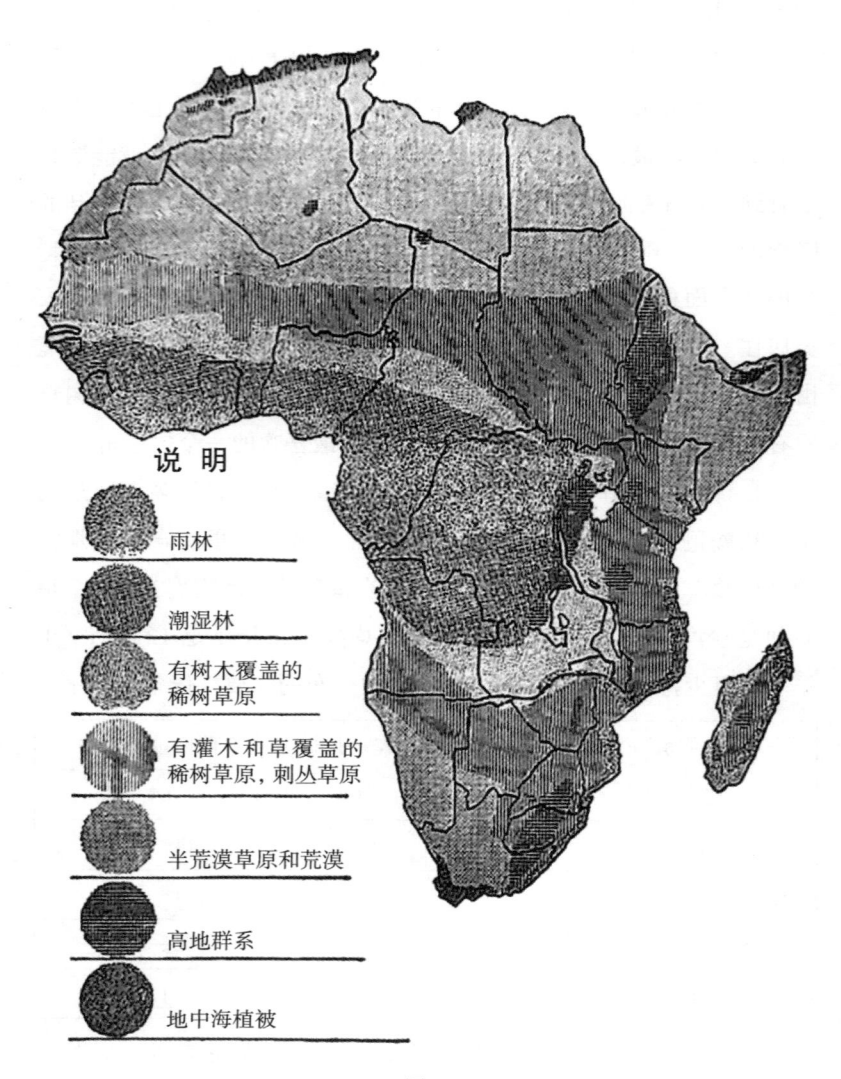

说明

- 雨林
- 潮湿林
- 有树木覆盖的稀树草原
- 有灌木和草覆盖的稀树草原，刺丛草原
- 半荒漠草原和荒漠
- 高地群系
- 地中海植被

图 8

人、法国人、比利时人、意大利人、德国人的相关探索让我们对非洲的了解似乎多过任何一个与其面积相仿的热带地区。如果对拉丁美洲也有如此深入的研究，与日俱增的拉丁美洲人就能免遭许多痛苦。

有关非洲土壤的研究成果内容非常丰富，这让我们能够清晰地了解非洲大陆的负载情况。在较古老的稀树草原地区，薄薄的牧草下大多是贫瘠的沙质土壤。洪水和地质侵蚀都未能给土壤带来营养物质，土壤同质化明显也是非洲不得不面对的难题。

正如法属和葡属非洲、比属刚果以及罗德西亚境内的稀树草原一样，有树木覆盖的稀树草原之所以能在贫瘠的土壤上生存，是因为地下水位较高，可惜现在水位不断下降。在这里，开出一块空地耕种粮食，就能连续几年大丰收，但耕种却会在很短时间内导致土壤完全退化。这些草原是当前受人类活动威胁最大的地区。

另一种在非洲分布很广的土壤是辽阔的赤道附近的森林土壤。热带森林土壤原本贫瘠，但土壤表面由腐烂的植物堆积形成的厚厚的腐殖层竟使这里拥有世界上最繁茂的植被。原始森林是一个完全平衡的系统，这里有富含氮和碱的相当稳定的腐殖层。这种平衡源自生产力和破坏力的平衡，部分原因在于这里有湿润的气候——实际上并不存在旱季——砍伐森林会扰乱或破坏这一复杂系统，释放出破坏力（主要是淋溶和氧化作用），同时抑制生产力。农业的扩张对非洲赤道附近的森林和稀树草原的土壤构成严重威胁。

在撒哈拉沙漠以南广阔的非洲腹地，几乎处处可见高原，它们将非洲腹地与海洋分隔开来，即使离海岸近在咫尺，人类活动和海洋也很难对其产生影响。从这个意义上讲，非洲内地和中亚地区非常接近。在非洲大陆西侧，北回归线以南是连绵的山脉，形成了只有个别几处缺口的巨大山墙。它起始于塔雷隆高原，与几内亚湾平行，进入喀麦隆境内海拔约达1.3万英尺，构成了刚果河分水岭的西缘，并向南延伸到安哥拉、纳米比亚的达马拉兰、南非的纳马夸兰，高度在3000英尺到6000英尺之间。在非洲大布须曼地区，山脉呈飞拱形，然后又是大卡鲁山和德拉肯斯山，继而向东延伸至马塔贝莱兰（位于今天的津巴布韦）、尼亚萨兰（今马拉维）、坦噶尼喀（坦桑尼亚的大陆部分）和肯尼亚，邻近肯尼亚的乞力马扎罗山海拔最高，约达1.8万英尺。在非洲东海岸，有哈肯山脉，它一路沿红海向北延伸，因此可以说，非洲是一个被山脉环绕封闭起来的大陆，三分之一的土地海拔在1500英尺到8000英尺之间。沿海的高山屏障形成一个个巨大的内部排水区。非洲还有很多急流瀑布，这也表明，它们流经的土地都是坡地，很容易受到侵蚀。

因为这种大陆性结构，以及大部分地区无法受到海洋的调节，非洲温度变化极大，有时24小时内温差可达68华氏度。非洲比世界上任何一个地方，甚至比一定程度上受大西洋影响的亚马孙河流域，更加需要植被。非洲的森林如果遭到毁坏，地面平均温度会升高60华氏度。高温将刺激土壤中的化学和生物活动。

对土壤肥力至关重要的许多细菌活动在大约100华氏度的最佳温度时效果最佳，温度超过某一点，土壤生产力会迅速下降。暴晒对细菌活动有致命影响，它会加速氧化和红土化等化学作用，破坏形成肥沃土壤的胶质结构。另外，森林遭砍伐后，地表会失去保护，暴雨会分解固体颗粒，破坏土壤的团粒结构。当然，这里和世界上几乎所有遭暴雨袭击的地区一样，没有了植物和腐殖层，很快会形成一个相对隔水的土层,导致渗透力下降,径流量增加。

两千年前,北非第一次感受到了人类工具的巨大威力,但这种悲剧带来的警示却并未引起人类的重视。

美国水土保护专家沃尔特·罗德米尔克(Walter Lowdermilk)写道:"在公元146年西比奥摧毁迦太基后的一百多年里,罗马开始在北非殖民,并在这里建成数座宏伟重要的城市……这些城市均位于交通便利的地方和北非大农业区的南面,主要种植谷物和橄榄。当然,它们位于非洲气候最好的地中海地区。"

罗德米尔克继续写道:"罗马的塞德罗斯城就是现在的埃尔杰姆城,就位于突尼斯沿海大平原中部。这里最引人注目的遗迹是一个可容纳6万观众的大竞技场,其大小仅次于罗马竞技场。现在在这座雄伟的罗马城市遗址上只能看到一个破败的小村庄。曾经这里有大片的农田和橄榄林,现在平原上却只留下稀疏的野生植物和遭到成群牲畜踩踏的孤零零的橄榄林。"

"罗马萨穆加迪城遗址在今天阿尔及利亚的提姆加德,它曾是罗马有名的权力文化中心之一。图拉真皇帝于公元100年左右建立该城,它布局对称,城内可见气派的集会广场,广场上耸立着座座雕像和刻画精美的门廊。城内还有一个公共图书馆,17个铺有漂亮拼花地板的罗马浴室;还有一个可容纳2500多人的剧场,以及不少大理石铺成的抽水公厕。提姆加德曾是一座宏伟壮观的城市,谷底平原上的广阔田地和山上的橄榄林养活着这个城市。"

"公元430年,汪达尔人的入侵削弱了罗马帝国的力量,此后柏柏尔人夺取该城。七世纪阿拉伯人入侵,此后这座城市受风沙侵蚀尘封了1200年,不为世人所知。现在只有几根圆形石柱和残余的图拉真凯旋门矗立在起伏的山丘上,恰似一座座墓碑,告诉人们这里曾有一座了不起的城市。现如今没有哪个城市可以和这座古城的雄宏壮观相媲美。昔日的罗马权力文化中心早已不见踪迹,留下来的只有一个破败不堪的村庄和几百个生活在土墙内的村民。雨水和风沙侵蚀慢慢改变了这里的面貌,城市多处沟渠纵横,露出曾从三英里外的大泉为城市供水的管道。"

"土地的破坏和城市遭到的破坏一样惊人。光秃秃的山丘上已看不到土壤,类似景象比比皆是。原来的土壤层被雨水冲下山坡,常可以看到裸露的坡地上径流量不断增加,表土被冲下山坡,侵蚀的残余物在坡下和谷地平原上沉积,暴雨在冲积平原上冲出一条条深沟。地下水位下降,雨水很快从土地上流走,吸不到足够水分的土壤越来越干,即使降雨并没有减少,土地也会越来越干旱。"

M. 哈罗里 (M. Harroy) 的生动描述呈现的是一个不断退化的大陆。在非洲很多地方,地下水位下降,湿润林开始侵入雨林,稀树草原侵入湿润林,荆棘丛慢慢取代稀树草原,干草原和沙漠也威胁着荆棘丛的生存。一些专家并不同意非洲正在经历气候变化这一说法。罗德米尔克说:"过去 2000 年气候并未发生变化的有力证据是,人们在罗马石制橄榄油压榨机的遗址上又成功种出了橄榄树。戈德特主任在提姆加德试种的一片橄榄林表明,在土壤尚存的山坡上,橄榄树仍能茂盛生长。在突尼斯斯法克斯种植的 15 万英亩的橄榄树成就了那里的商业繁荣,这也能够证明气候并没有发生变化。另外,在突尼斯港市苏塞附近,一些古罗马时期的橄榄林逃过了七世纪阿拉伯人的入侵,幸存至今。可见气候并没有发生大的逆转,导致罗马时期的农业遗存消失。"[2]

因为缺乏足够的气象资料,难以判断非洲是否真在经历一场气候变化。正如哈里伊指出的,只有美国、西欧和日本、新西兰等国有足够数量的气象站(每一千平方公里有一个气象站),能提供有价值的气象数据。南非每五千平方公里左右建有一个气象站,能获取一些雨量数据,除埃及外,非洲其他国家的气象设施少得可怜。

1890年左右,非洲大陆南部降雨极其充沛,同时期,澳大利亚同纬度地区也出现大量降雨,有人便提出热带地区的雨带在南移。但此后旱情加剧,1932—1933年,75万头牛、700万只羊因干旱大量死亡。

不管非洲有没有发生气候变化,人类都在行之有效地助力非洲大陆的干旱。1908年,H.M.汤普森(H. M. Thompson)为澳大利亚的黄金海岸绘制了一幅森林地图,和现在的树木分布相比较,可以清楚地看到原始森林面积明显减少。地图显示:"不仅树木大量减少,土壤肥力也急剧下降,他标注的原来的雨林所在地已经退化为较干旱的落叶混交林。"[3]

和非洲多数地区一样,火带来巨大破坏。人们在森林中开出空地用于农业耕种,或砍伐树木、获得取暖和建筑的木材。在原始制度下,树木砍伐后会有很长一段停歇期,有助于森林恢复植被,但面对当今稳增的人口压力,森林只能持续开放,任其干化,而且不断遭到焚烧。除了因湿度过大难以随意烧毁的雨林和因植被不足无法燃烧的半荒漠干草原和沙漠外,一次次的大火在非洲留下深深的黑色伤痕。随时可能燃起的大火导致植被退化,中间群落很可能退化为较低级的亚顶级群落。

一个地区的植被消失后,取代它的**总是**一些较干旱地区的植被。丰富的原始植被让位于种类较少、价值较小的次生植物。正如布拉班特公爵1933年在非洲学会所做的常被后人引用的那次演讲中指出的，没有人能够估量它们对人类经济造成了多大损失。在人们发现橡胶这种经济财富以前，如果巴西的森林被过度占领、开采，橡胶树也被悉数伐尽，那么今天，我们就不会享受到在橡胶轮胎支撑的小汽车上出行的乐趣了。同样，如果乱砍滥伐非洲的森林，清晨人们可能再也无法品尝到咖啡的浓香。非洲很多植物已经消失，这种物种破坏当然是不可逆转的，再想要找回它们简直是痴心妄想。

引入外来物种是非洲植物区系退化的另一个原因。可以看到在很多地方出现了一种有毒的蕨类植物，北美和南美洲遭到焚烧和侵蚀的地方常可以见到这种植物，这足以说明非洲土地的破坏程度。植被的退化不仅仅是土地日渐干旱、生态环境恶化的原因，同时也是干旱和环境恶化带来的结果。顶级植被一旦遭破坏，就会形成恶性循环，打破这种循环需要相当漫长的时间，委内瑞拉西北部的半荒漠土地就曾经历这一过程。在非洲很少有恢复原有植被的有利条件，生态退化威胁到越来越多的地方。

欧洲人到来以前，非洲原住民显然对这片土地的规则有些许基于经验的理解。例如，在马达加斯加，滥伐树木者会在他伐倒的树木的树桩上被砍头示众，虽罪该当罚，但好像也有些报复性意味。有趣的是，在美国这样的"文明"社会，同样是砍伐树木，伐木者竟成了最富有、最有权势、最受人尊敬的人。为确保森林有30年的再生恢复时间，比属刚果西南部的土著农民会选择采伐新的森林，尽管这需要付出大量人力。

俾格米人是森林的忠实卫士,这些勇猛的小个子护林勇士让住在森林边被他们称作"食树者"的人心生恐惧。比利时人充分利用了俾格米人的护林态度,让他们做起了护林助手。即使是四处游牧的森林破坏者班图人,也不敢轻易闯入俾格米人看护的地盘。

植被毁坏后,本土动物也会跟着遭殃。撒哈拉沙漠的扩张迫使大象、河马、鳄鱼,以及一些水生、半水生哺乳动物和鸟类向南迁移,这给引入当地的骆驼腾出了空间。很多地区已有大量本土动物销声匿迹。

如果采取选择性砍伐,合理利用森林,热带雨林就能为人类创造巨额财富,相比其他森林,它们不易受人类活动的侵扰,其主要威胁来自于农耕——人们砍伐树木,开辟空地种植粮食。树木减少或消失的土壤便会遭暴雨侵袭,烈日暴晒。但整体上看,因为降雨充足,雨林似乎能自我修复,尽管速度缓慢。大部分热带雨林或许应被视为第七和第八类土地。

潮湿林每年有三到四个月的旱季,所以更为脆弱。火烧毁下层植物和小树苗,乱砍滥伐导致潮湿林慢慢向干草原过渡。一些树种可能会消失(中美洲高原上出现过类似的生态现象)。但这种极不稳定的环境却因海拔高而为人类创造了有利的生态环境,用哈罗伊(Harroy)的话来说,这很不幸。人们聚居于潮湿地区,加剧了森林的砍伐和焚烧。据说,卢旺达北部的潮湿林正以每年半英里以上的速度沿整个北部边界迅速消失。

在整个非洲大陆,稀树草原上的植物群落受到的威胁最大。这里最易于开发利用,土壤最肥沃,动植物资源也比干旱地区更丰富,所以对人类来说,是最理想的居住地之一。这里农业生产也最集中，稀树草原的退化主要和人口密度有关。如果管理得当，环境负载力会相对较高，但人口过剩带来的需求增加，迫使人们违背合理利用土地的种种原则。长达五到十个月的旱季和快速蒸发加剧了旱情，保护性植被难以再生。从这个意义上讲，它和美洲哥斯达黎加的瓜纳卡斯特省逐渐退化的土地极为相似。

大火在稀树草原地区司空见惯，这里的植被虽每年都遭受火灾，却都能幸存下来。可几千年来建立的生态平衡只要有家畜到来，就会异常脆弱。在稀树草原的很多地方，过度放牧毁坏了许多多年生牧草植物，一年生植物或没有多少饲料价值的植物大量繁殖。

稀树草原上几千年来还生活着上百万头大型哺乳动物，它们的数量在这个复杂的草原系统中因相互制约而保持了平衡。如果增长过快，数量超过水池的承载力（毫无疑问，以前有很多水池），大动物就会纷纷渴死。狮子和其他捕食者猎食老弱病残的动物，确保哺乳动物数量合理。"弱肉强食的大自然"比现代人类要仁慈得多，人类对赖以生存的大自然的破坏已经到了不可修复的程度。

落在贫瘠植被上的少量雨水因径流量的增加和蒸发而丧失，原来生长于这里的植物渐渐让位于对牲畜作用不大的抗旱植物。在极严寒的地方，植被完全退化，露出光秃秃的岩石。

对半荒漠群落而言，家畜再一次成为植被退化的罪魁祸首。很多科学家指出，造成撒哈拉沙漠以每年半英里以上的速度扩张的元凶就是牲畜。仅有的一些树木也被用来生火，驱走冬日长夜里的严寒。放牧的牲畜几乎毁坏了每一颗植物，为害最大的当属山羊。沃辛顿说："在这些干旱地区，人们常常砍伐金合欢树为骆驼提供饲料。"南非旱情调查委员会说:"因为滥用土地,导致土地能够吸收的雨水越来越少,随径流流走浪费的水分越来越多,大大降低了土壤和植被的抗旱能力。"

在非洲,降水很可能会因蒸发又回到大气层。破坏植被对土壤的渗透力造成严重破坏,同时也使径流量大大增加。杰克斯和怀特说,在那些过度放牧的地方,径流率可以从0.5%增加到10%—20%。土壤侵蚀自然也会越来越严重。在热带非洲,渗透率很少达到10%(在北温带,土壤渗透率常可达50%)。在南非比勒陀利亚平坦的玉米地里,66%的雨水都会蒸发。坡地因为有径流,蒸发量有所减少。土壤肥力越低,腐殖层越少,蒸发的水分就会越多。

在非洲大陆几乎每个地方,因为径流量的增加和蒸发作用,都能看到地下水位持续下降。以前树木茂盛的地方,一英寸的降水就能让河流、溪水保持几周的生机,今天同样的降水量几乎难以流淌24小时。劳兹(Laws)发现,**自 20 世纪初已有 20 条重要水道发生永久性改变**,有些完全消失不见,有些则变成了间歇性溪流,这仅仅只是尼亚萨兰(今马拉维)蒙倍拉一个地区的情况。整个埃及经济发展所依赖的尼罗河,源头已受森林砍伐和泥沙淤积的威胁。希利勋爵(Lord Hailey)说,乌干达的湖泊水位节节下降。利比亚南部的温杜尔湖直到1913年前还是永久性湖泊,但现在因供水溪流附近的树木遭到砍伐而出现了每年三到七月完全干涸的情况。撒哈拉沙漠以南整个地区处处可见干涸的溪流。

正常的水文循环打破后,曾是原始人类主要食物来源的很多鱼类也开始消失。

植被的退化加速了侵蚀的发生。植物因垂直侵蚀失去养料。

在非洲屡见不鲜的片状侵蚀渐渐又导致沟状侵蚀或沟壑冲蚀。据霍恩比（Hornby）估计，尼亚萨兰高原上每年因片状侵蚀失去的土壤达 5—10 毫米。在肯尼亚，一场暴雨几小时内就能冲走 1 英寸的表土。

我们必须记住，非洲大部分土地都位于干旱或半干旱地区。杰克斯指出，"雨水无法惩罚人类的无知和错误的时候，风沙便会承担起这一责任，这就是大自然的安排。"在非洲，干旱的月份总会刮大风，风沙比暴雨侵蚀的土壤还要多。斯特宾（Stebbing）说，在尼日利亚，如果雨水来得太晚，保不住土壤，被沙子掩埋的谷物幼苗就要重新种植。因为这一原因，有些年份人们甚至需要重新种植十多次。

从现有文献可以看出，非洲是土壤侵蚀最严重的一个大陆。比属刚果所幸人口较少，但众多迹象表明，他们的土壤也未能免遭破坏。据估计，其西北部有 50 多万英亩的森林遭到"野蛮残忍"的砍伐。每年采伐的木材达 5 万立方米，却没有补种新树。可以看到多个分水岭的森林都在节节后退。在比属刚果整个北部地区，森林遭砍伐、焚烧，以开辟更多（更脆弱的）农田用地。基伍盆地很多地方的森林已消失殆尽。

在安哥拉，大咖啡园侵入稀树草原，一些咖啡园早在 1853 年就已建成。年复一年，当地农业毁掉的过渡林和稀树草原越来越多。海本戈很多地方的森林已经消失，当地农业耕种对原本贫瘠的沙质土壤上的植被发起凶猛频繁的攻击。

在北罗德西亚（今赞比亚）北方多省，当地人几乎接触不到欧洲人，所以仍旧保持着祖辈们的生活方式。这些地区看不到森林退化的迹象，除西部一些靠游耕农业获取粮食的地方外，土壤侵蚀十分少见。在南方，游耕或迁移农业更为普遍，特别是在靠近铁路的地方，森林大都被砍光用以开辟种植园。在当地的气候和土壤条件下，经过两三年的耕种，土地肥力耗尽，只有经过长时间的休耕，林地才能得以恢复。但不幸的是，人口激增带来的粮食需求使休耕遥不可及。要让土壤得到充分休息，每个家庭就需要占有100英亩以上的土地。这里，我们再次发现，现代交通方式——铁路，正如我们在拉丁美洲看到的那样，是一把双刃剑，对人类弊大于利。

罗德西亚南部的情形更加令人不安。那里的稀树草原已被当地半游牧式的生活方式严重毁坏。为解决威胁整个国家水文系统的植被退化问题——马绍纳兰省的地下水位已下降到十分"危险"的水平——当地采取多项强有力的措施，对尚存的一些森林给予保护。赞比西河右岸的土地虽然精耕时间并不久，但因土壤肥力耗尽和片状侵蚀，农业收成连年下降。由于当地没有危害牲畜的舌蝇，农业受损后人们自然开始大肆放牧，发展牧业。牲畜过快增加导致植被继续退化，直到今天对土壤侵蚀毫无抵抗力。据估计，每年马纳绍兰因片状侵蚀失去的表土达5—6毫米。沟壑冲蚀在马塔贝莱兰和当地一些保留地比比皆是。

除马达加斯加和法属赤道附近的非洲国家外，尼亚萨兰也是在极短时间内植被破坏最严重的地区之一。1880年，尼亚萨兰北部还有茂密的森林，交错的河流，今天所有森林已被当地农民毁坏——此后长出的灌木每年都惨遭焚烧。由此带来的土壤侵蚀进一步加剧了植被的退化，在雨水冲刷，表土大量丧失的地方，可以看到山丘露出光秃秃的岩石，曾经树木成林的平原再也见不到一棵树。[4] 一些重要的河流,如夏尔河,填满了淤泥。

在非洲大陆,南非联邦开展的造林工作成效最为显著,这里也可能是最需要造林的地区。1923年旱情调查委员会在报告中总结道:

"(1)南非联邦很多地方的土壤侵蚀面积越来越大,速度越来越快。

"(2)雨水、大风除造成沟谷侵蚀外,也使大片地区遭受地表侵蚀。

"(3)南非联邦的土壤是我们最宝贵的财产,不可替代且数量有限。但这一财富每年都在大量流失。

"(4)大量土壤和宝贵的植物养分已永久丧失,留下的侵蚀土在某些情况下对人有益,但很多时候会造成巨大危害。

"(5)流失的土壤淤积、堵塞水库,造成巨大破坏,土壤侵蚀带来河水流量变化不定,继而导致灌溉成本和饲料生产费用增加。

"(6)南非联邦的地下水因土壤侵蚀明显减少,牲畜饮水日渐困难。

"(7)植被减少是造成土壤侵蚀的原因。

"(8)互为因果使土壤侵蚀具有累积性,因此除极少数自然条件有利的地区外,侵蚀速度会加快。

"(9)所以必须及时采取行动。

"(10)草原管理不当带来植被退化,植被退化造成土壤侵蚀,因此,改进草原管理方法能够减少土壤侵蚀。"[5]

大约100年前,奥兰治自由邦还被描绘成植物茂盛的富饶草原,今天这里却越来越干旱,每年沙尘肆虐,特别是西部地区。德兰士瓦省西部也不例外，那里的干草原紧临哈拉卡里半荒漠地区，植被退化往往带来风沙侵蚀。M. 哈罗伊强调的这一点至关重要。正如香茨博士所言，许多人，就连那些生活在大草原上的人也都没有意识到，随着植被生态退化的发生，侵蚀过程已经启动，即使真正的植被毁坏几年后才会到来。生态惯性通常并不为人所知，但要扭转业已形成的生态趋势却并不容易。

在南非联邦东部，人口密集的原住民保护区，因为小麦种植和养羊业在过去 40 年大力发展，处处可见地表侵蚀和沟谷侵蚀。祖鲁兰地区有四分之三的土地受到影响，巴苏陀兰地势陡峭，这里有很多重要河流的发源地，因此当地政府面临严峻挑战。南非遇到的问题和美国纳瓦霍人保留地遇到的问题相类似，但其复杂性远远超过后者。

坦噶尼喀托管地（今坦桑尼亚）有两大优势——人口少，而且一些人患有非洲锥虫病①。这里每平方公里土地上生活的人不到六个，所以土地压力较小。虽偶有过度放牧情况，但管理得当。锥虫病的流行也一定程度上遏制了人口的增加和过度放牧。

对生态一无所知的保健专家、昆虫学家和医务人员正在用 DDT 或其他一些杀虫剂向舌蝇发起侧面进攻。坦噶尼喀环境不稳定，没有科学合理的管理，用不了几十年也会像南非联邦一样陷入生态困境。面对数量庞大的流离失所的人们，英国当局正在将目光贪婪地转向坦噶尼喀托管地，以解决安置问题。希望他们能够在采

---

① 也称睡眠病，由采采蝇传播的热带疾病，患者嗜睡，通常导致死亡。——译者注

取行动前认真研究当地有限的环境负载力。

一些作者认为,土壤侵蚀是肯尼亚今天要直面的头号难题。该国大部分地方曾被雨林覆盖,但保留到今天的却不足2%。1910年前后在未及时阻止前,吉库尤人毁坏了数千平方千米的森林。鲁道夫湖东南方向的土尔卡纳沙漠以每年近10公里的速度行进。1909年,A.M.钱皮恩(A. M. Champion)经过内罗毕东部地区时,那里还是一片苍翠,短短21年后再次造访,眼前却是一幅渺无人烟、荒凉干旱的景象。原来的植被退化成了灌木丛,数量最多的是半荒漠草原上才能见到的金合欢树。棉花、玉米和咖啡种植园大都在坡度接近7%的山坡上,造成严重水土流失,**很多种植者不得不因收成缩减而放弃土地**。肯尼亚山上流失的土壤污染了塔纳河口约30英里的河水,注入印度洋后海水也受到污染。原住民保留地的土壤通常都异常脆弱,对大自然的侵蚀力几乎无力抵抗。肯尼亚东南部大片的坎巴人居留地有超过37%的土地因侵蚀而露出底土!在土尔卡纳和苏克北部的居留地,沙尘袭击一年比一年猛烈;卡马西居留地的人们已因饥荒和疾病逃离家园。

在法属赤道附近的非洲国家,当地人甚至在雨林中开辟大片空地,并以烧荒的方式防止树木再生。植被迅速退化,正如莱克特指出的,"在加蓬和刚果中部的赤道森林里,能够看到一些稀树草原面积迅速扩大,这或许是在告诉人们,赤道下面的小片沙漠正在形成"。法国殖民当局在稀树草原引入商业化的种植园,由此带来的土壤破坏令人震惊。每年有几十万英亩的稀树草原和林地遭破坏,乌班吉沙立的一些地区,"毫无疑问"是非洲植被破坏最严重的地方。植被破坏无疑影响土壤肥力。在乍得,风沙侵蚀和雨水侵蚀已造成巨大破坏。

乍得南方和乌班吉沙立的情形相似。在埃尔地区，"新的植被一旦不够茂盛稠密，无法保护土壤免受侵蚀时……每一场暴雨都会将土壤变成浑浊的泥浆，流向低地"。

尼日利亚东南部山岭多，人口稠密，在那里人们砍伐森林种植粮食，获取取暖的木柴，结果造成多地水土严重流失，今天已对该国经济构成巨大威胁。深达 30 多米的沟壑在这里并不鲜见，地表侵蚀满目皆是。曾覆盖尼日尔河下游和其三角洲地区的森林满目疮痍。再往西，在海岸附近的翁多省，用 W.D. 麦格瑞格（W. D. MacGregor）的话来说，森林已经退化到难以觅得足够大的雨林建立森林保护区的地步。在最西端，处处可见可可种植园。当地气候日益干燥，土壤干旱是森林砍伐的自然结果。在该国中部，植被退化几乎随处可见，"落叶混交林"即是明证。据估计，中部这片巨大的森林在农业耕种的压力下，每年都会从北面和东面损失 50 万英亩以上的土地。在北部，森林和半荒漠群落之间有一条狭长地带，这里农业几乎都是粗放种植，焚烧森林屡见不鲜；植被快速退化，沙漠持续推进已在意料之中。

在法属东非，长期被欧洲人占领的海岸附近的森林，无论潮湿还是干燥，都难以抵挡农业对它的侵占。据 A. 柴瓦利尔（A. Chevalier）估计，在科特迪瓦，一个 200 人的村庄需要有 7000 英亩的森林才能保证土地有足够的休耕时间。但事实是，人口连年增加，保住大面积的森林难如登天，正如尼日利亚南部，森林毁坏的面积越来越大。另外，25 年来可可、咖啡、橡胶和香蕉种植一日千里，造成大面积土壤贫瘠；地表侵蚀、沟谷侵蚀随处可见。

非洲自从与欧洲世界结为一体后，受某种内在动力的驱使，其命运已渐渐接近希腊悲剧。非洲自然环境原本恶劣，环境负载力低下，现在植被又快速退化，急需的水分损失越来越多，结果只能是土壤侵蚀加剧、生态环境持续恶化。从生态学家的角度出发，就不难理解为什么黑暗大陆要被称作**奄奄一息的土地**。

欧洲人在非洲暂时解除了马尔萨斯所说的多种人口限制。他们平息了部落战争，消灭了掠夺者，提供了足够的粮食以应对非洲饥荒，但并没有通过建设性的措施平衡他们对旧秩序的破坏。

从撒哈拉大沙漠到南非联邦，数千年来，非洲人民都以种地放牧为生。和热带森林一样，他们已经与环境建立了某种平衡。但融入现代世界打破了这种平衡，除了盲目乐观主义者，没有人能够告诉我们这种平衡何时才能得以重建。

非洲农业以轮耕为主，正如黑利勋爵所言："轮耕与其说是野蛮人采取的方法，不如说是对土地特性做出的一种让步，这里的土壤需要长时间的休耕才能恢复肥力。"依靠森林再生恢复土壤肥力在许多地方需要近 50 年的时间。但欧洲殖民者的每一项政策都是在缩短或完全消除土地需要的休息时间。此外，他们还常常大搞宣传，鼓励农民增加产出。

或许可以从比属刚果看到人们对这种宣传的回应。1927 年，比属刚果需要进口 1 万吨玉米和玉米粉养活工人，但 1938 年他们却出口了近 2.4 万吨。玉米是一种容易造成土壤侵蚀的作物，因此"墨西哥的暴君"引入非洲后，和在美洲一样，土地破坏与日俱增。勉强维持生计的农业种植被以追求商业利益为目的的农业生产所取代，生活在非洲各个城镇的数千万非生产者为当地农民的农产品提供了市场,更具破坏性的则是欧洲市场的扩大:欧洲人买走的不只是可可、棉花——即土壤肥力,同时还有非洲的土壤。

殖民当局不仅鼓励种植经济作物,也采取严厉措施迫使当地人就范。他们要求种植者用农产品纳税,很多地方还出现了强迫劳动的行为。一定要知道,整个耕种模式都是强加给目光短浅、听天由命、墨守成规的当地人民的。采用轮作休耕,大多土地必须闲置,土地负载力会保持低位;但如果土地得不到休耕,土壤遭到破坏——而这恰恰就是大量非洲土地的命运——其负载力又会直线下降。

非洲传统农业遭到冲击的同时,牧业也难以幸免。土地减少以后,就必须对游牧式放牧加以严格限制,因为可放牧的地方越来越少,牲畜的数量却大幅增加。殖民统治使当地人不再担心牲畜被盗,这也使他们对传统牧业的态度发生了深刻转变。

在一些地方,人口增长带来牲畜养殖人数的增加,例如在巴苏陀兰,1898年有25.6万牧人,1931年就增加到了57万人。当地人从以前的捕鱼捕猎中获取的蛋白质和脂肪大幅下降,但与此同时黑人的饮食习惯却悄然发生变化,开始倾向摄入更多蛋白质和脂肪。随着与白人接触的增加,他们积累起一定的财富,然后便以自己熟知的方式开始炫耀——比谁的牲畜多。哈罗伊说,在肯尼亚,当局努力试图劝服养牛人将牛换做现金,存入邮政储蓄银行,这能帮他们挣到2厘的利息,但牧人却更愿将钱换成牛羊,原因是牛羊繁殖带来的利润远大于银行利息,所以他们的选择倒也不难理解。但增加牲畜从牧场、土壤肥力和水资源等角度来看,无异于在毁掉资产,黑人对此却满不在乎。美国养牛人协会也持同样态度,所以我们无权批评非洲当地的各个民族,尽管外界认为他们更加无知。美国养牛人对他们生活的环境和饲养的牛群的生物特性一无所知,正如秘鲁印第安人出售最大的土豆、玉米,留下最小的用来种植一样,当地养牛人常把最好的牛送到屠宰场。1937年,为保住公牛良种,比利时当局不得不强行介入,阻止这一危险行为。

说到以上这幅可怖的图景,还必须提到非洲的人口状况。和世界很多地区一样,非洲也没有完全可信的人口数据。黑利勋爵认为,即使非洲人口有增长,增长速度也非常缓慢。但获取更多数据的美国国务院发布的权威消息称,从1936年到1946年,非洲人口从1.51亿增加到了1.73亿。从他们收集的最可靠的信息来看,到1955年非洲人口将达1.91亿。

对用以生产出口产品的殖民地经济来说,仅统计当地人数是不够的。法国、比利时和英国都将继续剥削非洲的土壤。这三个国家中有两个面临经济困境,可以想见,它们对非洲土地的需求很可能会进一步增加。因此,如果全球经济不会崩塌,也就是说,人类对环境负载力的压力不会降低,那么**到1955年,非洲需要养活的人口将超过1.91亿**。当前,满足人类需求的方式与手段在慢慢消失,但需求却有增无减。非洲很明显要加入亚洲、澳大利亚和拉丁美洲的悲惨行列中了。

第十一章　时不我待

　　五大洲的情况虽然纷繁复杂,但通过以上概览,可以得出一个简单而又令人振奋的消息:长期严重背离某些自然规律已经使人类不堪一击,要摆脱困境,就应根据自然界的多种限制约束人类行为。从某种程度上讲,很多限制已经广为人知。在广袤而多样的地球上,几乎所有毁坏的东西都能得以复原。黄河的原貌尽管永不会再现,其环境也很可能不像过去那样有益于人类,但可以通过努力使其大体恢复。爱斯基摩杓鹬美妙的啼叫声不再响起,这些草原莫扎特已经绝迹,人类也因此丢失了一份财富。但留给我们的其他财富大多可以大幅增加,确保人类能够生存下去。对此,我们有充足的信心,相信我们能够填补知识上的空白。

　　我不想夸大这一问题的重要性。环境保护挽救不了这个世界,控制人口同样无能为力。经济、政治、教育和其他一些措施不可或缺,但如果将控制人口和环境保护两大措施排除在外,其他尝试也注定会以失败告终。一个忽视生态措施,仅寻求经济政治途径的国际组织和失去一只翅膀的鸟儿一样对此无济于事;事实上,它还可能会把人类引入更深的泥潭。

漏沙将尽

人类面临的最大危险是，意识不到我们急缺一种不可再生资源——时间。如果等到明年，或 10 年后才开始寻找出路，就会在劫难逃。

"……帝君曾经豪饮的宫廷，

如今却是野狮和蜥蜴的乐园……"

这样的不幸曾经发生在很多民族、很多国家身上。因此，没有理由认为它不会发生在美国。历史上从未有如此众多的人徘徊在悬崖边缘。

实现世界范围内的生态健康，以下两点尤为重要：(1)要在确保持续产出的基础上，用可再生资源创造尽可能多的财富。必须充分利用这些资源维持尽可能高的生活水平，它们不可替代，所以千万不能耗尽。(2)必须根据供给调整需求，或减少人均产量（降低生活标准），或减少人口。生活水平的**骤降**无法维系人类文明，所以减少人口在所难免。

先诊断再治疗

解决问题的第一步是先明确问题：人类和他们生活于其中的环境有着怎样的关系？这种环境是否有利？关系和环境都必须被视为一种**过程**；一个国家的环境负载能力如何，它们的趋势是怎样的？

人口增长

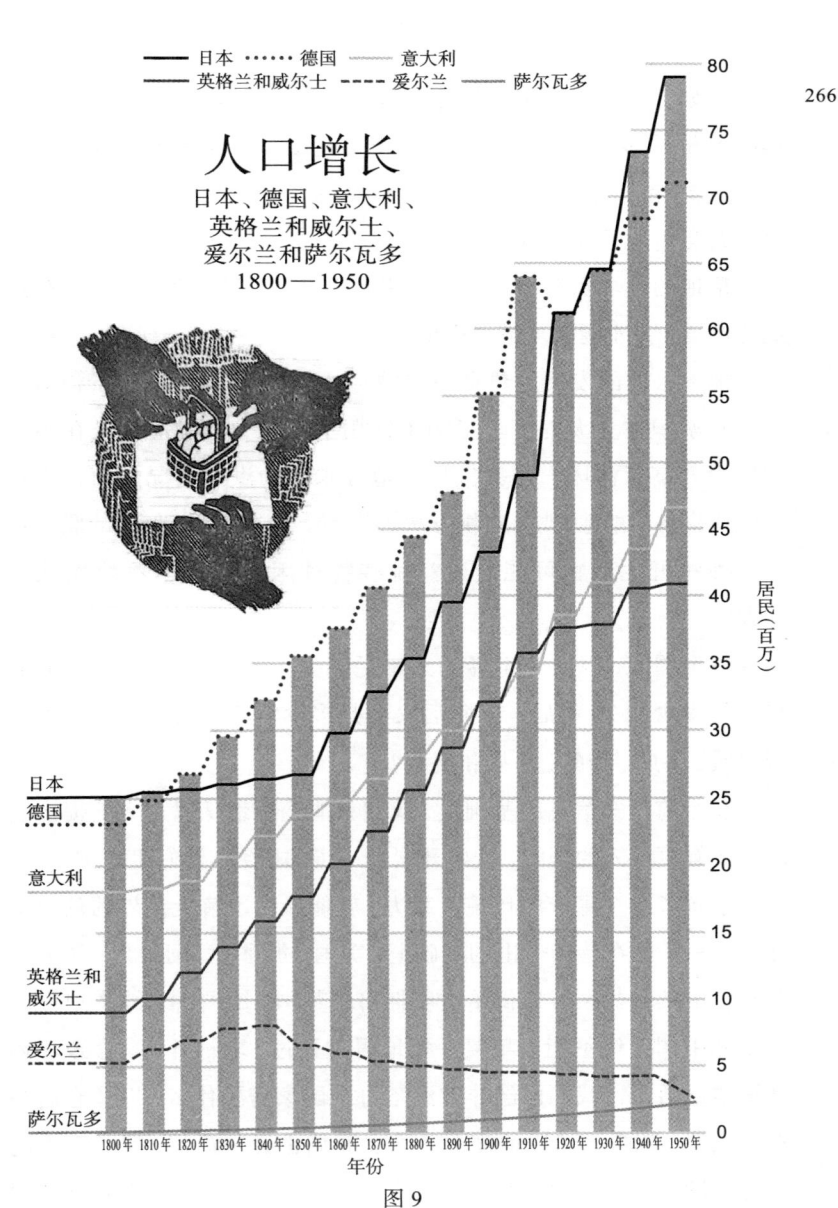

日本、德国、意大利、
英格兰和威尔士、
爱尔兰和萨尔瓦多
1800—1950

图例：—— 日本　…… 德国　—— 意大利　—— 英格兰和威尔士　---- 爱尔兰　—— 萨尔瓦多

纵轴：居民（百万）
横轴：年份　1800年—1950年

图 9

例如，世界各个地区各种粮食每公顷的产量是多少？过去50年的产量是多少？在生荒地上的产量是多少？在多大程度上产量是以放弃耗尽肥力的土地为代价取得的？多少表土受到侵蚀？多少第九类土地是人为造成的？

草地的环境负载力如何？如果过度放牧，需要多长时间，在多低的产量下，才能恢复最大产出？

地下水位的发展趋势是怎样的？过去50年的沉积物淤积情况如何？淤积在多大程度上影响了饮用水和电力的供应？又在多大程度上升高了河床？过去世界各地分水岭的洪水情况如何？洪水与砍伐森林、过度放牧、农耕方法不当、河水淤积有着怎样的联系？

哪些野生动物可能绝迹？哪些物种因环境治理不善而数目庞大？

每个国家，以及全世界的人口是多少？10年后人均可获取的热量是多少？20年后，50年后又会是多少？那时候又能获取多少蛋白质、牛奶、奶酪、水果和蔬菜？

在当前已知信息的基础上，我们只能笼统地从以上方面提出问题。要有更深入的理解，就要开展进一步的研究，做好生态记录。

了解了一个国家的环境负载力，就能最终了解全世界的环境负载力——了解在持续产出的基础上，美国、加拿大、阿根廷、澳大利亚有多少粮食盈余可以供给过度拥挤的英国、德国、比利时、日本、印度和中国。绝不能再年复一年地得过且过、求神拜佛，靠**毁坏环境资本**过活了。我们已经非常清楚每个国家需要什么，以及它们在控制人口、减少人口以前需要什么。我们也必须清楚，哪些需求能够得到满足。所有国家都可以分享我们的剩余产品，但没有哪个国家负有用其环境资本来养活其他地方过剩人口的责任。

在美国，因为我们更清楚面临怎样的问题，所以必须认识到生态问题迫在眉睫，认识到过度砍伐、森林大火、过度放牧、不良耕种、过度种植、土壤结构破坏、地下水位下降、野生动物灭绝等正是造成环境阻力持续上升的原因。只有认清环境阻力增加的事实，才可能采取相应措施。

我的经验表明，环保计划就犹如一个三脚架，知识、教育和行动缺一不可。要取得成功，就要三者并举。

知识不可取代

不研究就不知道我们在做什么，就会犯代价高昂、不堪设想的错误，就会浪费巨资开发规划不周的林业项目、修建保持土壤的梯田、购买大量化肥，引入可能失控的害虫和其他动物，或像过去一样花数百万美元引入无法存活的物种。不做研究，就会试图将一个环境下成功的土地管理制度移植到并不会产生同样效果的另一个环境中去。没有研究，就会错误移民，就难以充分利用土地。因为无知，人类会无视大量财富，例如忽视热带森林可能蕴藏的财富。

合作研究意义重大。年预算只有1100万的哥斯达黎加显然无力建成农业实验站、木材产品实验室、土壤保持机构、研究站、林业站，开展野生动物调查等。不同国家应集中资源。应该开展合作研究，解决从达科他到阿根廷每年花去农民千百万美元的蝗灾；在气候和耕种情况相近的地区，影响蝗虫数量的因素很可能是相似的。共同开展啮齿动物生物学研究更为可取。最近启动了北半球树种改良研究，北半球顶级森林面积巨大，可以说该研究有望给苏联、斯堪的纳维亚半岛、德国、不列颠群岛、加拿大、美国创造可观财富。在人口过剩的海地和萨尔瓦多，一些重要的植物群丛已经消失，因为研究站要占用面积不小的原始地区，显然它们承担不起。周边国家如哥斯达黎加和多米尼加共和国，因人口较少，尚能留出一些未经人为破坏的土地，在这些土地上开展国际合作研究将惠及整个世界。巴拿马运河区的巴洛克罗拉多岛（Barro Colorado Island）、北美洲与南美洲以及非洲的一些国家公园等地方已经建立研究站，可用于科学研究。

很多国家的科学家因为语言障碍、生活贫困，难以接触到最新思潮，甚至无法了解本学科的学术前沿。目前能想到的最有用且最实际的做法是，建立一个国际信息交换中心和翻译中心，汇编和综述土地利用领域的研究成果，并用英语、西班牙语、法语、一种或多种亚洲语言发表。能拿到《生物学文摘》《化学文摘》以及打着"节约"名义停刊了的《实验站记录》等专业期刊，对很多科学家来说，简直如获至宝。可喜的是，过去10年中，微缩复制技术高速发展，出版科学刊物的成本比以前大幅降低。

确保国际组织和各国政府机构能够获得科学咨询服务是很重要的。科学家可以为政府机构的科研工作做出客观评价。例如在美国，多种科学学会和其他学术团体无疑可以与国会合作，成立兼职委员会，委员每三到四年换届一次。委员中也应纳入40岁以下的人，这一点很重要；应鼓励意见少数派提交报告。这些科学家的主要职责是汇集国内外期刊上发表的批评文章，借此评价政府科技工作者的出版物和实地工作。不受政治和既得利益影响的客观评价对美国陆军工程兵团和垦务局¹等机构的"猪肉桶"①腐败项目和无知无能起到很好的监督作用。一些政府机构的出版物质量低劣到没有作者在学术期刊上对其发表任何评论,所幸这类刊物占比很小。

一些穷国家的科研工作就是另一种情形了。那里有很多科技工作者都没有经过严格训练,而且缺少与其他同行的接触交流,正如我们所知,薪水也少得可怜。任何一个环境保护机构,小到当地保护野生动物的奥杜邦协会,大到联合国,都应将教育其工作者,使他们认识到**没有廉价的智力劳动**,作为一项主要工作。一个训练不足、智力平庸的科技工作者不仅会浪费科研经费和宝贵的时间,也很可能得出极具误导性的错误结论。要解决当今世界面临的复杂紧迫的问题,就需要最优秀的科学家。在保护人类方面,他们的贡献最为突出。科学家淡泊名利,但他们的确需要合理的保障,需要子女受到良好教育等。要吸引顶尖人才投身科研工作,就应该给予他们充分保障。如果我们的物理学家、生物学家、化学家的工资低于卡车司机、公交车司机(通常如此),我们就没有理由嘲笑那些让科研工作者饿肚子的拉丁美洲国家。

如果我们设立了美国国家科学基金会,就应该通过高校、农学院、州政府和博物馆等机构给予土地利用研究大力支持。

我们的研究也要从自然科学延伸到社会科学,成功的环境保护离不开社科研究。毫无疑问,前进的道路上总会有险峻的高山,社

---

① 猪肉桶(pork-barrel)是美国政界经常使用的一个词。南北战争前,南方种植园主家里都有几个大木桶,把日后要分给奴隶的一块块猪肉腌在里面。"猪肉桶"喻指人人都有一块。后来,政界把议员在国会制订拨款法时把钱拨给自己的州(选区)或自己特别热心的某个具体项目的做法,叫做"猪肉桶"。——译者注

会科学就是我们的雷达,能够帮我们避开危险。只有通过人类学、心理学、普通语义学和其他研究,才能帮助世界人民了解生态健康的重要性并接受它,从而主动要求维护生态健康。美国土壤保持局卓有远见,目前已经在该领域启动至关重要且前景光明的研究工作,其发现有望加快行之有效的土地利用方法的实际应用。

经济研究同样必不可少。我们知道,不同地区的总环境负载力是有限的,这些环境中都存在不同的社会团体,经济研究恰恰有助于土地利用方法适用于不同团体。这类研究必须以生态为主导,因为北美洲的经济衡量标准并不适合中东的库尔德人;同样,中美洲萨尔瓦多人的生活标准也远低于阿根廷人。总而言之,这类研究必须关注共性;必须使人与整个环境相联系,认识到不同民族和环境的特殊性,也认识到人与环境、环境与环境的关系始终处于动态变化过程中。规范深入的研究能够节省大量时间和金钱;缺乏研究的盲目行动则注定会造成浪费,甚至招致灾祸。

教 育 民 众

教育和研究工作一样不可或缺。当前,我们急缺受过专门训练和教育的土地管理工作者。不能将技术培训和教育混为一谈,这一点很重要。美国有很多受教育程度低下的高级技术人员。他们能做好本职工作,可以说完全胜任,但因为对历史、文学(解开人类行为的钥匙)、经济学、地理学、社会学、数学、语言学等一窍不通,便无法将自己的专业与整个环境联系起来。希尔斯(Sears)博士报告说:"一位来自美国大公司的高级工程师在一所知名职业学校的校友会上直言不讳地说，从经验看，他宁愿让工程师去一个名不见经传的人文氛围浓厚的学院接受专业训练，也不会选择把他们送到这所职业学校的专家手上。"他还说，"有人文背景的人在方法上更丰富、更灵活、更具想象力，这一切足以弥补他们在技术知识上的不足"。[2] 理查德·利文斯顿 (Richard Livingstone) 爵士将技术人员定义为："一个对自己的工作了如指掌，但却不清楚该工作的终极目标和在宇宙中所占位置的人。"因为技术工作者面对的是一个不断变化的世界，或者说，他们必须在陌生的环境中工作，所以他们常常感觉能力欠缺。

要在全世界范围内解决资源问题，就要使千千万万的男女接受教育，教育能够大量储备人才。必须扩大并提升培训工作，同时帮助训练他国技术人员，接受过正规训练的人回国就能担任土地管理员，也可以从事教学。国际和地区教育都应得到发展。巴尔干半岛国家和热带国家一样，可以合作办教育。在哥斯达黎加的图里亚尔瓦地区建成的美洲洲际农业科学院就是朝正确方向迈出的一步，它能在当地为拉丁美洲学生提供培训，相比在美国或欧洲学习，学生们的语言障碍会小得多。

绝大部分训练应该在实践中进行，正如联合果品公司在洪都拉斯开办的农校那样。参加培训的学员不需要有太多准备，如果有可能，他们应该在本国参加培训，或至少应该在他们完全熟悉的环境中接受培训。罗伯特·彭德尔顿 (Robert Pendleton) 说，把东方男孩送到美国的农校培训，就好比把美国学生送往苏格兰北部，让他们学习加利福尼亚南部的橘子种植技术。[3] 这里，我们要再次强调整体思维的重要性，唯有如此，才能真正理解特定、动态的环境是一个整体。

不懂得科学治疗的重要性导致世界多地的土壤保持工作效果不佳。病人通常会求助于受过专业训练的普通医师，而这位医生又会让他去看整形医生、精神科医生、眼科专家、耳鼻喉专家、循环系统疾病专家、生殖泌尿或胃肠道疾病专家等。生病的河谷远比生病的人情况复杂得多，因为人虽然重要，却仅仅是河谷的一个组成部分。疾病的诊断和治疗很多时候需要气候学家、土壤专家、水文专家、植物学家、动物学家、农学家、土壤保持学家、林学家、牧草专家、社会学家、经济学家等许多不同领域专家的专业技能。有些国家可能会将生病的河谷交给粗心大意的法务人员来管理。在美国，我们很可能会把它委任给陆军工程师；既然如此，各大洲的洪峰越来越高也就不足为奇了。

仅教育土壤保持工作者是不够的。各国领导人必须懂得生态规则，民主国家的所有民众都应该理解生态规则。很多年前，赫胥黎曾写道：

"假如有一天我们每个人的生活和财富都要取决于自己在一局象棋比赛中的输赢。

"难道你不认为我们首先是要学习吗？至少要记住棋子的名称，学会走子，了解开局棋法，留意各种'将军'和'被将军'的技巧。如果一个父亲或一个国家允许他的儿子或人民，长大后仍卒马不辨，难道你不觉得应该对他们嗤之以鼻吗？

"但显而易见，我们每一个人，以及与我们相关的人们的生活、财富都取决于我们对某个游戏规则的了解程度，而这些规则比象棋规则更难、更复杂。这是基本事实。这场游戏已经持续了很长时间，我们每个人都是这场游戏中的一方。这一次，棋盘是整个世界，棋子是宇宙中的现象，游戏规则是我们所说的自然法则。

"虽然看不到对手，但我们知道他总是公平、公正、耐心的。在付出一定代价后，我们也知道，他从不放过我们对弈过程中的任何一个错误，对我们的疏漏也从不宽容。遭遇强手，他孤注一掷，毫不示弱；弱者则被慢慢将死，毫无歉意。"

要开展土壤保持方面的非技术性教育，就应分两个阶段：短期教育和长期教育。

短期教育的目的在于减少破坏，开始修复工作，控制已经爆发的传染病；也应该用于控制森林火灾；采用等高耕种，保护野生动物等。要尽快使民众了解这一切，就应该充分利用各种媒介：宣传画、电影、广播、报纸、宣传册等。要学习使美国牙膏风靡全球的广告宣传策略，借以唤醒人们合理利用土地、保护生态的意识。我们应鼓励各国提出合理的生活标准，而不是通过花里胡哨的宣传工具推销美国人的生活标准。要达到教育目的，就该充分利用工会、教堂、军队、监狱、社区服务俱乐部、土壤保持组织、家长-教师协会等各种成年人的组织。应该大力发展奥杜邦自然营等自然保护组织，希望有成百上千个自然营出现，在这里，教师们不仅能自己学会如何与地球相处，也能将相关知识传授给他人。教育青少年则可以利用学校、童子军、4H 俱乐部[①] 等。

[①] 4H 俱乐部出自英文 head, heart, hands, health 四个词的首字母，20 世纪初起源于美国。它在美国有约 9 万个俱乐部，会员年龄在 5—19 岁，其目标是通过大量实践学习，培养年轻人的品德、领导力和生存技能。历史上的 4H 俱乐部均以农业学习为主。——译者注

民主生活方式要长久,就必须能证明其生存价值。对此,我本人信心十足。民主政府比当前所有其他政府都更能使**全体**民众认识到,他们的生活和所享受的文明与环境有着深刻联系。市民大会、农庄协会、园艺俱乐部、妇女组织、土壤保持区等,都不可避免地受到环境的冲击。认识到文明与环境的这种关系,并通过一项计划快速调整,使这种关系更为和谐,将证明民主政体的存在价值,过去150年中的大多数时候都缺乏这种价值。毁坏赖以生存的环境让人类走上集体自杀的道路,难以想象该如何逆转这一方向,但这也正是民主国家最可能有所作为的机遇。

长期教育应该帮助人们建立正确的生态观。教师培训学校、高等院校、所有中小学应该肩负起生态教育任务。课程中应该融入人类生态学的内容,历史、经济、农业、文学、工程、医药、国际政治、艺术等课程都应该体现出生态视角。美国的儿童至少应该了解雨涝对这个国家的影响,正如他们对奔牛河战役[①]和塞勒姆城的七个尖角阁的房子[②]一样熟悉。(顺便提一句,这种对周围世界的理解对大多数孩子来说比很多课程的学习要简单得多。通过多次讲座,我发现成年人对人类与环境的关系这一话题也相当着迷。)

医生治病救人就该意识到,他们的行为将带来怎样的结果;工程师要修路,就应清楚公路对自然风光和人类文化的影响;学历史和文学的学生应该认识到土地利用和滥用对历史与文学的影响,认

---

① 奔牛河战役也称布尔伦河战役或马纳萨斯战役,发生在弗吉尼亚州的马纳萨斯和布尔伦河附近,是美国南北战争中的重要战役。——译者注

② 美国著名作家霍桑著有《带七个尖角阁的房子》,小说中的故事就发生在马萨诸塞州的塞勒姆城。——译者注

第十一章 时不我待

识到贫瘠的土地,如现代希腊,是不会出现伯里克利时代[①]的。

虽然听起来有些奇怪,但我相信,人类历史上至今还没有诞生一位伟大的风景画家。我的意思是,至今还没有哪位风景画家的作品可以与荷兰画家伦勃朗的肖像画相媲美。没有哪一幅画作能够生动地呈现土地的本质——无论是善是恶,是贫瘠还是富饶——或能够帮助我们理解形成各种土地的力量。〔我很想看到一幅画作对某个农庄的描绘能够像弗朗斯·哈尔斯(Frans Hals)的《微笑的骑士》一样给人深刻启发。〕同样,诗人对土地和"人与土地"的关系也视而不见,这里有弥尔顿的诗篇都难望其项背的意义更加深刻的冲突与美,有希腊著名作家索福克勒斯都没有书写出的悲剧,要人们认识到我们像巨人安泰俄斯[②]一样离不开土地,就要通过艺术唤醒人们的意识。

另一个极具前景的教育工具是一直以来很少试验过的国家公园和州立公园。应该让它们物尽其用,目前没有此类公园的地方都应尽快设立,帮助人们欣赏自然,更好地理解各种自然形成的过程。在这些复杂有趣的景观中,可以看到植物的演替顶级、奇妙的植物群落,观察到生物竞争、水文循环、土壤的形成以及野生动物的环境和它们的相互作用。每年仅前往国家公园的美国人就有大约2000万到2500万,如果国家公园管理局能够争取到足够资金支持,逛公园的每一个人就一定能从中学到有关土地的重要知识,同

[①] 伯里克利时代是古希腊的一个历史时期,始于波希战争的终结,终于伯里克利离世或伯罗奔尼撒战争结束。这一时期是古希腊的全盛时期。——译者注

[②] 希腊神话中大地女神该亚和海神波塞冬生下的巨人。他力大无穷,只要接触地面即可从大地女神那里获得源源不断的力量。——译者注

时还能享受到更多乐趣。国家公园管理局在十分有限的资金支持下能够取得当前的成绩,令人钦佩。但从我们对这种教育的需求和可以采取的措施来看,现在的成绩还远不能令人满意。

付诸行动

除非付诸行动,否则我们的教育和研究工作终归徒劳无益。要有春雨滋润大地一样的行动计划。全世界必须通过保护森林、重新造林、控制放牧、改进耕作方法来控制水分循环。改进耕作方法不仅包括传统的轮作、休耕、施肥、等高耕种、条畦种植、梯田法等,也应包括创新性的耕地管理方法。在玉米、大豆等中耕作物严重侵蚀土壤的情况下,必须放弃净耕法,转而采用某种能够在行距之间留下足够植被以保持土壤的耕种方法。这一问题在福克纳的《庄稼人的蠢事》(*Plowman's Folly*)一书出版后引起广泛讨论。但从加拿大到智利的耕种情况看,讨论所产生的效果微乎其微。我们要加大遗传改良研究在农业中的应用,从而提高单位产量,使数亿亩不宜耕种的土地退出农业舞台。当前最紧迫的任务是重新安置大量人口。如前所述,数千万人必须搬离遭受侵蚀的山坡,可以发展一些小产业来推动这一计划,这也应该成为精心规划的经济改革的主要目标之一。

为保护技术落后的国家,应该将资源开发纳入国际监管体系。应该保护拉丁美洲国家的资源免遭北美渔民和伐木工的过度开采。殖民地的土地应该实行生态托管制度,正如原住民的待遇得到保障一样。国际科学家组织应该对土地利用开展定期评估,严格要求采取可持续的耕种方法,并责令受托人对资源破坏承担责任。联合国及其相关机构应成立跨组织的生态委员会,评估联合国的各类活动是如何影响人与环境之间的关系的。

应该在世界各地发起活动,制止浪费,包括所谓的"生产性浪费"。资源丰富不能成为一个国家只为创造就业和虚假财富而浪费它的理由。在一个物质仍旧匮乏的世界,富国和穷国一样,都应该以浪费为耻。在一些穷国家,人们为了得到一个废铁盒,甚至要拿出一打自己不舍得吃的鸡蛋去换取。回收垃圾和污水尤为重要。回收有机物,制成化肥和其他产品,已成当务之急;污水和工业垃圾如果能及时回收就能防止河水受到污染。

毋庸置疑,应该在自然法则的框架下制订行动计划。土地管理必须从山顶而非河底开始。我们常常听到有人建议,在世界多地成立类似田纳西河流域管理局的机构,这一建议忽视了田纳西河流域管理局的不足以及这样一个事实,即适用于美国一些地区的措施在其他地方可能"水土不服"。一个国家如果不能阻止焚烧森林、乱砍滥伐、盲目耕种、水土侵蚀、泥沙淤积和山洪灾害,以至于首都附近的发电水库都要受到威胁,那么要想成立流域管理局那样复杂的机构,简直就像是小孩子在用摩天大楼玩过家家。除西欧、巴勒斯坦和北美外,或许还没有哪个地方的技术和社会进步能够达到建立田纳西河流域管理局的程度。土地管理应从简单易行的措施开始。当然,用我的话来说,不应该鼓励腐败成风、任人唯亲的国家花费巨资成立容易受贿的机构。一定不能资助他们建立这样的机构。

战 胜 性 欲

　　不控制生育,所有土地保护措施都是竹篮打水。显然,50年后,当世界人口增加到30亿的时候,绝大多数人就只能像苦力一样艰难度日。到那时,很多土地连像样的口粮都难以供应,更别说保证人们有衣穿,水文循环能得到保障了。如前所述,人口的增加带来更多土地滥用;因此,不控制人口,其他努力都是枉费工夫。

　　首先,要采取全新的避孕方法。查尔斯·古德伊尔(Charles Goodyear)在橡胶处理上的新发现提供了控制人口的宝贵措施,尽管不能完全稳定人口数量,但有助于减少人口,可以说,他对世界和平做出了突出贡献,仅此一条,名人堂就该有他的位置。旧的避孕方式存在多种问题。在波多黎各等地方,有四分之三的家庭都没有通自来水,目前的避孕措施不可能达到预期效果。印度比任何其他地方都更需要控制人口,但年收入只有19美元的印度人根本买不起避孕用具,因此必须要有妇女使用方便、价格低廉、安全可靠的避孕产品。如果美国在这一领域投入20亿美元,而不是用它来制造原子弹,那不仅会对美国的国家安全贡献巨大,也会帮助提高全世界人民的生活水平。将这笔钱用于生产更好的避孕用具显然是更为理想的一种投资。

　　让我们再回到公式 $C=B:E$。当人口过多导致环境阻力升高的时候(这毫无疑问),环境的负载力就会下降;环境负载力下降又会带来教育、卫生、总体文化水平,以及社会治安水平等的滑坡。

　　要有效控制人口,还必须将一时难以改变的社会风俗考虑在

第十一章 时不我待

内，例如，中国的情况。对抱有类似多子多福执念的人来说，等待他们的只有无尽的苦难。宗教也可能制造障碍。但它们并不像人们想象得那样难以克服，例如，很多人并不知道，其实就连大多数天主教徒都不知道，教堂也支持控制人口。在一本得到大主教赫司批准的书中，有这样一句话："我们要记住，婚姻的目的，婚姻这种制度的目的不是让**每一个家庭**都生育孩子，或都能生出孩子；其真正的目的在于，通过这种制度使人类得以存续。"因此，只要人类的延续不受威胁，每对夫妻就不一定要在容易受孕的时候性交，也不一定非要生育下一代。[4] 书中还写道："日本人口过剩使东方一些地区不得安宁，很可能还会给世界其他地方带来威胁。"现在日本的野心已经暴露，世界其他地区的安全可能遭到破坏，而**人口过剩本身也对"人类存续"构成威胁**，那么，控制生育从逻辑上讲，就必须得到落实。另一本"得到教会认可"的书中说："广义上讲，已婚夫妻没有权力将他们无力养育的孩子带到这个世界，因为这会给社会造成严重危害。"[5] 意大利各家报社请抄录这句话。

教会完全支持人们所说的安全期避孕。虽然很多医学界权威支持这一方法，但不少非天主教医生和生物学家却对其可靠性提出质疑。毋庸置疑，通过安全期避孕，可以减少受孕的次数和可能。以上两本书都严格禁止采用化学和机械性避孕法。不管宣扬怎样的教义，采用何种方法，美国天主教徒和法国以及欧洲其他国家的天主教徒一样，子女都比较少。拉策（Latz）博士在他的书中写道："在纽约、芝加哥、纽瓦克和克利夫兰市，到节育诊所就医的人有36%都是天主教徒。"在信奉天主教的波多黎各，已经生过孩子的很多妇女都要求做绝育手术。

美国应该带头为全世界人民提供最新避孕信息,并组织卫生和教育专家在一些国家开展节育宣传活动,即使不能超越世界卫生组织开展的其他卫生项目,至少应尽可能与其水准不相上下。在世界粮农组织认定的人口过剩的地方,土壤保持计划和粮食生产大计划中也应纳入节育子计划。今年,粮农组织就不该运送粮食援助一千万印度人和中国人,因为这会在五年后造成五千万人的死亡。

人口"专家"说,假以时日,人口会趋于稳定。但显然,我们已经没有足够的时间。现代世界已经两次衰落,只有采取切实有效的措施,才能使其免遭不幸。

他们还宣称,教育无法让人们做到自愿节制生育。对此,我想说,我们从未真正尝试过。我曾在秘鲁沿海的鸟粪岛上看到安第斯印第安人每天坚持刷两次牙,他们当中很多都是目不识丁的人;世界各地有数千万人有喝开水以防生病的习惯。这些都是在文化水平极低的地方发生的。在那些落后地区,我们也清楚地看到,人们爱自己的孩子,努力想为他们创造更美好的生活,因此,有利于家庭生活水平提升,并最终有利于整个国家和全世界的节育政策,会受到很多人的欢迎。印度一些著名的知识分子大力提倡实行有组织的节育计划,这表明他们对国民节育的效果充满信心。

每个国家都应该通过多种教育和宣传手段,开展行之有效的节育运动。当然,节育应出于自愿。评论家 H.L. 门肯 (H. L. Mencken) 很多年前提出的"绝育奖金"建议值得借鉴:给予那些同意做简单绝育手术的人(特别是男性)一笔适当的补贴。绝育不影响性快感,也不影响肉体欲望的满足。这种奖励主要对世界上的懒汉、穷人有吸引力,所以效果不是非常显著。但很多穷人身心发展落后，受基因遗传和社会环境的影响，其子女也会同样落后，所以从整个社会的发展角度看，一次性奖励他们50—100美元显然要比替他们养活成群的后代，致使人口问题恶化更为可取。

向未来进发

以上建议并不是在绘制行动蓝图，也不是在制订完整的计划。因篇幅所限，能力欠缺，本人难以胜任如此艰巨的任务。不同的环境，不同的时代，需要不同的行动方案。我只是依据过去多年在多个国家从事土壤保护工作的经验，梳理了大致步骤。这些建议明确、重要，特别值得一提的是，它们可操作性强，而且都是人类能力所及之事。应该相信，它们都是能够完成的。只要付诸行动，就一定能摆脱困境。

还有一个问题：谁来承担这项工作？理想的答案是：我们每一个人。因为这些问题关系到全人类的生活，它需要尽可能多的人理解它，参与其中，从最卑微的牧羊人、农民，到位高权重的统治者和成果丰硕的思想家，都应该参与进来，积极行动。

要切实见效，我们的行动就必须有组织性。联合国和相关机构会发现，它们不仅迎来前所未有的机遇，或许还要加强过去一度缺乏的统一领导。显然，重担还要落在各国政府身上，但个人和基金会等机构也必须发挥作用。只要人类还在向灾难行进，而且行进的方向没有改变，就应该有更多力量参与进来。

第十二章 我们的未来

毫无节制地生育和滥用土地让人类陷入了生态陷阱。对应用科学的偏好使我们只能靠借债度日，现在全世界各个地方的债务都已到期。

想要拖欠简直是白日做梦。所幸我们还可以做出选择：要么偿还，要么静待全球性灾祸的降临。无疑，明智的选择是勒紧裤腰带，过很长一段时间的苦日子，重建生态平衡，而不是等待人类文明灾难性地崩塌。面对铁的事实，我们已别无选择。

用"我们"一词，并不是指其他人，而是指每一个在森林日渐消失的时候还在阅读报纸的人；每一个从不断缩减的土地上取食的男男女女；每一个使用抽水马桶、污染河流、浪费肥沃的有机物、导致地下水位下降的人；也指每一个身穿羊毛外套的人，因为在那些过度放牧的地方，羊群踩踏、雨水冲刷、径流和表土一同汇入河流下游，淹没了几百英里外的城市。"我们"尤其还指那些在人口过剩的国家过度生育的人，他们的孩子也将难逃厄运。

除了坚定而勇敢地掌控自己的命运，我们别无依靠。使人类文明重获生态自由是一项异常艰巨的任务，要求我们采取多种措施，敢于迎难而上。它耗资巨大，民主政府很可能不会选择这条崎岖艰辛的道路，除非有人民开路。那些教育水平低于我们的国家和技落后的国家仍可能无动于衷。为了人类自己,我们必须勇担责任,正如在经济、政治领域那样,美国要起带头作用。

要采取严格措施。最重要的是,必须更新理念。要逃脱厄运,就必须放弃只为自己的自私自利的念头。我们共同生活在一个地球村,美国印第安纳农民的命运已经和南非班图人的命运联系在一起。从约翰·多恩(John Donne)[①]的玄妙意义上讲是这样,因为宗教宣扬的博爱会让美国人也开始挂牵印度斯坦忍饥挨饿的儿童;从直接、现实的意义上讲,同样如此,因为墨西哥或南斯拉夫侵蚀的坡地会影响美国人的生活标准,危及我们的生存。不负责任的生育使希腊人、意大利人、印度人、中国人,即使不能说完全不可能,但至少会让他们的生活改善难上加难;它消耗了世界财富,特别是美国的财富,这笔财富本可以为较少的人们提升生活品质,增加生存机会。我们不能逃避责任,因为这是在为我们自己谋利。

必须放弃"今日至上"的生活哲学。我们正在为昨天的愚蠢付出代价,同时也在塑造我们的未来。今天消费的精粉面包可能会在明年春天造成堤坝破坏,淹没新奥尔良;从澳大利亚侵蚀的坡地上收割的小麦可能会在30年后引发一场日本战争;1948年用托卢卡火山两侧植物制成的漫画书可能会导致1955年墨西哥城几家工厂关闭。现在必须要认识到,曾为美国的建立做出巨大贡献(也有破坏)的充满活力、想象力和勇气的掠夺行为、顽固的个人主义行为,一旦开始毁坏环境,就应被视为人民的敌人。马达加斯加的伐

---

① 约翰·多恩(John Donne,1572—1631),英国詹姆斯一世时期的玄学派诗人。——译者注

木工曾因乱砍滥伐而遭砍头,至少我们也该采取同样有效但较温和的管控措施。必须树立正确的时间观,不仅考虑本周末是否能吃到牛排,也要考虑进入老年以后,还有我们的子孙年轻的时候是否还能吃到牛排。作为参议员,冷漠地质问"子孙为我们做过什么?"的时代已经一去不复返,子孙后代,还有他们将要生活于其中的世界,都是我们创造的。

更重要的是,我们必须知道——真正从内心感受到——我们对大地及其财富的高度依赖。认为人类能够独立生存的思想是极端错误的,要坚决丢弃"人类的欲望总能得到满足"的认识。我们,包括幸运的美国人在内,正在紧逼人类赖以生存的给养,五大洲各个国家的人都清楚食橱空空意味着什么。人类文明的各个阶段都遭受过饥荒,在整个人类生命的复杂过程中,几乎所有人类活动都能以或隐或显的方式感受到匮乏吹来的湿气。

我们所有人——男女老幼——必须重新定位我们和这个世界的关系。必须学会从人类生存的角度衡量每天的新闻,必须从构成这个地球的土壤、森林、水、草的角度来理解我们的过去,我们的历史。规划未来时,我们要像希腊神话中的巨人安泰俄斯那样,认定只有从大地中汲取力量,人类才会真正强大。必须改革教育,因为我们生活在一个完全受制于自然法则的环境中,正如从我们手中掉落的圆球受物理规律的支配一样。必须重写我们的哲学,使它们深深植根于大地,而不再停留于语言和"思想"层面。最重要的是,未来几十年,我们应在人类总环境的框架下衡量我们在世界各国和未来历史中的地位。

人类的未来史,至少未来几十年的历史已经写就,因为 22.5 亿

第十二章 我们的未来

人聚集于日渐萎缩的地球表面，受总环境控制的各种力量已经开始发挥作用。

或许可以用线条来代表这些力量，其中一条是人口曲线。几个世纪以来都平坦的线条突然开始上扬，特别是在过去50年，攀升的速度让人目眩。

另一条是资源曲线。它代表着地球表土的面积、厚度、森林的茂盛程度、可获取的水资源、维系生命的草地，以及将这一切紧紧联系起来的生物物理网。但除局部有下降，几个世纪以来都保持平直的线条，同样发生了巨大变化，特别是在过去150年，它像急流一样，一泻而下。

人口和生存手段两条历来都相交的曲线开始急速分离，分开的幅度越大，就越不容易再次相交。

在地球上几乎每一个地方，都能看到两条曲线分离的结果。两次大战的废墟就是它留下的痕迹，两条曲线间，从中美洲的圣萨尔瓦多到南亚的孟加拉，处处可见饥饿的婴儿浮肿的肚皮，从智利的奥索诺到韩国的首尔，无处没有高烧、咳嗽不止的人们发出的痛苦呻吟。和丛林野猪的咀嚼声一样响亮的，来自普通民众的愤怒抱怨，是两条曲线经过时唤起的声响。

曲线的方向和它们在地球上带来的痛苦不大可能在短时间内得到纠正。未来几十年的方向已难改变。在很多国家，年轻人占大多数，等他们到了生育年龄，虽然可以采取大屠杀以外的各种措施，但人口数量仍会在一段时间内保持增长。无知、自私、陋习、民族主义倾向等因素也会在未来几十年妨碍资源管理的有效改善或实质性改善。

288

因此，我们不该欺骗自己，寻求某种江湖秘方，或钻入死胡同。必须让每一个地球人都了解这一波及全球的困境。人类当前的处境切切实实，就犹如一个人穿了小两码的鞋子。必须理解这一点，不再抱怨经济制度、天气、坏运气或无情的圣人。理解是智慧的开端，是漫长的修复道路上踏出的极其珍贵的第一步。

第二步则有着双重任务，控制人口、修复资源。

只有采取以上措施并迅速行动起来，简言之，只有根据环境提供的有限资源全面改变生产生活方式，我们的文明才可能延续下去，否则，人类会像格拉森猪群[①]一样，奔向被战争蹂躏的野蛮时代。

[①] 《圣经》记载：耶稣渡过加利利海，进到格拉森的城里，遇到一位群鬼附身的男子。耶稣吩咐群鬼从他身上出来，并容许它们进入在附近放养的一大群猪身上。鬼就出来，进入猪群。猪群忽然闯下山崖，投在海里淹死了。——译者注

参 考 文 献

第二章

[1] Gottschalk, L. C. "Effects of Soil Erosion on Navigation in Upper Chesapeake Bay." *Geographical Review*, XXXV, No. 2, April, 1945.

[2] Harroy, J. P. *Afrique, Terre qui meurt*. Bruxelles: Marcel Hayez, 1944, p. 72.

[3] Gaffron, H. "Photosynthesis and the Production of Organic Matter on Earth," in *Currents in Biochemical Research*. New York: Interscience Publishers, Inc., 1946, p. 26.

[4] Ackerman, Edward A. "The Geographic Meaning of Ecological Land Use." *Journal of Soil and Water Conservation*, I, 2, October, 1946.

[5] Harroy, J.-P. *Op. cit.*, p. 52.

[6] Pearson, F. A., and F. A. Harper. *The World's Hunger*. Ithaca: Cornell University Press, 1945.

[7] Pearson, F. A., and Don Paarlberg. *Starvation Truths, Half-Truths, Untruths* (pamphlet). Ithaca, 1946.

[8] Ritchie, James. *The Influence of Man on Animal Life in Scotland*. Cambridge, 1920.

[9] Clark, Frances N. "Measures of the Abundance of the Sardine, *Sardinops caerulea*, in California Waters." Sacramento: Bull. 53, Bureau of

Marine Fisheries, Division of Fish and Game, 1939.

[10] Murphy, R. C. *Conservation*—VI. New York: Garden Club of America, 1941.

[11] Gurney, Senator Chan. Letter to the *New York Times*, July 27, 1947.

第三章

[1] Korzybski, Alfred. *Science and Sanity*. Lancaster: Science Press, 1941.

第四章

[1] Pearson, Frank A., and Don Paarlberg. *Starvation Truths, Half-truths, Untruths*. Ithaca, 1946, p. 12.

[2] Cited in Burch, Guy Irving, and Elmer Pendell. *Population Roads to Peace or War*. Washington: Population Reference Bureau, 1945.

[3] Clark, Colin. *The Conditions of Economic Progress*. London: Macmillan, 1940.

[4] Pearson and Paarlberg. *Op. cit.*

[5] Walford, Cornelius. *Famines of the World: Past and Present*. London: Edward Stanford, 1879.

[6] Cited in Burch and Pendell. *Op. cit.*

[7] Donnell, E. J. *Chronological and Statistical History of Cotton*. New York, 1872, p. 19.

[8] Harris, Seymour E. "The Economist's View of Land Use." *Journal of Soil and Water Conservation*, I, No. 2, October, 1946.

[9] Moulton, Harold G. *The Formation of Capital*. Washington: The

Brookings Institution, 1935.

[10] Kelly, Tom. "There's More to Dirt than Gets in Your Eye." *Outdoor America*, 12, No. 4, March, 1947.

[11] Harris, Seymour E. *Op. cit.*

[12] Dublin, Louis I. *Population Problems*. Boston: Houghton Mifflin, 1926.

[13] Clark, Colin. *Op. cit.*

[14] Burch, Guy Irving. In *Population Bulletin*, III, No. 1, March, 1947. Washington: Population Reference Bureau.

[15] Senior, Clarence. "Population Pressures and the Future of Puerto Rico." *Journal of Heredity*, 38, No. 5, May, 1947.

[16] Burch, Guy Irving. In *Population Bulletin*, II, No. 5, May, 1946. Washington: Population Reference Bureau.

[17] Burch, Guy Irving. *Op. cit.*

第五章

[1] Ackerman, Edward A. *Op. cit.*

[2] Ritchie, James. *The Influence of Man on Animal Life in Scotland*. Cambridge, 1920.

[3] Weaver, J. E., and F. E. Clements. *Plant Ecology*. New York: McGraw-Hill, 1938.

[4] Leopold, Aldo, Lyle K. Sowls, and David L. Spencer. "A Survey of Over-populated Deer Ranges in the United States." *Journal of Wildlife Management*, 11, No. 2, April, 1947.

[5] Hesse, R., W. C. Allee, and K. P. Schmidt. *Ecological Animal Geogra-*

phy. New York: John Wiley & Sons, 1937.

[6] Sears, Paul B. "Man and Nature in Modern Ohio." *Ohio State Archaeological and Historical Quarterly*, 56, No. 2, April, 1947.

[7] Pelzer, Karl J. *Pioneer Settlement in the Asiatic Tropics*. New York: American Geographical Society, 1945.

[8] Musgrave, G. W. "The Quantitative Evaluation of Factors in Water Erosion—A First Approximation." *Journal of Soil and Water Conservation*, 2, No. 3, July, 1947.

[9] Shantz, H. L. In *Conservation of Renewable Resources*. Philadelphia, 1941, pp. 37-39.

[10] Graham, Edward H. "The Ecological Approach to Land Use," A Symposium, The Biologist's Viewpoint. Reprinted from the *Journal of Soil and Water Conservation*, I, No. 2, October, 1946, p. 58.

[11] Cited in Lotka, A. J. *Elements of Physical Biology*. Baltimore: Williams & Wilkins, 1925.

第六章

[1] Craven, Avery O. "Soil Exhaustion As a Factor in the Agricultural History of Virginia and Maryland, 1606-1860." Urbana: *University of Illinois Studies in the Social Sciences*, XIII, 1, 1925, pp. 1-179.

[2] Watts, Lyle F. "Timber Shortage or Timber Abundance in the U.S.A." *Unasylva*, I, No. 1, Food and Agriculture Organization of the United Nations.

[3] *Problems and Progress of Forestry in the United States, Report of the Joint Committee of Foresters of the National Research Council and the Society of American Foresters* (Washington, D.C.), 1946, pp. 1-112.

[4] Foster, Ellery. *America's Log Jam and How to Break It*. Washington: C.I.O. Department of Research and Education, n.d.

[5] Dewhurst, J. Frederick. *America's Needs and Resources.* New York: The Twentieth Century Fund, 1947.

[6] *The Western Range.* Senate Document 199, 74th Congress, 1936.

[7] Allred, B. W. "Viewpoints on Conservation of Grazing Lands." *Journal of Soil and Water Conservation,* 2, No. 1, January, 1947.

[8] The Washington *Sunday Star,* Jan. 5, 1947.

[9] Gottschalk, L. C. *Op. cit.*

[10] Gottschalk, L. C. *Op. cit.*

[11] Sears, P. B. *Op. cit.*

[12] Jacks, G. V., and R. O. Whyte. "Erosion and Soil Conservation." Aberystwyth: *Bull.* 25, Herbage Publication Series, March, 1938.

[13] Washington, *Conservation News,* Aug. 1, 1947.

[14] Bird, John A. *Western Ground Waters and Food Production.* U. S. Department of Agriculture, Miscellaneous Publication 504.

[15] Sears, P. B. *Op. cit.*

[16] Jackson, H. H. T. "Conserving Endangered Wildlife Species." In *Smithsonian Report,* 1945.

[17] Allred, B. W. *Op. cit.*

[18] *Iowa Conservationist,* Aug. 15, 1946.

[19] Bunce, A. C. *Economics of Soil Conservation.* Ames: Iowa State College Press, 1942.

[20] Pearson and Harper. *Op. cit.*

[21] Whelpton, P. K. "Population Policy for the United States." *Journal*

of Heredity, XXX, No. 9, September, 1939.

第七章

[1] Vogt, W. "Mexican Natural Resources—Their Past, Present and Future." In *Report on Activities of the Conservation Section, Division of Agricultural Cooperation.* Washington: Pan American Union, 1946.

[2] Vogt, W. *The Population of Venezuela and its Natural Resources.* Washington: Pan American Union, 1946.

[3] Allen, Robert S. *Our Fair City.* New York: Vanguard Press, 1947.

[4] Cooke, M. L. *Brazil on the March.* New York: McGraw-Hill, 1944.

[5] *Venezuelan Report.* Washington: The Venezuelan Embassy.

[6] Osorio Tafall, B. F. "El Destino Marítimo de México." México, D.F.: *Revista de Economía*, X, No. 8, Aug. 31, 1947.

[7] Vaillant, George C. *Aztecs of Mexico.* New York: Doubleday, Doran & Co., 1941.

[8] Vogt, W. *Op. cit.*

[9] *Population Index.* April, 1947. Princeton. Data from FAO and U.S. Bureau of the Budget.

[10] *Foreign Commerce Weekly*, Aug. 2, 1947.

[11] Vogt, W. *The Population of El Salvador and Its Natural Resources.* Washington: Pan American Union, 1946.

[12] Vogt, W. *The Population of Costa Rica and Its Natural Resources.* Washington: Pan American Union, 1946.

[13] Vogt, W. "Informe sobre Aves Guaneras." In *Boletin de la Compañía Administradora del Guano.* Lima, 1942.

¹⁴ McBride, G. M. *Chile: Land and Society.* New York: American Geographical Society, 1936.

¹⁵ Elgueta G., Manuel, and Juan Jirkal H. *Erosión de los Suelos de Chile.* Boletín Técnico, No. 4. Santiago: Ministerio de Agricultura, 1943.

¹⁶ Vogt, W. "Hunger at the Peace Table." *Saturday Evening Post,* May 12, 1945.

第八章

¹ Data from *Report of the FAO Mission to Greece.* Washington: Food and Agriculture Organization of the United Nations, 1947, p. 155; *Population Bulletin,* III, No. 1. Population Reference Bureau, Washington.

² Pearson, Frank A., and Don Paarlberg. *Op. cit.*

³ Wheeler, Leslie A. *European Wheat Requirements and Policies.* Washington: USDA, 1938 (mimeographed).

⁴ Brandt, Karl. *Feeding the World.* Chicago: The Chicago Council on Foreign Relations, 1944 (mimeographed).

⁵ *Population Index.* April, 1947, Princeton. Data from FAO and U.S. Bureau of the Budget.

⁶ Pearson, Frank, and Floyd Harper. *Op. cit.*

⁷ *World Population Estimates.* OIR Report 4192. Washington: Department of State, March 1, 1947.

⁸ Yates, P. Lamartine, and D. Warriner. *Food and Farming in Post-War Europe.* London: Oxford University Press, 1943.

⁹ Bourne, Geoffrey H. *Starvation in Europe.* London: George Allen and Unwin, 1943.

¹⁰ Yates and Warriner. *Op. cit.*

¹¹ Much of the above material from *Report of the FAO Mission to Greece.*

¹² Jacks, G. V., and R. O. Whyte. "Erosion and Soil Conservation." In *Bulletin* 25, Herbage Publication Series. Aberystwyth, March, 1938.

¹³ Baker, O. E. In *Population* (Lectures on the Harris Foundation, 1929). Chicago: University of Chicago Press, 1930.

第九章

¹ From the book, *Asia's Lands and Peoples*, by Dr. George B. Cressey, published by Whittlesey House, copyright, 1944, by McGraw-Hill Book Company, Inc.

² Thompson, W. S. *Population and Peace in the Pacific.* Chicago: University of Chicago Press, 1946.

³ Cressey. *Op. cit.*

⁴ Jacks, G. V., and R. O. Whyte. *Vanishing Lands.* New York: Doubleday, Doran & Co., 1939.

⁵ Cressey. *Op. cit.*

⁶ Thorp, James. *Geography of the Soils of China.*

⁷ Phillips Ralph W., Ray G. Johnson, and Raymond T. Moyer. *The Livestock of China.* Washington, 1945.

⁸ Jacks and Whyte. *Op. cit.*

⁹ Shirole, M. K. "Soil Conservation—Nation's Foremost Need in India." *Journal of Soil and Water Conservation,* 2, No. 2, April, 1947.

[10] Cressey. *Op. cit.*

[11] Chandrasekhar, S. *India's Population.* New York: The John Day Co., 1946.

[12] Cook, R. "Mother India's Starving Children." *Journal of Heredity*, 8, No. 37, August, 1946.

[13] Mukerjee, R. *Races, Lands and Food.* New York: The Dryden Press, 1946.

[14] Cressey. *Op. cit.*

[15] Cressey. *Op. cit.*

[16] Novakovsky, S. "Arctic or Siberian Hysteria as a Reflex of the Geographic Environment." *Ecology*, V, No. 2, April, 1924.

[17] Sobolev, S. S. "Protecting the Soils in the U.S.S.R." *Journal of Soil and Water Conservation*, 2, No. 3, July 1947.

[18] Fischer, John. *Why They Behave Like Russians.* New York: Harper & Brothers, 1947.

[19] Jacks, G. V., and R. O. Whyte. "Erosion and Soil Conservation." *Bulletin* 25, Herbage Publ. Series. Aberystwyth, March, 1938.

[20] *New York Times Magazine*, May 4, 1947.

第十章

[1] Pearson and Harper. *Op. cit.*

[2] Lowdermilk, W. C. "Lessons from the Old World to the Americas in Land Use." Washington: *Smithsonian Report*, 1943, pp. 420-421. Reprinted from *Proceedings of the Eighth American Scientific Congress*, Vol. 5.

³ Source of material for this chapter, unless otherwise indicated: Harroy, J. P. *Afrique, Terre qui meurt*. Bruxelles: Marcel Hayez, 1944.

⁴ Hailey, Lord. *An African Survey*. London: Oxford University Press, 1938.

⁵ Union of South Africa. *Final Report of the Drought Investigation Commission*, October, 1923. Capetown: Cape Times Limited, Government Printers, 1923, pp. 14-15.

第十一章

¹ Terral, Rufus. *The Missouri Valley*. New Haven: Yale University Press, 1947.

² Sears, P. B. "Importance of Ecology in the Training of Engineers." *Science*, 106, 2740, July 4, 1947.

³ Pendleton, R. L. *Training for Agricultural Research in Humid Tropical Asia*. New York: Southeast Asia Institute (Educational Memorandum), n.d.

⁴ Coucke, V. J., and J. J. Walsh, M.D., Ph.D. *The Sterile Period in Family Life*. New York: Joseph F. Wagner, Inc., 1933.

⁵ Latz, L. J., M.D. *The Rhythm of Sterility and Fertility in Women*. Chicago: Latz Foundation, 1932.

索 引

（索引页码为原书页码，即本书边码）

A

A-horizon 表土层
　～的定义 26
　～的破坏 101
　～的可蚀性 27
　～的形成 85
　～侵蚀后的恢复 101 及以下诸页
　～的生产力 102
　参见 soil; topsoil
Abraham 亚伯拉罕
　～的故乡乌尔城 19
absentee ownership 遥领所有权
　非洲～ 37
　欧洲～ 202
　拉丁美洲～ 37
　西班牙～ 207
Adirondack mountains 阿第伦达克山脉
　～与底土侵蚀 102
Africa 非洲 37
　～遥领地主制 37
　～农业 241，244，250 及以下诸页
　～面积 241
　～干旱 23，253
　～香蕉种植 259
　～原生植被带和人类居住带 241 及以下诸页
　～大型哺乳动物 241，249，251
　～土地负载力 30，240，242，257，260 及以下诸页
　～气候与植被 242
　～可可种植 259
　～咖啡 254，257，259
　～玉米进出口 260
　～玉米生产 257，260
　～的棉花 257
　～干旱导致牲畜死亡 258 260
　～植被退化 248 及以下诸页，258，260
　～鱼类消失 253
　～水道消失 252

~沙漠 240 及以下诸页，251 及以下诸页
~生态平衡与家畜 251 及以下诸页
~土壤侵蚀 242，244，246，249，252 及以下诸页
欧洲与~的"马尔萨斯灾难" 260
~的欧洲市场 261
~出口到美国的龙虾 36
~原材料出口 68
~饥荒 258，260
~森林 241 及以下诸页
罗得西亚南部的森林保护 254
~的森林破坏 245，248
~森林的管理 250
俾格米人保护森林 249
~大猎物 86
~地理 244
~山羊 252
~放牧 254
~文盲 47
~内部排水 244
~土地滥用 250
~土地破坏 258 及以下诸页
~自古罗马统治以来的土地破坏 245 及以下诸页
~气象数据 247
~当地的放牧习惯 261 及以下诸页
~橄榄林 247
~盘尾丝虫病 28
~过度耕种 258 及以下诸页
~过度放牧 30
~过度放牧和撒哈拉沙漠的扩张 251 及以下诸页
~人口过剩 251
~种植园农业 258 及以下诸页
~人口 254，256，258 及以下诸页
~人口集中 250
~人口数据 241，257，262 及以下诸页
气候周期可能在改变 240，247
~降水 240 及以下诸页
~原住民与当地法律 249
~移民安置 257
~橡胶 259
~科学研究 242
~羊群 248，251，256
~游耕农业 254，260 及以下诸页
~锥虫病抑制人口过剩 257
~土壤 242，254
~土壤结构 245
南非旱情调查委员会 252，255 及以下诸页
~税收 261
温度和植被的重要性 244 及以下诸页
~舌蝇 30
~恶劣的环境 259
~海域 244
~地下水位 242，246 及以下诸页，252 及以下诸页

索　引

~小麦 256
~猎捕野生动物 33
参见不同国家
agrarian society 农业社会
　新世界是~ 60
Agricultural Experiment Stations 农业实验站 51, 123
　~与合作研究 268
Agricultural Extension Service 农业推广中心 123
agricultural land 农业用地
　~与可耕地 27
　美国遭破坏的庄稼地 121
　大平原地区的~ 23
　土地用途分类 105
　~的限制因素 24 及以下诸页
　非农业用地 42
　~与人口增长 78
　盈余 78 及以下诸页
　参见 arable land 与不同国家
agricultural practices 农耕方式
　传统~ 277
　土地用途分类 105 及以下诸页
　战时欧洲的~ 197 及以下诸页
　参见不同国家
agricultural production 农业生产 20
　美国殖民地时期的~ 149
　欧洲~ 196 及以下诸页
　日本~ 219
　每个农民的生产量与每英亩土地的生产量 42
　工业革命的结果 59 及以下诸页
agricultural revolution 农业革命
　~和经济学家 42
　欧洲~ 57, 59
agricultural schools and colleges 农校和农学院 51, 123, 184, 273
agriculture 农业
　非洲~ 241 及以下诸页
　美洲印第安人 40
　亚洲~ 214 及以下诸页
　澳大利亚~ 235 及以下诸页
　~的均衡发展 110 及以下诸页
　~种植方式 97 及以下诸页
　欧洲~ 196 及以下诸页
　大平原地区的~ 23
　水培种植 20
　~与土地用途分类 105 及以下诸页
　拉丁美洲~ 156 及以下诸页
　玉米田耕作 28, 156
　小块土地与生产力下降 202
　基因改良的需要 278
　~与秘鲁鸟粪 24
　原始条件下的~ 93 及以下诸页
　游耕 93 及以下诸页
　"茶匙农业" 207
　参见不同国家与 mechanized agriculture
Alaska 阿拉斯加
　森林大火 140

Albania 阿尔巴尼亚
　出生率 74
　~与民主 55
　人口过剩 74
　生活标准 74
　参见 Europe
Alemán 阿莱曼
　米格尔总统 163, 175
Algeria 阿尔及利亚
　古罗马殖民以来的资源破坏 245 及以下诸页
　参见 Africa
Alps Mountains 阿尔卑斯山脉
　土壤缺碘 26
Amazon Valley 亚马孙流域 25
　气候 83 及以下诸页
　植被 83 及以下诸页
　参见拉丁美洲国家
American Association for the Advancement of Science 美国科学促进会 141, 143
American Farm Bureau 美国农业局 8
American folkways 美国人的生活习惯 38
American forestry mission 美国林业代表团
　~在智利 164
American Geographical Society 美国地理学会 153
American Indian 美国印第安人
　人口数据 40, 93
American revolution 美国革命
　纺织机器 60
　~与世界人口 57
American standard of living 美国生活标准 15, 35, 41
　欧洲过度生育对~的影响 195
　美国农民 40 及以下诸页
　~与土地负载力 41
　~对自然资源的破坏 67 及以下诸页, 123
　~的降低 125
　~对拉丁美洲土地的破坏 165 及以下诸页
　~对自然资源的破坏 37 及以下诸页
　~与欧洲的"敲诈勒索" 209 及以下诸页
　~与"免于贫穷" 44
　~与好莱坞 150
　~与印度移民 228
　~的影响 71 及以下诸页
　1亿美国人的~　146 及以下诸页
　~与资源资本 149 及以下诸页
　~与苏联的"财富" 229
　勉强糊口 147 及以下诸页
　~的象征 41, 166
　参见 standard of living
American taxpayer 美国纳税人
　~和援助希腊 203

索 引

~和援助意大利 206
~和援助日本 219
~和对波多黎各的帮助 76
滥用土地的成本 123
~的所得税 7 及以下诸页
~与拉丁美洲人的生活标准 166
~与流动雇农 127
~与航运补贴 71
参见 taxes
Andes Mountains 安第斯山区 25
土壤缺碘 26
马铃薯的原产地 60
~的降水 83 及以下诸页
底土侵蚀 102
修筑梯田 104 及以下诸页
参见拉丁美洲国家
angle of repose 休止角
~的影响 103
~与侵蚀 94
是否有植被 103
Angola 安哥拉
~当地农业对森林的破坏 254
咖啡种植园侵入稀树草原 254
~的土壤 254
参见 Africa
animals 动物
~群落 108 及以下诸页
大型哺乳动物 241, 249
食肉~ 19
~与牧场的土地负载力 40

~的分布 91
食草~ 19
外来物种 89 及以下诸页
陆生动物 23
抑制种群数量 89 及以下诸页
研究~ 108 及以下诸页
反刍动物与生态平衡 86 及以下诸页
~与土壤 84 及以下诸页
亚顶级物种 90 及以下诸页
参见 livestock; overgrazing
antelope 羚羊
美国殖民地时期的~ 113
arable land 可耕地
~与农业用地 27
欧洲人均占有~ 193 及以下诸页
适当生活水准所需的~ 194
~定义 27
世界~大约面积 27
~与农民 235
~的管理 277 及以下诸页
参见不同国家与 land
Argentina 阿根廷
农业用地 23
人口出生率 74
卡路里的摄入与人均年收入 172
土地负载力 74 及以下诸页, 153
气候学研究 159 及以下诸页
外国市场的扩大与资源破坏 164
出口 140

食物盈余 176
牧场 31
工业化 73，167
国内市场 167
国内购买力 75
人口 73 及以下诸页
降水 23，153
资源资本 74
土壤 191
土壤保持机构 162
温度 23
参见 Latin America
Aristotelian logic 亚里士多德逻辑
～与生态 49 及以下诸页
～及其对资源管理的影响 55
～与立法机关 53
～与世界组织 53
Aristotle 亚里士多德 46，49 及以下诸页
artesian resources 自流井资源
加利福尼亚的圣克拉拉流域 128
Asia 亚洲
农业 57，214 及以下诸页
面积 213 及以下诸页
土地负载力 213
文明 213
气候 214
危险地区与和平地区 238 及以下诸页
沙漠区 214

土壤侵蚀 215 及以下诸页
森林 215
地理 214 及以下诸页
文盲 47
缺乏科学技术 234
维护治安 79
人口数据 57，213 及以下诸页
人口与生存 236 及以下诸页
降水 83 及以下诸页，214 及以下诸页
土壤 234
生活标准 215
温度 214 及以下诸页
植被 215
西方干涉以前的～ 212 及以下诸页
猎杀野生动物 33
风 83
参见不同国家
Assyria 亚述王国
历史的意义 19
Atlantic Charter 大西洋宪章 53，195
Atomic warfare 核战争
～与国际公共事业计划署 210
Audubon Nature camp 奥杜邦自然营
有利于短期土壤保护 275
Audubon societies 奥杜邦鸟类保护协会 55
～与土壤保护教育 270，275
Australia 澳大利亚

索 引

农业 235 及以下诸页
出生率 74
土地负载力 74, 236
尘暴 3, 6, 15, 236
环境阻力 236
原材料出口 68
牧场 31
印度移民 228
工业化 73
外来物种 89
土地利用计划 136
兔子对植物的破坏 235 及以下诸页
人口 73 及以下诸页
降水 236
牧场破坏 235
资源破坏 236
羊 69, 236
生活标准 235
关税 209
原住民生活的地区 93
雨水侵蚀 235
小麦 236
风蚀 235
Austria 奥地利
卡路里的摄入与人均年收入 199
人口数据 200
参见 Europe

B

Babylon 巴比伦
历史的意义 19
波斯战争 19
bacteria 细菌
土壤中的～ 28, 245
bacteria warfare 细菌战
～与国际公共事业计划署 210
Ballen, Francisco 弗朗西斯科·巴伦 186
Baltimore 巴尔的摩
～与地下水位下降 128
bananas 香蕉
～种植对中美洲的影响 154
～种植对法属东非的影响 259
Bantu 班图人
～与森林破坏 249
Barranquilla 哥伦比亚巴兰吉利亚市 25, 158
beavers 河狸
加拿大～ 113
美国殖民地时期的～ 112 及以下诸页
抵御洪水 150
Belgian Congo 比属刚果
农业 242
砍伐森林 253
玉米进出口 260
当地人的森林再生措施 249
人口密度低 253
稀树草原 242
土壤 242

雇用俾格米人保护森林 249
地下水位 242
参见 Africa
Belgium 比利时
农业生产 196
人均可耕地与人口增长率 194
卡路里的摄入与人均年收入 199
进出口 203
与拉丁美洲的工业竞争 168
工业化 73
人口过剩 73
人口数据 200
战时农业措施与经济调整 197 及以下诸页
农业周收入 201
参见 Europe
Bennett, H.H. 休·H.贝内特博士
~与土壤保持 121，139，208
bio-equation 生物方程
人类物质世界的~ 16
biological bankruptcy 生物破产
拉丁美洲~ 152 及以下诸页
biological laws 生物规律
~与土地管理 37
~与人 19
biological surveys 生物调查
拉丁美洲的~ 160
~以解决地区资源问题 159 及以下诸页
biophysical laws 生物物理规律

~与北美洲的原始条件 31
biotic limits 生物限制 28 及以下诸页
biotic potential 生物潜能
绝对意义上的上限 22
~定义 16，21
~与经济学家的资本概念 63
工业革命对~的影响 59
欧洲农业的~ 200 及以下诸页
~公式 16
~与土地生产力 93 及以下诸页
~与现代农业 42
巴勒斯坦的~ 235
~实际可达的上限 22
~与肆虐的雨水 102
birds 鸟类
美国殖民地时期的~ 113
外来物种 89
~数量抑制因素 89
~与总环境的关系 86 及以下诸页
~占据的领域 92
参见 guano resources; wildlife
birth control 节育
~与美国对欧援助 211
~与天主教堂 280 及以下诸页
诊所 142，281
生态~ 33
教育与自由 211
教育民众 282
欧洲的~ 195
~与社会习俗 280

希腊的～ 206
印度的～ 228，237，282
日本的～ 238，281
需要新方法 279 及以下诸页
～与政治 207
当前的国际问题 218
波多黎各的～ 77，218，280 及以下诸页
～与绝育奖金 282
参见不同国家与 population checks
birth rates 出生率
～与日本的死亡率 216 及以下诸页
萨尔瓦多的～ 179
欧洲未能控制～ 195，210
（多国）人口增长与生活标准排名 74
～与欧洲的生活标准 195
参见不同国家与人口
bison 野牛
美国殖民地时期的～ 113
Bolivia 玻利维亚
人均年收入 172
肥沃土地 191
参见 Latin America
Borneo 婆罗洲
气候 234
洪水 234
土地破坏 234
低生育率 234
人口过剩 234

人口增长与土壤恢复 234
土壤肥沃的地区 234
移耕农业 234
土壤 234
迷信 234
参见 Asia
Bowman, Isaiah 艾赛亚·鲍曼 95
Brazil 巴西
卡路里的摄入与人均年收入 172
土地负载力 75
咖啡 63
干旱 153
燃料 157
移民 191，228
工业化 167
国内市场 167
国内购买力 75
降水 153
移民的重新安置问题 191
坡地恢复问题 191
铁路 157
橡胶 248
土壤 153
钢铁生产 167
参见 Latin America
British Isles 不列颠群岛
～与合作研究 269
降水的分布 84
饥荒 57 及以下诸页
土壤侵蚀 84

参见不同国家
Bulgaria 保加利亚
　　卡路里的摄入与人均年收入 199
　　参见 Europe
Bullock, D.S. 布洛克博士
Burke, Edmund 艾德蒙·伯克
　　"与殖民地和解"的演讲 57
Burma 缅甸
　　气候 234
　　洪水 234
　　土地破坏 234
　　低生育率 234
　　人口过剩 234
　　人口增加与土壤恢复 234
　　降水 215
　　土壤肥沃的地区 234
　　移耕农业 234
　　土壤 234
　　迷信 234
　　参见 Asia
Bush plan 布什计划 143
business 商业
　　自满与资源管理 112
　　～与港口淤积的高额代价 123
　　全面扩张 65

C

California 加利福尼亚
　　大雾 26
　　过度捕捞沙丁鱼 35

calories 热量
　　热量与人均年收入 172, 198 及以下诸页
Canada 加拿大
　　河狸 113
　　出生率 74
　　气候 21
　　苏联的土地负载力 229
　　～与合作研究 269
　　作物产量 21
　　干旱 125
　　侵蚀问题 125
　　印度移民 228
　　工业化 73
　　人口 23, 125
　　参见 North America
capital 资本
　　用土地交换 60
　　～与购买力 78
　　参见 resource capital
Capitalistic system 资本主义制度
　　制约因素 34
Cardenas Lazaro 卡德纳斯总统 163
carrying capacity 土地负载力
　　非洲～ 30, 240
　　亚洲～ 213 及以下诸页
　　澳大利亚～ 73 及以下诸页, 236
　　～定义 16
　　～与破坏性武器 33
　　休止角的影响 103

工业革命的影响 59 及以下诸页
欧洲～ 200 及以下诸页
世界各地～下降 79
18 世纪的农场 40 及以下诸页
～公式 16
"免于贫穷" 44
环境阻力增加 125
～及其对美国内战的影响 117
～与土地管理 111
拉丁美洲～ 168
拉丁美洲的国内购买力 75
各国～与全球～ 267
～与民族主义 48
～与欧洲过度生育 193 及以下诸页
～与人口 40 及以下诸页，70 及以下诸页，73 及以下诸页，280
佐治亚州和南卡罗莱纳州农村地区 45
～与生活标准 23，67
～与肆虐的雨水 102
美国牧场的～ 119 及以下诸页
～差异 93 及以下诸页
参见不同国家

cattle breeding 养牛
　工业革命的影响 59
　印度人～ 227
　参见 overgrazing
cattle interests 养牛业 31
C=B:E
　formula 公式 16，111，280

Central America 中美洲
　卡路里的摄入与人均年收入 172
　土地负载力 154
　气候 24
　咖啡 24
　疾病 28 及以下诸页
　香蕉种植的影响 154
　鱼类 35
　燃料 156
　美洲洲际公路 165
　土地所有制形式 162
　米尔帕耕作法 156
　害虫 159
　植物疾病 159
　降水 24
　本国范围 75
　土壤侵蚀 154
　火山土壤 26
　参见不同国家；Latin America
Chambers of Commerce 商会
　生态第五纵队 144
　～与欧洲的竞争 209
charcoal 木炭
　～与滥伐森林 171 及以下诸页
　参见 fuel
Chesapeake Bay 切萨皮克湾
　～的淤积 122 及以下诸页
Chile 智利
　农业 187 及以下诸页
　美国林业代表团 164

出生率 74
引进外来植物黑莓 88
卡路里的摄入与人均年收入 172
土地负载力 26，153
土地负载力与土地所有制 187
气候 188 及以下诸页
国花红铃兰百合 93
国内产品的成本 167
死亡率 186
滥伐森林 161
沙漠 20，187
破坏美景 189
侵蚀 102，163，187 及以下诸页
泛滥平原 188
森林 187 及以下诸页
森林大火 158，189
燃料 157
地理 187 及以下诸页
政府与大庄园主 187
灌溉 187
土地滥用与饥荒 152
土地不足 188
土地管理不善 189
过度放牧 187
人口过剩 74
牧场 187
人口数据 167
人口的稳定性 188
降水 24，85，153，158，187
人均购买力 167

土地的再分配 187
资源破坏 188 及以下诸页
资源管理 161
"咆哮西风带" 84
港口淤积 189
河流淤积 189
土壤 187 及以下诸页
生活标准 74
钢铁生产 167
表土破坏 188
旅游业 189
植被 85，188
地下水位 158
小麦产量 188
参见 Latin America

China 中国
　农耕方式 224
　农业 220 及以下诸页
　人均可耕地面积 219
　可获取的土地 244
　节育与民俗 280
　土地负载力 220，224
　气候 220 及以下诸页
　共产党的经济政策 237
　饮食 221
　侵蚀 223
　饥荒 57，219 及以下诸页，224 及以下诸页
　肥料 110，221
　15 世纪的～　14

洪水 220，223
马歇尔将军的使命 238
牧场 221 及以下诸页
工业化 224
工业化对世界和平的威胁 236
国内人均购买力 237
引进新作物与人口增长 224
牲畜数量 221 及以下诸页
生产力丧失 223
疟疾 13
历史的意义 19
人口过剩 74
人口数据 219 及以下诸页
降水 215，220 及以下诸页
铁路 224
牧场管理 222
人口增长率 219
科学的人口政策 77
抢米事件 238
土壤 220 及以下诸页
生活标准 74 及以下诸页
成立河流管理局的可能 224
黄河流域分水岭 99
参见 Asia

cities 城市
~与拉丁美洲的集权政府 154 及以下诸页
工业革命的影响 59
美国的发展 64 及以下诸页
劳动力资源 147

需要开展土壤保护教育 148
人口数据 148
~的崛起 41 及以下诸页
~与日本的农村社会组织 217
墨西哥城缺水 174
农村人口集中阻碍土地合理使用 148

Civil War 内战
~与土地破坏 117

climate 气候
亚马孙流域 83 及以下诸页
亚洲 214 及以下诸页，220 及以下诸页，234
加拿大 21
赤道附近的低地地区 23 及以下诸页
欧洲 200 及以下诸页
~的影响 24
拉丁美洲 153 及以下诸页
限制性因素 23 及以下诸页
非洲当前可能正在改变的~周期 240 及以下诸页
参见不同国家

climatological research 气候研究
拉丁美洲 159 及以下诸页
解决地区资源问题的途径 159 及以下诸页

climax 演替顶级
制衡系统 89 及以下诸页
~的定义 87

破坏~ 89 及以下诸页
破坏~带来的影响 90
人类对~的影响 87
美国牧草地 87
物种 87 及以下诸页
coal 煤炭
英国 5 及以下诸页,166
拉丁美洲的水力发电 166
~与太阳能 18
coffee 咖啡
非洲 254,257
巴西 63
中美洲 24
萨尔瓦多 75,154
危地马拉 63
南美洲 24
Cofre de Perote National Park 佩洛特国家公园 171
collectivized farming 集体化农业生产
欧洲~ 203
~与俄国政府的控制 233
Colombia 哥伦比亚
卡路里的摄入与人均年收入 172
土地负载力 25
圣玛尔塔山脉 25
港口淤积 158
参见 Latin America
colonization 殖民
~与城市人的概念 81
秘鲁 183 及以下诸页

希腊的人口控制措施 58
参见 immigration; resettlement
commercial combines 商业集团
在美国 37
commercial fishermen 商业渔民
~与鱼产量减少 35 及以下诸页
commercial groups 商业团体
国有森林的破坏 119
Communist Manifesto 共产党宣言 53
Compañía Administradora del Guano
参见 Guano Administration
compartmentalism 割裂
研究与行动计划中的~现象 142 及以下诸页
competition 竞争 36 及以下诸页
~抑制动物数量 92
平衡 109
出口 70 及以下诸页
~与希腊工业化 205 及以下诸页
日本与英美 218
工业品 78,209
航运 71
美国与战后欧洲 209
congress 国会
削减拨款 140
与非亚里士多德概念 51
对土壤保护教育的态度 149
牛羊养殖利益 31
委员会 121
自满与资源管理 112

第80届国会削减土壤保持拨款 124
缺少科学研究 140及以下诸页
与内战期间的土地立法 117
森林所有制提案 144
～与研究支出 142
～与科研咨询服务 270
流域管理局 127
conservation action on the land 土壤保持行动 277及以下诸页
可耕地的科学管理 277
反对浪费运动 278
回收污水 278
通过森林保护和重新造林控制水循环 277
限制性放牧 277
生态托管制度 278
改良耕作方法 277
资源开发的国际管理 278
遵循自然规律的土地管理方法 279
计划经济改革 278
人口的重新安置 278
conservation education 土壤保护教育
非亚里士多德式的整体性思维 273
国会的态度 149
开展地区性和全球性教育 272
问题诊断 273
拉丁美洲的花费 157
美国的花费 137
土壤保持机构的作用 270

缺乏训练有素的资源管理者 272
领导者的～ 274
人与环境的关系 276
非技术性的短期和长期～ 274及以下诸页
～与艺术和文学等的关系 276
奥杜邦自然营的作用 275
国家公园与州立公园 277
大中小学校的～ 276
技术训练与教育 272
技术与媒体 275及以下诸页
～与政府机构的工作 148及以下诸页
conservation expenditures 土壤保持支出
哥斯达黎加 182
拉丁美洲 157
美国 137，157
conservation program 土壤保持计划 268及以下诸页
土壤保持行动 277及以下诸页
民间组织发起的～ 275
教育 272及以下诸页
研究 268及以下诸页
conservation research 土壤保持研究
语言障碍与科研人员生活穷困 269及以下诸页
与气候和文化相近国家合作的～ 269
经济研究与生态中心 271

美国的花费 137
自然科学与社会科学 271
土壤保持计划的组成部分 268 及以下诸页
科研咨询服务 269 及以下诸页
参见 research

continence 节制性欲
～与人口控制 63

Convention on Nature Protection and Wild Life Preservation in the Western Hemisphere 西半球自然资源和野生动植物保护公约

contraception 避孕
见 birth control

cormorant 鸬鹚
鸟粪生产者 185

corn 玉米
非洲进出口 260
坡地耕种 170
在萨尔瓦多 75
新世界的～出口 60
对拉丁美洲历史的影响 157
在艾奥瓦州 22
墨西哥～产量增加的奖励 170
非洲～生产 257，260
墨西哥～生产 22
破坏土壤 97 及以下诸页，115 及以下诸页
"暴君" 157
参见 agriculture

corruption 腐败
～与墨西哥国家公园 163
政府与政府官员的～ 155
～与资源管理 155

Costa Rica 哥斯达黎加
农业用地 180
面积 180
农民的态度 180
卡路里的摄入与人均年收入 172
气候 180 及以下诸页
土壤保持费用 182，268
教育 182
侵蚀 180 及以下诸页
榨取式森林资源开发 181 及以下诸页
洪水 181
森林 180 及以下诸页
公路建设支出 182
水力发电 180 及以下诸页
美洲洲际农业科学院 273
政府资源管理不足 181 及以下诸页
识字率 182
疟疾 181
国家预算 268
人口 180
降水 180 及以下诸页
公共建设 182
牧场 181
土壤 180
生活标准 180 及以下诸页

索　引

税收 182
时间因素 182
水供应 181
参见 Central America

cotton 棉花 15
在非洲 257
新世界的~出口 60
佐治亚和南卡罗来纳州的~　45
印度的~种植 64 及以下诸页
破坏土地 40，97，115
参见 agriculture

crops 庄稼
破坏性 40，97 及以下诸页，115
及以下诸页
~歉收 21 及以下诸页
爱尔兰~歉收 57
影响土壤侵蚀 97 及以下诸页
~与俄国政府权力高度集中 233
轮作与可持续的平衡农业 110
参见 agriculture; over-cropping

Cuba 古巴
卡路里的摄入与人均年收入 172
参见 Latin America

Cuzco 库斯科
农校 184

Cyprus 塞浦路斯
卡路里的摄入与人均年收入 198
参见 Europe

Czechoslovakia 捷克斯洛伐克
卡路里的摄入与人均年收入 199

~与拉丁美洲的工业竞争 168
工业化 73
人口过剩 73
参见 Europe

D

Dakotas 达科他人
土地负载力 45
农业机械化 45
人口减少 45
降水 45
土壤 45
生活标准 45
风蚀 45

dams 水坝
~与等高耕作 104
美国陆军工程兵团 126
田纳西河流域管理局 39，126
与短期水灾 126

Darling, Jay 杰·达林 124，129

DDT 滴滴涕
不加选择地使用~　31，257

death rates 死亡率
~与萨尔瓦多的出生率 179
智利~　186
美国援助对欧洲的影响 210
日本~　216
原始条件下的~　93 及以下诸页
拉丁美洲~减少 164
参见人口索引

deer 鹿
  数量控制 131
  外来物种 89
  凯巴布高原的鹿和现代欧洲人 193
  凯巴布森林 90，193
  ～与自然法则 109
  人口过剩与牧场破坏 89 及以下诸页
  产出足够粮食需要的土地量 39 及以下诸页

definitions 定义
  可耕地 27 及以下诸页
  生物潜能 16
  土地负载力 16
  环境阻力 16
  公式 C=B: E 16
  实际收入的国际单位 73
  土地生产力 93
  坡度 26

deforestation 滥伐森林
  参见 forest destruction

Denmark 丹麦
  农业生产 196
  人均可耕地与人口增长率 194
  卡路里的摄入与人均年收入 199
  饮食 202
  出口 202 及以下诸页
  新世界的寄生虫 202
  人口数据 200
  生活标准与出生率 195
  战时农业措施与经济调整 197 及以下诸页
  农业周收入 201
  参见 Scandinavia

depression recovery 经济复苏
  俄国 65
  美国 64 及以下诸页

deserts 沙漠
  非洲 240 及以下诸页
  亚洲 214，223
  智利 20，187
  ～与土地租佃 27 及以下诸页
  秘鲁 20，183
  ～与土地生产力 106
  苏联 230
  参见 climate

destructive tools 破坏性工具 32 及以下诸页
  在澳大利亚 235
  拉丁美洲农业的～ 156 及以下诸页

devegetation 破坏植被
  ～的影响 119 及以下诸页
  破坏水文循环的第一步 96

disease 疾病
  ～控制 125
  人 28 及以下诸页
  在印度 227
  在拉丁美洲 164
  疟疾 12 及以下诸页，28，164

营养不良带来的~ 103
抑制人口 89，131
碱尘造成的~ 174
~与卫生革命 61
参见 medical profession
displaced persons 难民 9 及以下诸页，15，69，79，107 及以下诸页，257
参见 ecological DPs; immigration; resettlement
distillation of water 蒸馏海水
Dominican Republic 多米尼加共和国
卡路里的摄入与人均年收入 172
合作研究 269
~与移民 191
参见 Latin America
DPs 见 displaced persons
drought 见 climate 和索引中的不同国家
dust bowl 沙尘暴 21，24，208，230
1947 年出现~的可能 140
密苏里河流域 83
~与铁路 39
~再次发生 67
Dutch elm disease 荷兰榆病

E

ecological degeneration and actual destruction 生态退化与实际破坏 256
ecological DPS 生态难民
~与欧洲难民 107
在拉丁美洲 191 及以下诸页
~与资源破坏 107
参见 displaced persons
ecological equilibrium 生态平衡 86 及以下诸页
~与非洲环境 260
~与平衡农业 110 及以下诸页
~与经济思维 146
在拉丁美洲 191
~与欧洲食物现状 208 及以下诸页
野生动物的价值 132 及以下诸页
ecological fifth column 生态第五纵队 143 及以下诸页
ecological health 生态健康 265，271
ecological incompetents 生态无能者 145 及以下诸页
ecology 生态
~与亚里士多德式思维 49 及以下诸页
economic laws 经济规律
~与土地管理 37
economic pressure 经济压力 31，69
参见 industrialization
economic research 经济研究
~与生态取向 271
非亚里士多德式~ 271
economic and social councils 经济和社会理事会
~与元素化思维 54

economic systems 经济制度
　　错误的概念 81
economic thinking 经济思维
　　造成经济失衡 146
　　金钱衡量与生物物理衡量 146
economists 经济学家
　　～与生物潜能概念 63
　　～与土地 42 及以下诸页
　　～与马尔萨斯人口论 55，63
economy 经济
　　～平衡 43
　　19 世纪～复苏 64 及以下诸页
　　农民购买力造成的影响 64 及以下诸页
　　购买力下降的影响 80
　　扩张与收缩 67
　　榨取式～　110，157
　　拉丁美洲～　157
　　开拓者 115 及以下诸页
　　计划经济 278
　　俄国扩张主义者 233 及以下诸页
Ecuador 厄瓜多尔
　　人均年收入 172
　　鱼类开发 35
　　参见 Latin America
education 教育
　　亚里士多德式～　141 及以下诸页
　　拉丁美洲～　160 及以下诸页
　　民主社会需重视～　151
　　～与人和自然的关系 143
　　～与教师薪水 7 及以下诸页
　　美国～　79 及以下诸页，125
　　参见 conservation education
Egypt 埃及
　　出生率 74
　　气象站 247
　　人口过剩 74
　　保护性关税 209
　　尼罗河的淤积与国家经济 252
　　生活标准 74 及以下诸页
　　参见 Africa
eighteenth century 18 世纪
　　美国农民 40 及以下诸页
　　向旧世界出口棉花 60
　　饥荒 58
　　木材 113
Eire 爱尔兰共和国
　　出生率 74
　　卡路里的摄入与人均年收入 199
　　人口减少 74
　　～与昔日的饥荒 74
　　参见 Europe 和 Great Britain
Ejido 合作农场
　　～的定义 163
　　土地破坏者 163
　　参见 Mexico
elementalistic thinking 元素化思维
　　～与经济学 54
　　～与经济和社会理事会 54
　　～与国际事务 54

～与国际组织 53
～与土地利用问题 54
～与多用途概念 54
～与国内事务 54
～与人口问题 53 及以下诸页
～与社会学 54
～与"土壤侵蚀" 124
～与美国陆军工程兵团 54
El General Valley 将军谷地区 181
El Salvador 萨尔瓦多
　农业 177 及以下诸页
　人均可耕地面积 76
　国土面积 177
　卡路里的摄入 76，178
　卡路里的摄入与人均年收入 172
　土地负载力 75，178
　民族品格 75，179
　咖啡 75，154，178
　相比哥斯达黎加 180，182
　玉米 75
　死亡率与出生率 179
　森林破坏 177 及以下诸页
　疾病 178
　出口 75
　重要植物群丛的消失 269
　燃料 157，177
　政府 179
　文盲率 177 及以下诸页
　工业化 75
　土地不足 106

　滥用土地 75
　可耕地的土地分类 177
　营养不良 76
　人口过剩与根据土地利用能力做出
　　调整 106 及以下诸页
　人口数据 177 及以下诸页
　每平方英里可耕地上的人口 161
　农业产量可能增加 178
　可能引领拉丁美洲 179
　铁路 157
　资源管理 161
　对北美人的意义 75
　生活标准 75，178
　饥荒 15，75 及以下诸页，152，177
　　及以下诸页
　参见 Central America
Emergency Conservation Committee
　应急保护委员会
　～与资源恢复 137
emigration 移居
　～到新世界 59 及以下诸页
　希腊人口控制 58
　参见 immigration
energy 能量
　从土地到人 18 及以下诸页
England 英国
　农业耕种方式 71
　可耕地面积 71
　人均可耕地与人口增长率 194
　面积 6

煤炭 5 及以下诸页
殖民地 57 及以下诸页
出口 61
出口竞争 70
饥荒 57 及以下诸页，72
在 15 世纪 14
食物与可用土地 6
自由贸易 63
饥饿 6
从丹麦进口 202
从新世界进口 60
与工业革命 58 及以下诸页
生产 60 及以下诸页，64，70 及以下诸页
～与历史的意义 19
人口 57，63，71
降水 84
购买力 70
维多利亚时代 6
航运 71
～与社会主义政府 71 及以下诸页
生活标准 71
补贴农民 196
从印度撤出 237
参见 Great Britain; Europe
environment 环境
非洲～ 259
～与破坏水文循环 96
人类耗尽～资源 110
～中的动植物基因变化 87
～对土壤类型的影响 85
制约 16
～与"政治"和"经济"手段 80
当前欧洲的～变化 208 及以下诸页
～与人类的关系 143 及以下诸页，276
～与研究 271
与游耕 93 及以下诸页
～稳定 94
理解～以做出调整 109 及以下诸页，158 及以下诸页
拉丁美洲的～差异 158 及以下诸页
～与水 81 及以下诸页
参见索引中的不同国家; environmental resistance
environmental resistance 环境阻力
～与美国内战 117
～的定义 16
毁坏性武器 33
生态难民的影响 107
公式 16
～与牧场 31
～与生活成本增加 129
牧场主的影响 120
欧洲～增加 200
工业革命以后的～ 59 及以下诸页
～与土地生产力 21 及以下诸页，93 及以下诸页
～与现代农业 42

巴勒斯坦的～ 235
～与实际上限 22
～与降水 102 及以下诸页
原始条件下的～ 31 及以下诸页
～与资源损失 125
在解决资源问题上的作用 268
佐治亚和南卡罗来纳农村地区的～ 45
erosion 土壤侵蚀
 非洲～ 244, 246, 249, 252 及以下诸页, 256
 农作物与自然植物 97
 ～与美国生活标准 67
 ～与休止角 94
 亚洲～ 215 及以下诸页, 223
 澳大利亚～ 235
 加拿大～ 125
 ～的因与果 100
 土壤结构改变 96
 控制方法 97, 103 及以下诸页, 124, 125, 232 及以下诸页
 ～的影响 121 及以下诸页
 欧洲～ 84, 201, 204, 207
 地质侵蚀 94
 重力侵蚀 99
 沟壑侵蚀 99, 170, 232, 253 及以下诸页
 侵蚀人类神经系统 38
 诱发性～ 100
 ～与土地分类 105 及以下诸页
 拉丁美洲～ 153 及以下诸页
 ～造成的损失 121 及以下诸页
 拉丁美洲的"道德"侵蚀 155
 牧场～ 120
 ～的速度 99
 ～与种植方式的关系 97 及以下诸页
 细沟～ 96
 片状～ 96, 99, 253 及以下诸页
 "土壤侵蚀"与普通语义学 124
 过度放牧的土地易受影响 120
 垂直～ 215, 253
 风蚀 21, 45, 86, 120, 153, 215, 232, 235, 256
 参见索引中的不同国家
Eskimo curlew 爱斯基摩麻鹬
 美国殖民地时期的～ 113
 捕杀～ 131
 参见 birds; wildlife
Euclid 欧几里得 49
Europe 欧洲
 农耕方式 200
 农业生产 196 及以下诸页
 农业革命 57
 农业 200 及以下诸页
 ～与美国的援助 77, 210 及以下诸页
 人均可耕地 193 及以下诸页
 ～与亚洲生活标准 199 及以下诸页, 208 及以下诸页

卡路里的摄入与人均年收入 198 及以下诸页
土地负载力 59, 193 及以下诸页, 201
气候 200 及以下诸页
共产党人的土地所有制措施 202 及以下诸页
革命前的情形 58
控制林木采伐 144
饮食质量降低 197
发展全球和地区性土壤保护教育 272
过度生育对美国生活标准的影响 195
环境阻力 201
侵蚀 84, 201, 207
森林 200 及以下诸页
牧场 200
进口 196 及以下诸页
从新世界进口 60
工业竞争 209
工业革命 59 及以下诸页
集权政府对拉丁美洲的影响 153 及以下诸页
土地所有制模式 144, 202 及以下诸页
大农场与土地生产力 202
限制性因素 201
气象站 247
过度耕种 201

过度放牧山羊 201
人口过剩 57 及以下诸页, 72, 193 及以下诸页
人口过剩与资源破坏 207 及以下诸页
维持治安 79
人口数据 57, 210
人口增加 199 及以下诸页
人口增加与土地分割 202 及以下诸页
人口稳定 211
降水 83 及以下诸页, 200
当前的环境变化 208 及以下诸页
食物现状 208 及以下诸页
人口过剩与军国主义 201 及以下诸页
购买力 168
人均可耕地与人口增长率的比值 194
卫生技术 61
科学知识 208
市场缩小与人口增加 209
土壤 200 及以下诸页
生活标准 61 及以下诸页, 194 及以下诸页
生活标准与人口出生率 195
关税 209
温度 200
十字军东征时期 58
贸易差额 202 及以下诸页

战时农业措施与经济调整 197 及
　　以下诸页
农业周收入 201
参见索引中的不同国家
European "blackmail" 欧洲的敲诈
　　209 及以下诸页
evaporation 蒸发
　　在非洲 252
　　在沿海地区 83
　　限制因素 24
　　在热带地区 84
　　参见 climate
exploitation 开发
　　拉丁美洲的～ 152 及以下诸页
　　拓荒经济 115
　　参见 resource destruction
extractive basis 榨取式土地利用
　　～与可持续的土地利用 43, 67,
　　79, 110

F

factors 因素
　　控制动物数量的～ 91 及以下诸页
　　土壤中的互动关系 86
　　影响世界关系的～ 8
　　参见 limiting factors
famine 饥荒
　　在非洲 258
　　在中国 57
　　在英国 57, 72

在印度 21, 57
在工业革命以前 58
在日本 238
在苏联 239
参见 starvation
FAO 见 Food and Agricultural Organ-
　　ization of the United Nations
farmer 农民
　　自满与资源管理 112
　　生态第五纵队 144
　　18 世纪的～ 40
　　购买力增强 64 及以下诸页
　　～与现代交通 42
　　～与他们供养的人 41 及以下诸页
　　农民人均产量与每英亩土地的产量
　　　42
　　生活标准 40 及以下诸页
　　参见 agricultural practices
farm tenantry 农田租借
　　遥领制度 148
　　政府贷款 148
　　阻碍土地的合理使用 147 及以下
　　　诸页
　　佃农 148
Far, William 威廉·法尔 57
fauna 动物群
　　见 animals; wildlife
fertilizer 肥料 37
　　～与平衡农业 110
　　在中国 110, 200, 221

日本的～进口 219
　　在爪哇 200
　　拉丁美洲的～需求 162
　　在菲律宾 200
　　"茶匙农业" 207 及以下诸页
　　参见 guano resources; menhaden
fescue bunchgrass 羊茅草
　　诱发性侵蚀 100 及以下诸页
field mice 田鼠
　　～与食物链 19
fifteenth century 15 世纪
　　人与自然资源的关系 14
Fifth Freedom 第五种自由 211
Finland 芬兰
　　卡路里的摄入与人均年收入 199
　　木材出口俄国 230
　　参见 Europe
fire 火
　　对植物演替的影响 87 及以下诸页
　　限制因素 28，32
　　参见索引中的不同国家；forest fires
fire protection 防火
　　在阿拉斯加 140
　　～与水供应不足 128
　　美国的森林 139 及以下诸页
fish 鱼类
　　在殖民地时期的美国 112
　　淤积对捕鱼业的巨大影响 123
　　从非洲的河流中消失 253
　　渔业与田纳西河流域管理局 39

　　国际条约 36
　　美国渔民的过度开发 35
　　～与水域的污染 34
　　～生产数据 35 及以下诸页
　　数量减少 35
　　美国渔业的价值 132
flax 亚麻
　　破坏土壤的因素 115
flood control 防洪
　　河狸坝 150
　　通过工程项目～ 125 及以下诸页
　　在希腊 205
　　水库淤积 121 及以下诸页
　　～与田纳西河流域管理局 38 及以下诸页
　　～与美国陆军工程兵团 54
　　地被植物的作用 99
flood plains and human occupation 泛滥平原与人口居住 126 及以下诸页
　　密苏里河和密西西比河 126
flooding 洪水泛滥
　　～与水电站 38
　　肥沃的土地～ 126 及以下诸页
floods 洪水
　　在非洲 30
　　在亚洲 234
　　在中国 220，223
　　在殖民地时期的美国 112 及以下诸页
　　在希腊 205

索　引

在墨西哥 171 及以下诸页
1947 年 7 月密苏里河流域洪水泛滥 124
在美国 21，126 及以下诸页
fog 雾
　　海洋 25 及以下诸页
food 食物
　　～与欧洲人均年收入 198 及以下诸页
　　～与拉丁美洲人均年收入 172
　　政治武器 140
　　与实际产出上限 22
　　欧洲现状 208 及以下诸页
　　当今世界需求 140
　　价格 34 及以下诸页
　　欧洲食物存储 58
　　～盈余 78，176
　　合成～ 18
Food and Agriculture Organization of the United Nations 联合国粮食与农业组织
　　针对希腊的农业计划 206
　　与节育计划 281 及以下诸页
food chain 食物链 19
　　举例 19
　　数量金字塔 91 及以下诸页
　　各种植物群落中的～ 91
forest destruction 森林破坏 32 及以下诸页
　　径流量增加的原因 140

～对拉丁美洲的影响 158
墨西哥公路的影响 170 及以下诸页
欧洲中世纪前的～ 207
经济发展带来～ 67
在 19 世纪 39
～的结果 121 及以下诸页
分水岭 119
威斯康星州出台森林保护法规 89 及以下诸页
全球范围内的～ 79
参见索引中的不同国家
forest fires 森林大火
　　在阿拉斯加 140
　　在智利 158
　　在墨西哥 172
　　在美国 139 及以下诸页
forest land 林地
　　没有防火措施的～面积 139 及以下诸页
　　私有制和政府所有制 118
　　美国～总面积 118
forest products 森林产品
　　～的需求 118 及以下诸页
　　参见 lumber；timber
forestry 林业
　　～代表团到智利 164
　　～与合作研究 268
　　拉丁美洲的～部门 157
　　不利于制定科学合理的计划 144
　　持续产出 136

田纳西河流域管理局的~计划 39
forests 森林
    在非洲 241 及以下诸页
    ~与农业革命 42
    在亚洲 215
    在殖民地时期的美国 112 及以下诸页
    演替顶级的发展 87 及以下诸页
    在欧洲 200 及以下诸页
    土地使用分类 106
    日本的管理 219
    ~资源呈减少趋势 139 及以下诸页
    热带~ 24 及以下诸页, 79, 88
    参见索引中的不同国家; national forests
Formosa 中国台湾
    出生率 74
    人口过剩 74 及以下诸页
    日本的食物来源 218
    生活标准 74
    参见 Asia
formula 公式
    $C = B : E$ 16, 111, 280
fowling piece 猎枪
    毁坏性武器 33
France 法国
    农业 200
    可耕地面积 203
    人均可耕地与人口增长率 194
    城乡人口平衡 203
    生物潜能 200 及以下诸页
    出生率 74 及以下诸页
    卡路里的摄入与人均年收入 199
    天主教徒与人口控制 281
    气候 203
    人口减少 74
    ~与德国人口过剩 72
    进口 196
    19 世纪拉丁美洲文化的影响 152 及以下诸页
    降水 200
    生活标准 195
    温度 200
    参见 Europe
Franklin, Benjamin 本杰明·富兰克林 32
free competition 自由竞争 34
    参见 competition
free enterprise 自由竞争
    ~与美国木材商 155
    "自由企业"林业 34
    ~与政府控制的林地 136
    在秘鲁 37
    对资源的破坏 133 及以下诸页
    ~与土地的合理利用 232
    ~与给予补贴的工厂主 43
free land 自由土地
    ~与移民 61
free trade 自由贸易
    ~与英国 63
freedom from want 免于贫穷 44

~与工业化 75
多序词 56
French East Africa 法属东非
 香蕉、可可、咖啡和橡胶种植园 259
 土壤侵蚀 259
 森林与农业的侵入 259
 土壤 259
 参见 Africa
French Equatorial Africa
 法属赤道附近的非洲国家
 农业 242，258
 植被破坏 255，258
 土壤侵蚀 258
 火 258
 稀树草原 242，258
 土壤 242，258
 地下水位 242
 参见 Africa
fuel 燃料
 在印度 225
 在拉丁美洲 157 及以下诸页
 在墨西哥 172
 在俄国 231
fur bearer 毛皮兽
 拉丁美洲捕杀~ 162
 俄国人的诱捕法 232
 产业价值 132

G

game 大动物

 在殖民地时期的美国 113
 产业价值 132
Gandhi Mohandas 甘地
 ~与英国纺织市场 70
general semantics 普通语义学
 ~与亚里士多德式思维 49 及以下诸页
 ~与民主 55
 ~与"森林" 52
 ~与"土地" 51 及以下诸页
 语义混淆 124，146
 ~与土壤保持方法 55
geological erosion 地质侵蚀 见 erosion
George III 乔治三世 57
Georgia 佐治亚
 棉花生产 45
 森林破坏 32
 农村地区的生活标准 45
 烟草生产 45
Germany 德国
 农业生产 196 及以下诸页
 农业 200
 人均可耕地与人口增长率 194
 生物潜能 200 及以下诸页
 卡路里的摄入与人均年收入 199
 ~与合作研究 269
 进口 196，203
 工业竞争 209
 工业化 72 及以下诸页

良田面积不足 73
扩张需求 72
人口 72 及以下诸页
降水 200
生活标准 72 及以下诸页，208 及以下诸页
生活标准与出生率 195
温度 200
农业周收入 201
参见 Europe
global environment 整体环境
人对~的依赖 14
人对~的影响 14
goats 山羊
破坏性因素 19
~与非洲过度放牧 252
~与地中海地区过度放牧 201
Gobi 戈壁
土地负载力 33
抗旱植物 85
goiter 甲状腺肿大 26
Gold coast 黄金海岸
森林 248
火与农业 248
人口增加 248
参见 Africa
Good Neighbor Policy 睦邻政策 165
government 政府
中央集权 154 及以下诸页
腐败 155

拉丁美洲的土壤保持行动 155
地方与国家 155
~的土壤保持责任 269 及以下诸页，275，277 及以下诸页，281 及以下诸页
参见 United States Government
government policies 政府采取的政策
~与水的影响 103
Graham, E. H. 格雷厄姆博士 47
grasshoppers 蝗虫
~与植被破坏 24
在拉丁美洲 159
~与合作研究需求 269
参见 insects; pests
grasslands and grazing lands 草地和牧场
在非洲 251 及以下诸页，254，261
在阿根廷 31
在澳大利亚 31
在中国 221 及以下诸页
~分类 106
在殖民地时期的美国 113 及以下诸页
~管理 277
~破坏与不断扩张的经济 67
土壤的形成 86
在爱尔兰 200
美国的过度开发 31
保护措施 109
国家公园里的~ 31

参见索引中的不同国家
gravity erosion 重力侵蚀 见 erosion
Great Britain 英国
 出生率 73 及以下诸页
 人口与土地负载力的差距 70 及以下诸页
 水电站 166
 ~与拉丁美洲的工业竞争 168
 工业化 72 及以下诸页
 对印度经济和卫生条件的影响 226
 良田不足 73
 工业生产 61 及以下诸页
 几乎垄断全球市场 75
 购买力 78
 技术 5, 70 及以下诸页
 木材进口 113
 农业周收入 201
 参见索引中的不同国家；Europe
Great Plains 大平原地区
 气候 201
 公路带来的破坏 149 及以下诸页
 ~与机械化农业 147
 降水 23, 84
 土壤 21
 温度 23
 风蚀 21
Greece 希腊
 农业生产 197, 204 及以下诸页
 ~与美国人民 203
 美国公共事业振兴署与军国主义 210
 农业用地量 203 及以下诸页
 人均可耕地与人口增长率 194
 面积 203
 普通农场 204
 节育 58, 206
 卡路里的摄入与人均年收入 198
 土地负载力与重新安置 205
 侵蚀 204 及以下诸页
 出口 205
 联合国粮农组织代表团 203
 防洪 205
 森林破坏 204, 207
 地理 203 及以下诸页
 山羊 204 及以下诸页
 水情 205
 进口 197
 工业化 205 及以下诸页
 土地破坏 204 及以诸页
 土地利用能力 106
 土地利用方式 204
 现代希腊与伯里克利时代 276
 人口过剩 106, 204 及以下诸页
 人口 205 及以下诸页
 人口数据 203
 战前人均收入 205
 重新安置问题 204 及以下诸页
 生活标准与美国纳税人 205 及以下诸页
 生活标准与人口出生率 195

饥饿 15
蓄水坝 205
地形 204
水 205
参见 Europe
Guanacaste, Costa Rica 哥斯达黎加瓜
纳卡斯特省 181
Guano Administration 鸟粪管理局
秘鲁 155
土壤保持机构 186
政府与私人管理 186
鸟粪产量增加 186
guano resources 鸟粪资源 183 及以下
诸页
～与小气候 24
控制鸟类数量 92
鸬鹚 185
～管理 184, 186
产量数据 36 及以下诸页, 185 及以下诸页
鸟类保护 186
Guatemala 危地马拉
人均年收入 172
土地负载力 40
咖啡 63
米尔帕农业的巨大破坏 156
森林 25
燃料 177
人口 40
土壤 25

参见 Central America
Gulf of Maine 缅因湾
～与鲱鱼的消失 36
Gulf of Mexico 墨西哥湾 140
美国的表土与谷物出口 69
～与密西西比河的淤积 34, 124
gully erosion 沟状侵蚀 见 erosion

H

habitat 栖息地
大象～ 19
～与沙漠的行进 19
hacendado 大庄园 37, 187
hacienda 大庄园主 37
Haiti 海地
人均年收入 172
廉价劳动力 77
重要植物群丛消失 269
工业化 77
土地短缺 106
土地利用能力 106
人口过剩 77, 106
贫困 182
生活标准 77
饥饿 152
关税壁垒 77
参见 Latin America
health 健康
在拉丁美洲 164
在美国 125

参见 diseases; nutrition
heat absorption 吸热
　没有保护性植被 83
heath hen 北美松鸡
　在殖民地时期的美国 113
　猎杀～　131
herring 鲱鱼
　产量 36
highways 公路
　在波多黎各 182
　～与墨西哥的土地资源破坏 170 及
　　以下诸页
　工业革命以后 59
　奢侈品 67
　参见 Inter-American Highway
Himalaya Mountains 喜马拉雅山脉 83
Hiroshima 日本广岛 31
Honduras 洪都拉斯
　卡路里的摄入与人均年收入 172
　土地负载力 40
　联合果品公司的教育工作 273
　人口 40
　参见 Central America
housing shortage 住房短缺 119
Humboldt Current 秘鲁寒流 185
humming bird 蜂鸟
　～与生物规律 19
Hungary 匈牙利
　人均可耕地与人口增长率 194
　卡路里的摄入与人均年收入 199

生活标准与出生率 195
农业周收入 201
参考 Europe
hunger 饥饿
　～与大量啮齿动物 31
　～与工业化 75
　～与地少人多 103
　～与政治 207 及以下诸页
　参见 starvation
hunting 猎杀动物
　在殖民地时期的美国 113
　在国家森林 108
　在原始条件下的北美洲 93
　美国狩猎产业的价值 132
Huxley, Thomas Henry 赫胥黎 274
hydroelectricity power 水力发电站
　18, 38
　萨尔瓦多的水力发电情况 177
　在英国 166
　在拉丁美洲 166
hydroelectric reservoirs 水力发电水
　库 126 及以下诸页
　在墨西哥 171, 174
hydrologic cycle 水文循环
　打破～　96 及以下诸页
　在殖民地时期的美国 112 及以下
　　诸页
　控制～　277
　～的定义 83
　打破～带来的影响 96

在希腊 205
在拉丁美洲 158
～与人 96
～与植被 83 及以下诸页
参见 water
hydrological surveys 水文勘测
解决地区资源问题的途径 160
hydrology 水文学
～与元素化思维 54
hyponics 水培 20

I

Iceland 冰岛
卡路里的摄入与人均年收入 199
参见 Europe
identification 混为一谈
在评估土壤侵蚀造成的损失时将符
号与现实～ 124
在经济思维上～ 146
Illinois 伊利诺伊州
耕种生荒地及其后果 110
illiteracy 文盲
在萨尔瓦多 177
限制性因素 47
～与南方的生活标准 125
immigration 移民
城市人的概念 81
拉丁美洲～的可能 191, 228
参见 displaced persons
Incas 印加人

农耕方式 104
农场土地的负载力 42 及以下诸页
income 收入
～与欧洲人摄入的卡路里 198 及以
下诸页
～与拉丁美洲人摄入的卡路里 172
～与通胀 79
用国际单位计的实际收入 73
参见 national income
India 印度
人均年收入 226
平均卡路里摄入量 226 及以下诸页
节育 228, 280
节育与战争、饥饿和疾病 237
出生率 74
～与英国纺织市场 70
英国的退出与人口趋势 237
加尔各答的棉布 61
土地负载力 31, 226
工业化的危险 228
干旱 21
移民 227 及以下诸页
1879 年棉花减产 64
饥荒 21, 57
燃料 225
工业化威胁世界和平 236
英国对～经济与卫生事件的影响
226 及以下诸页
国内人均购买力 237
印度人的寿命 226

索　引

限制性因素 225
疟疾 13 及以下诸页
季风区 83
有组织的节育计划 282
人口过剩 74
人口数据 226 及以下诸页
16 世纪的人口 213
人口增长 13, 224, 227
降水 24, 83 及以下诸页, 215, 225
～与现实政治 48
"神圣的牛" 46, 227
土壤 226
生活标准 74 及以下诸页, 237
关税 209
地形 225
分水岭 225
参见 Asia
Indians 印第安人 见 primitive man
indicators 指标
反映土地退化 101
induced erosion 诱发性侵蚀 见 erosion
industrial leaders 工业领导人
在科学研究上的投入 141 及以下诸页
Industrial Revolution 工业革命 58 及以下诸页
industrialization 工业化
在中国 224
～与希腊的竞争力 205
印度构成威胁 228
在萨尔瓦多 75, 77
～的谬误 70 及以下诸页
在海地 75, 77
～与较高的生活水平 73 及以下诸页
～与饥饿 75
工业革命 58 及以下诸页
在日本 72
在拉丁美洲 166 及以下诸页
～与拉丁美洲的保护性关税 209
在旧世界 60 及以下诸页, 67
威胁中国和印度的和平 236
在波多黎各 76 及以下诸页
在美国 40, 59 及以下诸页
～与世界历史 69 及以下诸页
参见索引中的不同国家
industry 工业
～与移民 59
～与土地管理 37
奢侈品产业 42
～与垄断 75
小型工业与难民安置计划 278
infant mortality 婴儿死亡率
在墨西哥 176
infanticide 杀婴
希腊人口控制手段 58
infiltration 渗透量
在非洲 252
影响因素 97 及以下诸页

～与底土 97
参见 precipitation
inflation 通胀 8, 44
较低生活标准的表现 79
insanitary rate in the United States 美国精神失常者人数 38
insects 昆虫
控制 30 及以下诸页
农民承担的成本 28
毁坏作物 28
人类疾病的携带者 28
减少限制性因素的手段 22, 28
对人类的价值 30
Inter-American Highway 美洲洲际公路 30
对哥斯达黎加的影响 182
造成破坏 165
Inter-American Institute of Agricultural Sciences 美洲洲际农业科学院 273
Inter-American treaties 美洲国家间条约 109
international affairs 国际事务
～与元素化思维 54
～与真正的经济评估 146
international clearing house and translation center 国际信息交换和翻译中心 269
international control of resource exploitation 资源开发的国际监管

～与元素化思维 54
international policies 国际政策
理解资源状况带来的影响 80
international treaties 国际条约
～与鱼类 36
international unit 国际单位
～的定义 73
international WPA 国际公共事业计划署 209 及以下诸页
Interstate Commerce Commission 州际商贸委员会
introduced species 外来物种
～与非洲植被退化 249
～与自然规律 109
～与环境的关系 86 及以下诸页
Iowa 艾奥瓦州
土地负载力 22
玉米出口秘鲁 104
土壤侵蚀 104
生活标准 45
表土流失 124
Iowa State College 艾奥瓦州立学院 22
Iran 伊朗
～与英国 56
Ireland 爱尔兰
农业 200
作物减产 57, 200
牧场 200
人口 57

温度 200
参见 Europe; Great Britain
irrigation 灌溉
　　在非洲 255
　　黑钙土 230
　　对印度人口增长的影响 226
　　～与中国粮食产量增加 224
　　减少限制性因素 22
　　在秘鲁 40，183 及以下诸页
　　在加利福尼亚的圣克拉拉流域 128
　　爪哇和菲律宾的梯田～ 107
　　流域管理局建设项目 127
　　参见索引中的不同国家
Italy 意大利
　　～与美国纳税人 206
　　美国公共事业振兴署与军国主义 210
　　农业生产 196
　　可耕地数量 206
　　人均可耕地与人口增长率 194
　　卡路里的摄入与人均年收入 198
　　土地负载力 31
　　饮食 202
　　侵蚀 207
　　饥饿与政治 207 及以下诸页
　　进口 196
　　工业化 73
　　疟疾 13
　　人口过剩 73，206 及以下诸页
　　肥沃土地 207

人口增长率 206 及以下诸页
生活标准与出生率 195
参见 Europe
Izaak Walton League 沃尔顿联盟
　　～与资源重建 137

J

Japan 日本
　　农业生产 219
　　人均可耕地量 218
　　可耕地 72
　　节育 218，238
　　现代工业化和卫生条件的影响 72 及以下诸页
　　土壤侵蚀 218 及以下诸页
　　扩张 73
　　粮食产量增加 219
　　饥荒 238
　　一个封建国家 216 及以下诸页
　　森林 219
　　工业竞争 209，218
　　西方文明的影响 217
　　肥沃土地不足 73
　　开垦土地 27
　　土地管理 218 及以下诸页
　　气象站 247
　　矿产资源 72
　　维护治安 238
　　人口 72 及以下诸页
　　人口数据 213，216 及以下诸页

人口压力与战争 218
生活标准 72, 217, 238
城市贫民窟与农村社会组织 217
保护分水岭 219
威胁世界和平 238
世界贸易 217 及以下诸页
参见 Asia
Java 爪哇
梯田灌溉 107
波多黎各的爪哇农民 45
人口数据 214, 216
土壤 26
Jefferson, Thomas 托马斯·杰斐逊
～与土地破坏 116
Jews 犹太人
～与巴勒斯坦的土地恢复 234 及以下诸页
参见 displaced persons
Joint Committee on Forestry 林业联合委员会 118

K

Kaibab forest 凯巴布森林
土地负载力 90
～与政府对大耳黑尾鹿数量的控制 90
Kaibab man 凯巴布人 195
Kenya 肯尼亚
沙漠的推进 257
养牛人 262

土壤侵蚀 253, 257 及以下诸页
饥荒 258
破坏森林 257
种植园农业 257
沙尘暴 258
河流淤积 258
土壤 258
参见 Africa
Koeppen climate classification 柯本气候分类法 229 及以下诸页
Korea 朝鲜 218
Krakatoa volcano 喀拉喀托火山
亚顶级演替的例证 90
Ku Klux Klan 三K党
～与南方的生活标准 125

L

labor 劳动力
美国的工会与欧洲的竞争 209
城市劳动力 147
非洲农业强制劳动 261
格雷欣法则 77
～与工业革命 59
损失工作时间 76
工会是生态第五纵队 144
lakes 湖泊
淤积 98 及以下诸页, 174
在智利 189
Lake Texaco 特斯科科湖
从贮水池变为干旱的平地 174

land abuse 滥用土地 10
  美国纳税人付出的代价 123
  生态难民～ 107
  ～与生态陷阱 284
  ～以养活过剩人口 69
  拉丁美洲土地所有者～ 162
  参见索引中的不同国家；land destruction
land 土地
  人为改变～以适应自然规律 107 及以下诸页
  ～数量 27，57
  独裁政府的土地管理 232
  耕地的生物潜能 22
  能力与生活标准 107
  分类 105 及以下诸页
  耕种方式 104 及以下诸页，154
  肥力耗尽 43
  休耕 94
  耕种后的肥力 115 及以下诸页
  免费～ 61
  土地荒 70，163，173，188
  非农业用地 43
  科学的土地利用计划实施中遇到的阻碍 144 及以下诸页
  分割～ 202 及以下诸页
  ～与拓荒经济 115 及以下诸页
  ～与人口 39 及以下诸页
  ～与财富及人口的关系 70 及以下诸页
  ～恢复 136 及以下诸页
  ～租用 28
  参见 agricultural land; arable land; soil; 索引中的不同国家
land destruction 土地破坏
  ～与农业盈余 78 及以下诸页
  ～对当今文明的影响 150
  农耕方式造成～ 67
  ～与环境阻力增加 42
  拓荒经济下的～ 115 及以下诸页
  ～与今天的流动雇农 127
  人口过剩的结果 207 及以下诸页
  ～的不同阶段 98 及以下诸页
  参见索引中的不同国家；forest destruction; land abuse; overgrazing; soil
land management 土地管理
  基于经济规律 37
  在智利 189
  亚里士多德逻辑的影响 56
  日本土壤侵蚀少 218 及以下诸页
  ～与国民收入 137 及以下诸页
  符合自然规律 279
  ～与土地利用能力和限制因素的关系 111
  ～与研究 159 及以下诸页
  ～与田纳西河流域管理局 38 及以下诸页
landownership 土地所有制
  遥领～ 148

欧洲模式 202 及以下诸页
榨取式态度 162
拉丁美洲模式 162
阻碍合理林业计划的实施 144
私有与公有 144
~与立法建议 144
智利~ 187
land productivity 土地生产力
美国内战期间~下降 117
~的定义 93
~与欧洲土地所有制形式 202 及以下诸页
~与洪涝灾害 126 及以下诸页
工业国家缺少足够的肥沃土地 73
在拉丁美洲 75 及以下诸页
限制性因素 23 及以下诸页
~与土壤中的有机物 26 及以下诸页
~与时间 21 及以下诸页
~与地形 25
~与土地负载力 93 及以下诸页
参见 productive capacity
land-use classification 土地用途分类 105 及以下诸页
land-use practices 土地利用方式
破坏性的~ 67
导致径流量增加 140
在希腊 204 及以下诸页
在拉丁美洲 162 及以下诸页
牧场使用的不当调整 120

~的结果 121 及以下诸页
土地所有制形式的结果 162 及以下诸页
土地闲置或耕种不足 187
参见索引中的不同国家
Laredo Highway 拉雷多公路
~与沟状侵蚀 170
latifundio 大庄园制 163
~的定义 202
~与共产主义 202
~与欧洲土地生产力 202
Latin America 拉丁美洲
遥领地主制 37
农业 156 及以下诸页
~与美国生活标准 152 及以下诸页，165
生物破产 152 及以下诸页
卡路里的摄入与人均年收入 172
土地负载力 75 及以下诸页，168
中央集权政府 154 及以下诸页
公务员选拔考核制度 155
北方巨人 165
为科学家提供保障 271
对资源破坏沾沾自喜 159
土壤保护支出 157
资源保护 162 及以下诸页
中央政府贪污腐败 155
耕种坡地 154
死亡率 164
美国资本的破坏性 164 及以下诸页

开展国际与地区性土壤保护教育 272 及以下诸页
疾病 164
生态问题 191
土壤侵蚀 154
受外国剥削 152 及以下诸页
原材料出口 75
～与榨取式经济 157 及以下诸页
肥料 36 及以下诸页，162，183 及以下诸页
地产商 69
国外市场的扩大及其对资源破坏的影响 164 及以下诸页
森林破坏 158
林业部门 157
"自由企业"式林业 34
燃料 157 及以下诸页
地理 153 及以下诸页
政府开展的土壤保护活动 155
水力发电 166
水情 158
文盲 47
时间因素的重要性 152
海外工业竞争 168
工业化 75，166 及以下诸页
种植玉米的影响 157
西班牙和法国文化的影响 152 及以下诸页
国内市场 167 及以下诸页
国内购买力 75

资源开发的国际监管 278
滥用土地 162 及以下诸页
土地管理与生态难民 191
土地生产力 75
土地用途分类 106 及以下诸页
土地所有制 162
米尔帕农业体系 28，156 及以下诸页
道德侵蚀 155
民族自主 75
人口过剩 152
人口 75 及以下诸页
贫穷 160 及以下诸页
降水 153 及以下诸页
尚未开发的资源 191
原始条件下 156
保护性关税 209
公共卫生 164
购买力 168
铁路 157
重新安置与勉强维持生计 191 及以下诸页
资源破坏 152
资源管理 161 及以下诸页
啮齿动物的破坏 30 及以下诸页
科学技术教育 160 及以下诸页
科学研究 159 及以下诸页，242
～与科学的资源管理 191
土壤保护与普通语义学 55
生活标准 75

饥饿 164
仅供维持生计的自给农业 162, 165
税收 167
技术人员 155
三大限制性因素 153 及以下诸页
城市人与农村人 155
环境差异与人的调整适应 158 及以下诸页
脆弱的环境 164
破坏野生动物 33
参见索引中的不同国家
Latin America relations 拉丁美洲的国家关系 15, 164 及以下诸页
leaders 领导人 16, 21, 274
参见 Congress
legislation 立法
美国内战期间 117
legislative bodies 立法机构
～与亚里士多德式思维 53
Leopold, Aldo 利奥波德
Lerma River 莱尔马河
Libya 利比亚
破坏森林与湖泊干涸 253
参见 Africa
Lima 秘鲁首都利马
～与大雾 25 及以下诸页
limiting factors 限制性因素
调节动物数量 91 及以下诸页
与亚里士多德思想 48 及以下诸页

生物 28 及以下诸页
～与生物潜能 22
资本主义制度 34 及以下诸页
气候 23
～与环境阻力 22
在欧洲 201
蒸发 24
火 28
文盲 47
昆虫防治 22
灌溉 22
～与土地管理 159 及以下诸页
土地生产力 21 及以下诸页
在拉丁美洲 153 及以下诸页, 191
山形 25
降水 24
～与原始条件 31 及以下诸页
地形 25
土壤类型 26 及以下诸页
水 28
Lincoln Memorial 林肯纪念堂
昔日的深水港 122
lion 狮子
～与食物链 19
livestock 牲畜
旱情导致～死亡 248
美国的牲畜养殖 119 及以下诸页
参见 cattle; sheep
living standard 生活标准, 见 standard of living

Los Angeles, California 洛杉矶
～与大雾 25 及以下诸页
lowlands 低地
气候与温度 23 及以下诸页
lumber 木材
～与住房短缺 119
国有森林的～生产 108
木材商 9
拉丁美洲的美国资本 164
自满与资源管理 112
生态第五纵队 143 及以下诸页
过度开发 149 及以下诸页
～与自由企业 15
Luzon 吕宋岛
土地不足与人口过剩 106

M

mackerel 鲭鱼
～生产 36
Madagascar 马达加斯加
植被破坏 255
原住民的法律与资源破坏 249
参见 Africa
Magdalena River 马格达莱纳河
淤泥堵塞 158
Maine 缅因州
鱼类生产 35 及以下诸页
malaria 疟疾 28
～预防 12 及以下诸页

～与饥饿 13，164
参见 diseases; medical profession
Malay 马来人 32，93
malnutrition 营养不良
在萨尔瓦多 75 及以下诸页
在欧洲 197，199
在印度 226 及以下诸页
参见 nutrition
Malthus, Thomas Robert 马尔萨斯 32，63，68，72
Malthusianism 马尔萨斯学派 55
Manchuria 东北三省 222
参见 Asia
markets 市场
国内～ 64
农村～ 66
自由竞争的世界～ 77
参见索引中的不同国家；industrialization; purchasing power
Marshall, George C. 马歇尔将军
出使中国 238
Maryland 马里兰州
烟草种植的影响 115 及以下诸页
meat 肉类食品
～与较高的生活标准 140
肉类进口 31
mechanization of agriculture 农业机械化
在达科他州 45

石油荒 147
~对国家经济的影响 66
~对人均产量的影响 147
参见索引中的不同国家
medical profession 医疗行业
~与人口增长 48
萨尔瓦多的卫生运动 179
~与疟疾 12 及以下诸页
~与当今欧洲人口过剩问题 210
美国政府采取的措施 76 及以下诸页
拉丁美洲的医疗工作 163 及以下诸页
Mediterranean Sea 地中海
~与石油 68
menhaden 鲱鱼
新英格兰玉米地的肥料 185
~生产 36
meteorology 气象学 82
非洲气象数据不足 247
拉丁美洲的~研究 160
气象站 247
Mexico 墨西哥
农业 169
碱性粉尘引发的疾病 174
~与美国文化 168
生物潜能 22
节育 74
卡路里的摄入与人均年收入 172
土地负载力 40

木炭与滥伐森林 171 及以下诸页
气候 175
气候研究 160
每英亩土地的玉米产量 22
耕种数据 169
滥伐森林与贪污 161
合作农场的破坏作用 163
米尔帕耕种法的巨大破坏 156
土壤侵蚀 163，169 及以下诸页，170
鱼类 35
溪水 172
森林破坏 170
森林大火 172
森林生产 161
燃料 157
公路 20 及以下诸页
工业化 167，173
婴儿死亡率 176
国内市场 167
土地滥用 152
土地破坏 170 及以下诸页
对土地的渴求 163
土地生产力 175 及以下诸页
土地利用模式 163
墨西哥人的预期寿命 175
墨西哥革命和土地所有权 173
国家公园 171
国家公园与政治腐败 163
人口过剩 74

人口 40，169 及以下诸页
人口数据 175
人口增长 169 及以下诸页，175 及以下诸页
人口压力与资源匮乏 176 及以下诸页
人均潜在可耕地 169
降水 24，175
征服前的资源破坏 169 及以下诸页
当前的改革政府 163
铁路 157
资源破坏 175
资源管理 161
土壤 22
土壤保持局 169
生活标准 74 及以下诸页
米却肯州 4，171
瓦哈卡州将退化为沙漠 171
～与瑞典殖民 45
地形影响 25
水资源 174 及以下诸页
水供应 128，171
分水岭 174 及以下诸页
参见 Latin America
Michoacan 米却肯州 4，171
microclimate 小气候 24
microfilm production 微缩复制 269
microscopic fauna and flora 微型动植物 28
～与土壤的形成 85

Middle west 中西部
在殖民地时期的美国 114
土壤缺碘 26
洪水 125 及以下诸页
水禽禁猎区 108
migration 迁徙
抑制野生动物数量 131
milpa 米尔帕耕种法 28，47，93
对～的描述 156 及以下诸页
～的影响 56 及以下诸页
～的起源 156
minifundio 迷你农场
～的定义 202
在欧洲 202
Mississippi Valley 密西西比河流域
泛滥平原 126
分水岭 99
Missouri Valley 密苏里河流域
尘暴 83
泛滥平原 126
分水岭 99
Missouri Valley Authority 密苏里河流域管理局 126 及以下诸页
灌溉 126
淹没良田 126
或将成为美国的国家债务 926
～与田纳西河流域管理局 126 及以下诸页
moldboard plow 铁犁
破坏性工具 33

Mongolia 蒙古 222
　　参见 Asia
monopolies 垄断
　　秘鲁鸟粪管理局 186
monopolistic trend of farms 农场的垄断趋势 66
monopolists 垄断者
　　～与工业 74 页及以下诸页
morals 品行道德
　　不理解环境关系 81
Mordida 贿赂 161
More, Sir Thomas 托马斯·莫尔 120
Morley, Christopher 克里斯托弗·莫利 38
mountain line 美洲狮
　　活动半径 39
multiple-purpose dams 多用途大坝 39
multiple-use concept 多用途概念
　　～与元素化思维 54
　　～与土地分类 108
MVA 见 Missouri Valley Authority

N

Nanking University 南京大学
　　研究饥荒 57
national affairs 国家事务
　　～与元素化思维 54
National Audubon Society 全国奥杜邦学会
　　～与资源恢复 137

national autonomy 民族自主
　　在拉丁美洲 75
national debt 国债 71，44
　　～增加以供养更多人口 69
national economy 国民经济
　　调整～以适应气候变化 22
National Forests 国有森林
　　1897 年通过法令 119
　　商业团体造成的破坏 119
　　～与多用途概念 108
　　保护分水岭 119
national income 国民收入
　　～与国民消耗 146
　　用于土壤保持的比例 137
　　～与科学的土地管理措施 137 及以下诸页
　　美国～ 137
national park 国家公园
　　～与每年游客数 277
　　～与合作研究 267
　　～作为教育手段 277
　　～与牧场 31
　　在墨西哥 163，170
　　是"多序词" 56
　　是休闲场所 108 及以下诸页
　　是野生动物避难所 108
National Parks Association 国家公园协会
　　～与资源恢复 137
national policies 国家政策

理解资源状况的影响 80
National Science Foundation 全国科学基金会
　　"布什计划" 143
　　对土壤保持研究的支持 271
　　社会科学与自然科学 143，271
national suicide through destruction of environment 破坏环境等于集体自杀 275
National Wildlife Federation 国家野生动物管理联盟
　　～与资源恢复 137
nationalism 民族主义
　　～与土地负载力 48
　　在欧洲 209
　　在美国 48
natural laws 自然法则
　　～与土地利用 109 及以下诸页
natural resources 自然资源
　　～与美国的自体吞食 112
　　在殖民地时期的美国 112 及以下诸页
　　非洲的～破坏 242 及以下诸页
　　亚洲的～破坏 215 及以下诸页
　　澳大利亚的～破坏 236
　　生态无能者带来的破坏 145 及以下诸页
　　拉丁美洲的～破坏 152 及以下诸页
　　原始人类造成的～破坏 40
　　农村人理解肤浅造成的～破坏 81

对当今文明的破坏带来的深远影响 150
工业革命的影响 58 及以下诸页
生活标准和社会价值观滑坡造成的影响 125
需求增加 139 及以下诸页
理解资源状况对国家和国防政策的影响 80
～开发的国际监管 278
库存清单 159
过去 150 年美国的资源损失 149
人类面临的问题 265 及以下诸页
～与购买力 78，150
～与人类的关系 14
～的恢复 136 及以下诸页
～与拉丁美洲的科学管理 191
～与税收 44
参见索引中的不同国家；resource management
navigation 航运
　　～与田纳西河流域管理局 39
Netherlands 荷兰
　　农业生产 196
　　人均可耕地量与人口增长率 194
　　出生率 74
　　卡路里的摄入与人均年收入 199
　　工业化 74
　　人口 74
　　人口数据 200
　　战时农业与经济调整 197 及以下

诸页
  农业周收入 201
  参见 Europe
New England 新英格兰
  鱼类生产 35 及以下诸页
  南部坡地的价值 25
New Guinea 新几内亚
  气候 234
  洪水 234
  土地破坏 234
  低生育率 234
  人口过剩 234
  人口增长与土地恢复
  水稻区 234
  游耕农业 234
  土壤 234
  迷信 234
New World 新世界
  是农业社会 60
  对文明的贡献 33
  出口 60 及以下诸页
  移居 59 及以下诸页
  米尔帕耕种法的影响 153，156
  土地破坏 32 及以下诸页
  西班牙集权政府传统 154 及以下诸页
  旧世界寄生依附的受害者 57，202
New Zealand 新西兰
  鸟害 89
  出生率 74

  黑莓虫害 89
  土地负载力 73
  鹿 89
  工业化 73
  气象站 247
  人口 73 及以下诸页
Newton 牛顿
Nicaragua 尼加拉瓜
  人均年收入 172
  参见 Central America
Nigeria 尼日利亚
  农业 253，259
  可可种植园 259
  滥伐森林 259
  土壤侵蚀 253，258 及以下诸页
  火 259
  人口 258
  参见 Africa
nineteenth century 19 世纪
  ～与欧洲人
  俄国的扩张经济 233
  出口竞争 70 及以下诸页
  森林破坏 39
  ～与秘鲁的鸟粪生产 185 及以下诸页
  工业革命 58 及以下诸页
  法国文化对拉丁美洲的影响 152 及以下诸页
  马尔萨斯学派 55
  铁路 39

nitrogen 氢 18，28
 参见 guano resources
non-Aristotelian formulation 非亚里士多德式思想 49 及以下诸页
North America 北美
 环境破坏与人口增长 149 及以下诸页
 狩猎文化 93
 亚洲人标准下的～人口 146
 卫生技术的改善造成人口增长 61
 在原始条件下 31 及以下诸页
 早期殖民地时期的生产情况 149
 购买力 168
 濒危物种 131
 野生动物 130
Northern Rhodesia 北罗德西亚
 农业 242，254
 土壤侵蚀 254
 森林 254
 人口 254
 铁路 254
 稀树草原 242
 土壤 242
 地下水位 242
 参见 Africa
Norway 挪威
 卡路里的摄入与人均年收入 199
 参见 Scandinavia
nutrition 营养
 美国政府采取的措施 76 及以下诸页
 参见 malnutrition
Nyasaland 尼亚萨兰
 植被破坏 255
 水道消失 252
 片状侵蚀 253 及以下诸页
 河流淤积 255
 参见 Africa

O

Oaxaca 墨西哥瓦哈卡州 171
Ohio 美国俄亥俄州
 耕种生荒地 110
oil 石油
 亚洲 68
 油井枯竭 68
 汽油浪费 68
 参见 petroleum
Okies 流动雇农 127
Old World 旧世界
 工业结构 68
 寄生于新世界 64 及以下诸页，208
Oncocercosis 盘尾丝虫病
 在非洲 30
 在中美洲 28 及以下诸页
orographic phenomena 山形现象
 在中美洲 25
 限制因素 25
 在新英格兰
overcropping 过度耕种

榨取式耕种 43 及以下诸页，110
  在地中海地区 201
  在墨西哥 174 及以下诸页
  ～的结果 121 及以下诸页
  ～与啮齿动物 30 及以下诸页
  在美国 119 及以下诸页
  分水岭 119
  ～与风蚀 120
  全世界 79
  参见索引中的不同国家；overstocking
overpopulation 人口过剩
  在非洲 251
  在亚洲 216，234
  生物平衡 110
  引发战争 239
  ～与生态陷阱 284
  在欧洲 57 及以下诸页，73 及以下诸页，193 及以下诸页
  税收增加与国债 69
  与土地破坏 207 及以下诸页
  在拉丁美洲 152
  与军国主义 210 及以下诸页
  美国给予的补助 146
  参见索引中的不同国家
overstocking 过度放牧 34，43
  澳大利亚牧羊场～ 69
  在中国 222
  ～与较高的生活标准 140
  在印度 227
  参见 overgrazing
oyster culture 牡蛎养殖业
  河道淤积的高昂代价 123

P

Pacific Ocean 太平洋 26
Palestine 巴勒斯坦
  "可耕地"与农民 235
  生物潜能与环境阻力 235
  气候 234
  土地恢复 234 及以下诸页
  土壤 235
  参见 Asia
Palestine problem 巴勒斯坦问题 69
Paludismo 打摆子 13
  参见 malaria
Panama 巴拿马
  人均年收入 172
  参见 Latin America
Pan-American Highway 泛美公路
  见 Inter-American Highway
Paracas Bay 帕拉卡斯海湾 84
Paraguay 巴拉圭
  卡路里的摄入与人均年收入 172
  砍伐白坚树 164
  国外市场扩大对资源破坏的影响 164
  土壤 191
  参见 Latin America
Parasitism 寄生现象

索　引

　　调节动物数量 92，131
　　寄生于北美市场 64 及以下诸页 208
passenger pigeon 旅鸽 113
Pasteur Louis 路易斯·巴斯德 15,61
Patagonia 巴塔哥尼亚
　　牧场 188
　　降水 23，84
Peffer, Nathaniel 裴斐 237 及以下诸页
percent of slope 坡度
　　～的定义 26
Persia 波斯
　　与巴比伦帝国的战争 19
Peru 秘鲁
　　安第斯山脉 25，94，183 及以下诸页
　　农耕方式 104
　　农校 184
　　农业 24，183 及以下诸页
　　卡路里的摄入与人均年收入 172
　　土地负载力 184
　　公务员考核选拔制度 155
　　气候 183
　　环境保护 184
　　沙漠 20，183
　　侵蚀 104，184
　　洪水 184
　　食物链 92
　　森林破坏 184
　　"自由企业" 37
　　燃料 157，184
　　地理 183
　　鸟粪管理局 155，186
　　控制产鸟粪的鸟类数量 92
　　鸟粪与生产力 184
　　鸟粪资源 24，36 及以下诸页，40，183 及以下诸页
　　秘鲁寒流 185
　　进口玉米 104
　　灌溉 40，183 及以下诸页
　　劳动力 104，186
　　大雾 25 以及下诸页
　　人均购买力 167
　　人口数据 167
　　降水 84，183
　　产品 167
　　铁路 157，184
　　资源管理 184
　　生活标准 104
　　钢铁生产 167
　　信风 25
　　热带雨林与殖民 183 及以下诸页
　　植被 183
pests 害虫
　　防治 125
　　昆虫 24，28 及以下诸页
　　引进的动物物种 88 及以下诸页
　　在拉丁美洲 159
petroleum 原油

机械化农业 147
蒸馏海水的媒介 20
～与太阳能 18
～浪费 68
参见 oil
Philippines 菲律宾
出生率 74
灌溉梯田 107
开垦土地 27 及以下诸页
人口过剩 74
生活标准 74 及以下诸页
phosphorus 磷 18
photosynthesis 光合作用
人工～ 20
physical laws 物理规律
～与土地管理 37
Pinchot, Gifford 吉福德·平肖特
～与森林保护 139
Pizarro 皮萨罗 84
plagues 瘟疫
蝗虫 24
参见 pests
plant cover 植被
～破坏影响水文循环 96
plants 植物
群落 88，108 及以下诸页
繁殖 125
循环 19
～生态 88
～与能源 19

反映土地侵蚀情况 100 及以下诸页
在土壤形成中的作用 85
～与人类 18 及以下诸页
海洋～ 19
非产粮～ 42
～研究 109
亚顶级 90 及以下诸页
演替 87 及以下诸页，109
参见 vegetation
Poland 波兰
农业生产下降 203
人均可耕地与人口增长率 194
卡路里的摄入与人均年收入 198
饮食 202
生活标准与人口出生率 195
农业周收入 201
参见 Europe
police state 警察国家
～与美国对欧援助 210
～与民主国家的土地利用 136
politics 政治 81
～与欧洲人遭受饥饿 207 及以下诸页
政治压力 31
～与科学 160 及以下诸页
～与拉丁美洲技术人员 155
pollution 污染 34
～与鱼类 34
population 人口
在非洲 241，262 及以下诸页

美国印第安人 40
在澳大利亚 73 及以下诸页
～与土地负载力 40，73
在殖民地时期的美国 49
沿海地区～集中 20
原住民的～控制 93 及以下诸页
休止角的影响 103
在欧洲 199 及以下诸页
印度和中国缺少理性的～政策 77
～与土地管理 110 及以下诸页
美国～趋于平稳 79 及以下诸页
～与医疗行业 48
全世界每日净增人口数 79
在新西兰 73 及以下诸页
亚洲人口数据 213 及以下诸页
人口与亚洲的生存 236 及以下诸页
～与自然资源的关系 14，21 及以下诸页，73，75 及以下诸页
～与欧洲环境阻力上升 199 及以下诸页
～稳定 211，282
美国城市人口数据 148
美国独立战争时期的世界人口数 57
参见索引中的不同国家
population checks 抑制人口或动物数量的因素
动物群体中的抑制因素 91 及以下诸页，251
～消失 61

对人类生存至关重要 264，267
马尔萨斯的方案 63
在原始条件下 94
土地的合理利用 107
生态健康的要求 265
锥虫病 257
参见 birth control; 索引中的不同国家
population decrease 人口减少
在达科他州 45
在爱尔兰 74
在法国 74
在印度 21
在冰岛 57
在农村 66
参见 famine; starvation
population increase 人口增加
非洲人口数据 262 及以下诸页
欧洲人均可耕地量 194
～与美国的环境破坏 149 及以下诸页
中国引进新作物的影响 224
在英国 71 及以下诸页
在将来的欧洲 199 及以下诸页
在德国 72 及以下诸页
在希腊 205
在印度 13，224，227
欧洲的土地分割 202 及以下诸页
～与土地恢复 234
在拉丁美洲 75

在墨西哥 169 及以下诸页
全世界每日净增人口数 79
在欧洲 60 及以下诸页
当今日本人口增长率 217
在波多黎各 48
中国人口增长率 219，223 及以下诸页
意大利人口增长率 206 及以下诸页
西方入侵后的日本人口增长率 216
生活水平与人口增长率 74
卫生技术进步带来～ 61
～与资源日益缩减 22，78 及以下诸页
技术落后背景下的～ 218
美国政府的措施刺激～ 76 及以下诸页
参见 birth rates

Portugal 葡萄牙
农业生产 197
卡路里的摄入与人均年收入 198
进口 197
参见 Europe

Portuguese Africa 葡属非洲
农业 242
稀树草原 242
土壤 242
地下水位 242
参见 Africa

potato 马铃薯
起源 60

生产数据 196 及以下诸页

Potomac River 波托马克河
侵蚀造成耕地流失 122
淤积 122

precipitation 降水 21 及以下诸页
在非洲 240 及以下诸页
在干旱或半湿润地区 23
在亚洲 214 及以下诸页
在澳大利亚 236
在欧洲 200 及以下诸页
在大平原地区 23
～与水文循环 83 及以下诸页
～与植物生长 23 及以下诸页
在热带地区 83 及以下诸页
参见索引中的不同国家

predation 猎捕
抑制动物数量 89 及以下诸页，91 及以下诸页，131
政府管控 90

pressure groups 压力集团
自满与资源管理 112
生态第五纵队 143 及以下诸页

Pretoria 比勒陀利亚
玉米地与蒸发 252
参见 Africa

primitive areas 原始区域
文化价值 109
有利于科学研究 109
有典型动植物群落 108 及以下诸页
美洲国家采取保护措施 109

参见 primitive conditions
primitive conditions 原始条件下
　农业 93 及以下诸页
　土地负载力 40，93
　气候 93 及以下诸页
　死亡率 94
　自然资源破坏 40
　环境阻力 93
　狩猎文化 93
　土地生产力 93
　限制因素 31 及以下诸页
　米尔帕农业制度 156 及以下诸页
　人口 93 及以下诸页，156
primitive man in North America 北美洲原住民 40 及以下诸页，84，93 及以下诸页，169 及以下诸页，185
process 过程
　～与普通语义学 49 及以下诸页
productive capacity 生产能力 21，43
　～与秘鲁的鸟粪资源 184
　～丧失 149 及以下诸页，223
　～与表土厚度的关系 102
　格朗德河以南 106 及以下诸页
　参见 land productivity
prostitution 娼妓
　抑制希腊人口增长 58
psychological factor 心理因素
　抑制动物数量 92
public lands 公共土地 119
　～上的木材在全国木材生产总量中的占比 119
Puerto Rico 波多黎各
　美国的援助 76 及以下诸页
　人均耕地面积 76
　平均收入 76
　节育 218，280 及以下诸页
　节育法 77
　出生率 74，76 及以下诸页
　土壤侵蚀 76
　工业化 77
　～与爪哇农民 45
　疟疾 13
　自然资源 76
　人口过剩 74
　人口 48
　美国殖民后的～人口 76 及以下诸页
　生活标准 74 及以下诸页，77
　食糖公司 76
Punjab 印度旁遮普邦
　人口过剩 106
purchasing power 购买力
　对国家经济的影响 66
　～与欧洲的竞争 209
　～的增长 64 及以下诸页
　在拉丁美洲 75
　～与自然资源 79 及以下诸页
　中国与印度的人均购买力 237
　～与美国的资源损失 150
　美国农村～ 64

参见索引中的不同国家

Q

Quebracho tree 白坚木树
  巴拉圭～遭破坏 164
Quebec 加拿大魁北克省
  ～与森林破坏 32

R

rabbits 兔子
  外来物种 89，236
  澳大利亚野兔数量过剩 235 及以下诸页
rail roads 铁路 34
  在非洲 254
  在中国 224
  ～与移居国外 61
  扩张 65
  ～与拉丁美洲的燃料 157
  ～成破坏力量 149
  在 19 世纪 39
  ～与生活标准 40
rain 雨
  雨水量 83 及以下诸页
  农村人与城市人对～的理解 81
  雨量分布 84 及以下诸页
  渗透 97
  ～与人的关系带来的影响 81 及以下诸页，103
  ～施加的限制 81 及以下诸页

海洋蒸发形成降水 83
  参见 precipitation; water
ranges 牧场
  滥用～ 133 及以下诸页
  管控措施 136
  退化 15
  澳大利亚～遭破坏 235
  牧场主造成的破坏 120，133 及以下诸页
  土壤侵蚀 120
  放牧容量 119 及以下诸页
  恢复 120
  《泰勒放牧法》与管制 133 及以下诸页
  美国～总面积 119 及以下诸页
  参见 overgrazing
ratio 比率
  人口与自然资源的比率 14
raw materials 原材料
  ～来源国 209
  土地与空气中的～ 18 及以下诸页
  拉丁美洲～出口 75
  ～与欧洲食物现状 208 及以下诸页
Realpolitik 现实政治 48
  印度扩张 227 及以下诸页
recovery movement in 1879 1879 年美国经济复苏 64
recreation 休闲
  ～与土地分类 106
  国家公园里的～活动 108

喜欢户外休闲的美国人口数 137
research 研究
～与陆军工程兵团的建设项目 126 及以下诸页
～是科学管理土地的基础 159 及以下诸页
美国土壤保持支出 137
经济研究与生态取向 271
在原始地区开展～ 108 及以下诸页
～在生物和物理学与土地关系中的作用 143
拉丁美洲的科学教育 159 及以下诸页
综合性大学与赠地农学院 137
工业领导人的～工作 141 及以下诸页
参见 conservation research
reservoirs 水库
淤积 98 及以下诸页，121 及以下诸页
库容与森林植被 99
库容与草皮 99
美国陆军工程兵团建设的～ 126 及以下诸页
参见 dam
resettlement 重新安置 191 及以下诸页，204 及以下诸页，257，278
resettlement of ecological DPs 生态难民的重新安置 107 及以下诸页

resource capital 资源资本 67，139
～与阿根廷 74
～与全球土地负载力 267
～与当前生活水平 149 及以下诸页
resource management 资源管理
基于分水岭的～ 126 及以下诸页
地方与联邦政府机构对其～沾沾自喜 112
～与国会 142
～与政府腐败 155
秘鲁鸟粪～ 184，186
亚里士多德逻辑的影响 54 及以下诸页
缺少训练有素的资源管理者 272
～与自然法则 279
～与压力集团 144
参见 natural resources
resource-management policy 资源管理政策
～的基础 144
rifle 步枪
破坏资源的工具 33
rill erosion 细沟侵蚀
见 erosion
rivers 河流 79
美国殖民地时期的～ 112 及以下诸页
～与淤积 98
参见 erosion; siltation; water
Rivers and Harbors Committee 河流和

港口委员会 189
Rocky Mountains 落基山脉
　～与地区气候的改变 87
　形成雨影 83
rodents 啮齿动物
　～与合作研究 269
　～与美国的粮食破坏 30
　～与天敌 30
　～与过度放牧 30
　～大量繁殖 31
Rolfe, John 约翰·罗尔夫
　～与烟草种植 114 及以下诸页
Roosevelt, Theodore 西奥多·罗斯福
　～与森林保护工作 139
rubber 橡胶
　在巴西 248
　在非洲 259
Ruffin, Edmund 埃德蒙·拉芬
　～与土地破坏 117
Rumania 罗马尼亚
　人均可耕地与人口增长率 194
　卡路里的摄入与人均年收入 199
　～与疟疾 13
　生活标准与出生率 195
　农业周收入 201
　参见 Europe
runoff of water 径流量
　在非洲 252
　～增加的原因 140
　过度放牧造成～增加 120
　～增加 140
　影响因素 97
　减少～的方法 104
　～与墨西哥流淤积 174
　～与生活水平 103
rural man 农人
　离开家庭农场来到城市 147 及以下诸页
　在日本 217
　对资源的片面理解 81
　参见 farmer
Russia 俄国
　乌克兰农业 231
　面积 214
　人口出生率 74
　土地负载力 200，229，233
　作物 21，65
　经济复苏 65
　～与经济组织形式 6
　中国的经济政策 237
　侵蚀防治 232 及以下诸页
　森林 200
　燃料 231
　猎取兽皮的方法 232
　地理 232
　工业竞争 168，209
　毫不让步 36
　土地所有制措施 202 及以下诸页
　土地利用计划 136
　土壤科学走在世界前列 231

对财富的错误理解 228 及以下诸页
～与石油 68
高度集权的政府与粮食减产 233
人口过剩 74, 229
人口 199
人口数据 213 及以下诸页
人口增加与粮食盈余 233
科学天赋 231 及以下诸页
土壤 21, 26 及以下诸页, 200, 231
土壤研究 109
生活水平 74 及以下诸页
木材进口 230
地下水位 230
小麦生产 233
风 21, 24
参见 Asia; Europe; Soviet Union

S

Salter, Leonard 伦纳德·索尔特 66
sanctuary 保护区
水禽～ 108
sanitary revolution 卫生革命 61
sanitation 卫生
在日本 72
阻碍人类生存 110
～技术 61
美国政府的措施 76 及以下诸页
参见 medical profession
Santa Clara Valley 圣克拉拉流域
浪费地下水 128 及以下诸页

Santa Marta Mountains 圣玛尔塔山脉
Sardine 沙丁鱼
数量减少 35
过度捕捞 35
Scandinavia 斯堪的纳维亚
农业 200
生物潜能 200 及以下诸页
土地负载力 200
气候 200
～与合作研究 269
出口俄国的产品 230
森林 200
土壤 200
气温 200
scientific advisory service 科学咨询
服务 269 及以下诸页
scientific education 科学教育
拉丁美洲缺少～ 160 及以下诸页
对土壤保持计划的作用 272
参见 conservation education
scientific knowledge 科学知识
在俄国 231 及以下诸页
Scotland 苏格兰
土地负载力 200
生态平衡示例 86 及以下诸页
森林 200
土壤 200
参见 Great Britain
SEC 见证券交易委员会
Securities and Exchange Commission

证券交易委员会 136
serfdom 农奴制
　～与集中耕作 232
Sforza, Court Carlo 卡罗·斯福尔扎伯爵 206
Shantz, Homer L. 香茨 95
sharecropper 佃农 148
sheep breeding 养羊
　在非洲 248，251，256
　在澳大利亚 3，68 及以下诸页
　工业革命的影响 59 及以下诸页
　～与土地破坏 236
　美国的牛羊生产 119 及以下诸页
　参见 overgrazing
sheep raisers 养羊人
　美国～ 15
　在澳大利亚 69
　与免税市场 69
　进口阿根廷羊肉 140，145
　养羊业在国会势力强大 31
　～与补贴 127
　参见 wool
sheer erosion 片状侵蚀
　见 erosion
shipping 航运
　竞争 70 及以下诸页
　淤积的高昂代价 123
Shoemaker, Carl W. 卡尔·舒梅克 137
short-eared owl 短耳猫头鹰

　～与食物链 19
Siberian hysteria 西伯利亚癔症
siltation 淤积 98，121 及以下诸页
　非洲河流～ 252 及以下诸页
　智利河流～ 189
　～的高昂代价 123
　拉丁美洲港口～ 158
　波托马克河～ 122
　泥沙淤塞的港口 122 及以下诸页
　参见 erosion
Simpson, Lesley Byrd 莱斯利·伯德·辛普森
sixteenth century 16 世纪
　西班牙文化对拉丁美洲的影响 152 及以下诸页
　印度人口数据 213
skylark 云雀
　新西兰引进的物种 89
slave-labor 奴隶劳动
　在德国 7
　在美国 7 及以下诸页
sleeping sickness 非洲锥虫病
　抑制非洲人口过剩 257
slopes 坡地
　耕种～ 26，170
　坡度 26
slums 贫民窟
　工业革命带来～ 59
　波多黎各 76 及以下诸页
smallpox 天花

在拉丁美洲 164
social patterns 社会结构
  自满与资源管理 112
social pressure 社会压力
  工业革命的结果 69
social sciences 社会科学
  ～与自然科学 143，271
  研究 271
Social Security System 社会保障制度 150
social values 社会价值
  ～与资源损失 125
Socialist government 社会主义政府
  ～与苏联的木材资源开发 230
  英国的社会党政府 71 及以下诸页
sociology 社会学
  ～与元素化思维 54
soil 土壤
  酸性 21，26，86
  在非洲 242，245
  碱性 26
  泥沙沉积形成的土壤 21
  ～分析 159
  在东南亚 234
  在加拿大 21
  在中美洲 8
  黑钙土 26 及以下诸页
  在殖民地时期的美国 113 及以下诸页
  土壤保护与福利补贴 43 及以下诸页
  土壤保护措施 104 及以下诸页
  依赖动植物 85 及以下诸页
  ～破坏造成南方政治经济衰退 117
  各因素间的动态关系 86
  英国～侵蚀 84
  欧洲～ 200 及以下诸页
  ～的形成 84 及以下诸页
  大平原地区的～ 21
  缺碘 26
  影响土地生产力 26
  肥力丧失 124 及以下诸页
  微生物 28
  有机质 26
  在原始条件下 94
  真正的资本 44
  研究 108 及以下诸页
  结构 26
  调查 159
  类型 85 及以下诸页
  没有保护的～ 98 及以下诸页
  火山土壤 26
  参见 land; 索引中的不同国家
Soil Conservation Districts 土壤保持区 136
  ～与农场土壤保持计划 122
South African Drought Investigation Commission 南非旱情调查委员会 252
  ～发布的报告 255 及以下诸页

South America 南美洲
　卡路里的摄入与人均年收入 172
　咖啡 24
　疟疾 13
　国家公园与合作研究 269
　害虫 159
　植物疾病 159
　卫生习惯 64
　圣玛尔塔山 25
　参见索引中的不同国家
South Carolina 南卡罗来纳
　棉花 45
　烟草 45
　农村生活水平 45
Southern Rhodesia 南罗德西亚
　农业 242，254
　放牧 254 及以下诸页
　沟状侵蚀 255
　资源管理措施 254
　稀树草原 242，254
　片状侵蚀 254 及以下诸页
　土壤 242
　地下水位 242，254
　参见 Africa
Soviet Union 苏联
　农业用地 231
　农耕方式 230 及以下诸页
　农业 215
　可耕地面积 231，239
　面积 214
　人口集中的地区 215
　干旱 23
　气候 215，229
　合作研究 269
　土壤侵蚀 232
　扩张经济 233
　饥荒 239
　森林 230
　森林资源 79
　地理 215
　政府对土地的管控与实际土地利用
　　232 及以下诸页
　粮食出口 208
　柯本气候分类法 229 及以下诸页
　土地生产力 238
　边缘土地 229
　矿物质 229
　人口过剩 239
　人口数据 233，239
　人口扩增计划 239
　人口增长 230
　降水 215，229 及以下诸页
　农奴制与集中耕种 232
　西伯利亚癔症 231
　土壤 26 及以下诸页，215 及以下
　　诸页，230
　生活标准 233
　木材进口 230
　交通 230
　风 24

参见 Russia
soybean 大豆
 破坏土壤 97
space-time 时空
 四维～ 49
Spain 西班牙
 农业生产 197
 卡路里的摄入与人均年收入 199
 土壤侵蚀 207
 进口 197
 16 世纪～文化对拉丁美洲的影响 152 及以下诸页
 摩尔人占领时期的土地破坏 207
 土地所有制模式 207
 历史的意义 19
 人口过剩 207
 参见 Europe
Spanish Republican reform 西班牙共和国的改革 202
spoils system 分赃制
 ～与拉丁美洲的科学 160
standard of living 生活标准 8
 根据资源调整人类需求 158 及以下诸页
 需要的可耕地量 194
 ～与亚里士多德式思维 53 及以下诸页
 在亚洲 215
 在澳大利亚 235
 ～与人口出生率 74

 ～与土地负载力 23 及以下诸页, 67
 ～与生态健康 265
 休止角的影响 103
 在欧洲 57 及以下诸页, 195 及以下诸页, 208 及以下诸页
 ～与粮食盈余 176
 ～与全国肉类消费增加 140
 ～与工业化 70 及以下诸页
 美国士兵的伙食补贴对英国的影响 71
 ～与土地管理 111
 ～与土地利用能力 107
 在拉丁美洲 75
 ～与物质进步 37 及以下诸页
 "多序词" 56
 在拓荒经济时期 115 及以下诸页
 ～与重新安置 192
 ～与径流量 103 及以下页诸页
 勉强维持生计 147 及以下诸页
 生活水平低下的表现 79
 参见 American standard of living；索引中的不同国家
starling 椋鸟
 引进物种 89
starvation 饥饿
 抑制动物数量 89
 在中国 219 及以下诸页, 224 及以下诸页
 在爱尔兰 74

在萨尔瓦多 152,177 及以下诸页
在英国 57 及以下诸页,72 及以下
　诸页
在海地 152
在现代欧洲 194 及以下诸页
在现代日本 218
参见 famine; overpopulation
State Conservation Commissions 各州
　土壤保持委员会 55,123
　研究与恢复工作 137
Steffens, Lincoln 林肯·斯蒂芬斯 155
stock raisers 畜牧业者
　自满与资源管理 112
　造成破坏 120,133 及以下诸页,
　145
　生态第五纵队 144
　非洲人的放牧习惯 261
　参见索引中有关牛羊的条目和索引
　　中的不同国家
strip cropping 条植法
subclimax 亚顶级
subsidization 补贴
　～英国农民 196
　～工厂主 43
　～以改善土地 35
　～以应对英国航运面临的竞争 71
　～过剩人口 77
　养羊人 127
subsistence agriculture 勉强维持生计
　的农业

在拉丁美洲 162
在非洲被商业化农业所取代 260 及
　以下诸页
subsistence level 勉强糊口的水平 147
　及以下诸页
在现代日本 218
～与重新安置生态难民 192
参见 standard of living
subsoil 底土
　～与水的渗透 97
　～与土壤侵蚀 102
　参见 erosion; soil
sugar 食糖
　在波多黎各 76
　在印度群岛 63,115
sustained-yield basis 持续产出
　～与平衡农业 110
　在欧洲 200 及以下诸页
　～与榨取土地 43,67,79,110
　林业 136
　～的需要 140
　～与私人用地 144
　～是生态健康的必然要求 265 及
　　以下诸页
Sweden 瑞典
　人均可耕地与人口增长率 194
　卡路里的摄入与人均年收入 199
　工业化 73
　人口过剩 73
　殖民墨西哥 45

索 引

生活标准与人口出生率 195
参见 Scandinavia
Sweetwater Reservoir 斯威特沃特水库
　　淤积 121
　　储水量 121
Switzerland 瑞士
　　人口出生率 74
　　卡路里的摄入与人均年收入 199
　　～与哥斯达黎加 180
　　～与拉丁美洲的工业竞争 168
　　制造业 73 及以下诸页
　　人口 74 及以下诸页
　　参见 Europe
syphilis 梅毒 33，98

T

Tables 列表
　　人均可耕地与人口增长率 194
　　非洲气候条件与植被 242
　　智利小麦产量下降 188
　　欧洲的食物与收入 198 及以下诸页
　　拉丁美洲的食物与收入 172
　　生活标准与人口出生率 195
　　人口增长率与生活标准 74
　　土壤侵蚀与种植方式的关系 97 及以下诸页
　　美国林地总面积 118
　　农业周收入 201
Taganyika Territory 坦噶尼喀托管地
　　土地负载力 257

　　环境 257
　　人口数据 257
　　难民安置 257
　　睡眠病 257
　　参见 Africa
tariffs 关税
　　～壁垒 48，167
　　～与日本的世界贸易 217 及以下诸页
　　免税市场 69
　　羊毛～ 43
　　参见 taxes
taxes 税收
　　在哥斯达黎加 182
　　增加～以养活更多人 69
　　在拉丁美洲 167
　　用农产品纳税 261
　　在收入中的占比 7 及以下诸页
　　～与自然资源的关系 44
Taylor Grazing Act《泰勒放牧法》
technical knowledge 技术知识
　　拉丁美洲缺乏～ 160 及以下诸页，164 及以下诸页
temperature 气温
　　在非洲 244 及以下诸页
　　在亚洲 214 及以下诸页
　　在赤道附近的低地地区 23
　　在欧洲 200 及以下诸页
　　参见索引中的不同国家
Tennessee Valley Authority 田纳西河

流域管理局 38 及以下诸页，126
及以下诸页

大坝 39，126

林业计划 39

～与普通语义学 55，126

土地管理方法 39

所犯错误 126 及以下诸页

在中国实现的可能 224

休闲娱乐设施 39

～的缺点 279

野生动物保护项目 39

对全世界土地管理的作用 279

Tenochtitlan 特洛奇蒂特兰 60

terraces 梯田

在亚洲 214

在希腊 204

在爪哇 107

在土地用途分类中 105

减少径流量的方法 104

在秘鲁 104

在菲律宾 107

在俄国 232

textiles 纺织品

英国在印度的～市场 70

机器 60

保护产业 78

Thailand 泰国

气候 234

洪水 234

土地破坏 234

土壤肥力低下 234

水稻区 234

移耕农业 234

迷信 234

参见 Asia

timber 木材 9

在殖民地时期的美国 113

出口英国 113

美国进口～ 34

公用土地和私人土地上生长的木材量 119，144

美国可能面临～短缺 139 及以下诸页

在苏联 230

～浪费 67

参见 forests

time factor 时间因素

～与应对美国资源问题 151

解决资源问题面临的困难 265

～与拉丁美洲的资源问题 152 及以下诸页

～与人口稳定 282

～与生产力 21

～与空间 49

tin ore 锡矿

浪费 67

tobacco 烟草

出口欧洲 60

在佐治亚州和南卡罗来纳州 45

破坏土壤 97，114 及以下诸页

在美国 114
tools 见 destructive tools
topography 地形 25
 影响土地生产力 25
 影响植物演替 88
 参见索引中的不同国家
topsoil 表土
 ～与美国生活标准 67
 工业化带来～破坏 69 及以下诸页
 ～破坏与恢复 101
 ～破坏对水文循环的影响 96
 ～的形成 85
 美国～流失 121 及以下诸页
 ～与生产能力 102
 ～与恢复 28
 重建～所需的时间 102,121
 ～与风蚀 37
 参见 soil
traditionalism 旧观念
 ～与清醒的思考 80
transpiration of plants 植物蒸腾
 在非洲 252
 ～的影响 83
transportation of food stuffs 粮食运输
 在欧洲 60
transportation 运输 34
 工业革命的影响 59 及以下诸页
 在欧洲 60
 在美国农村地区 42 及以下诸页
treaties 公约

 美洲～ 109
 国际～ 36
tropical areas 热带地区
 雨量分布 84
 蒸发 84
 重力侵蚀 99
 降水对历史的影响 84
 在世界陆地总面积中的占比 84
 参见索引中的不同国家
tsetse 舌蝇
 在非洲 30,254,257
 自然资源的保护者 30
Tunisia 突尼斯
 橄榄林 247
 可能改变气候循环 247
 参见 Africa
Turkey 土耳其
 卡路里的摄入与人均年收入 198
 参见 Europe
TVA 见 Tennessee Valley Authority
twentieth century 20 世纪
 ～与欧洲人 32
 ～与交通 39
two-valued thinking 二分思想 54 及以下诸页
 资源管理问题与人口 54 及以下诸页

U

Uganda 乌干达

湖泊水位下降 253
参见 Africa
underground waters 地下水 127 及以
下诸页
在非洲 254
储量 128
加利福尼亚圣克拉拉流域～的浪费
128 及以下诸页
参见 water tables
Union of South Africa 南非联邦
干旱 256
沟状侵蚀 256
畜牧业者 261
植树造林工作 255
沙尘暴 256
养羊 256
片状侵蚀 256
土壤侵蚀及其影响 255 及以下诸页
南非旱情调查委员会 252，255 及
以下诸页
小麦种植 256
参见 Africa
United Fruit Company 联合果品公司
United Kingdom 英国
人均可耕地与人口增长率 194
卡路里的摄入与人均年收入 199
进口 196，203
人口数据 203
当今与未来的粮食状况 208
社会党政府 71 及以下诸页

补贴农民 197
参见索引中的不同国家
United Nations 联合国 12，69，228，
270，278，283
参见 FAO
United Nations Charter 联合国宪章
195
United Nations Relief and Rehabilita-
tion Administration 联合国善后救
济总署 76
United States 美国
农业社会 60
农业发展 64 及以下诸页
援助他国 77 及以下诸页，203 及
以下诸页，219
放牧区域 39 及以下诸页
欧洲人到来后 114 及以下诸页
对波多黎各的援助 76 及以下诸页
人口出生率 74
商业扩张 65
卡路里的摄入与人均年收入 172，
199
土地负载力 125
天主教徒与节育 281
内战时期 117
殖民地时期 57 及以下诸页
给科学家的报酬 271
土壤保护支出 137，157
合作研究 269
棉花 40

索 引

昆虫造成的农作物损失 28 及以下
　诸页
生活水平下降 125
经济复苏 64 及以下诸页
牧场破坏 89 及以下诸页
环境破坏 149 及以下诸页
干旱 21
教育 80，125，151
行之有效的民族主义行为 48
环境阻力与解决资源问题 268
土壤侵蚀 23，37
土壤侵蚀及其高昂代价 121 及以下
　诸页
欧洲的"敲诈" 209 及以下诸页
城市的扩张 64
出口 65
～与英国的出口竞争 70
18 世纪的农民 40 及以下诸页
鱼类 35 及以下诸页
洪水 21
自由企业 43，133 及以下诸页，136
自由企业与科学的土地利用方式 232
政府向佃农提供贷款 148
粮食生产 196
草场保护措施 109
健康状况 125
对自然资源的需求与日俱增 139 及
　以下诸页
人口增加 149 及以下诸页
印度移民 228

工业竞争 209
工业化 41 及以下诸页，75 及以下
　诸页
对日本工业化的影响 217 及以下
　诸页
精神失常病例 38
～与美洲洲际公路 165
土地生产力 43
土地所有制模式 144 及以下诸页
贷款给哥斯达黎加 182
损失工作时间 76
美国国家科学基金会对土壤保持工
　作的支持 271
殖民地时期的自然资源 112 及以下
　诸页
美国生活标准下的人口 146 及以下
　诸页
人口数据 137
人口没有增加 79
马铃薯生产 196
降水 83 及以下诸页
铁路 41
牧场用地 119 及以下诸页
资源破坏 31 及以下诸页，66 及以
　下诸页
资源损失与购买力 150
过去 150 年中的资源损失 149
在节育教育和活动上肩负的责任
　281
在恢复世界生态自由上肩负的责任

285

城市增加 41

河流和港口委员会 189

航运竞争 70

奴隶劳动 7

土壤保持与普通语义学 55

对人口过剩的补贴 77 及以下诸页

税收 7，44，69

应对资源问题面临的时间压力 151

烟草 40

工业化带来的表土破坏 69 及以下诸页

运输 42

地下水 127 及以下诸页

城市人口数据 148

野生动物 129 及以下诸页

资源浪费 66 及以下诸页

地下水位 127 及以下诸页

参见 American standard of living; natural resources

United States Army 美国陆军

United States Army Engineers 美国陆军工程兵团 123

～与元素化思维 53 及以下诸页

～与防洪 54，126 及以下诸页

～与科学咨询服务 270

United States Bureau of Reclamation 美国垦务局

～与大坝建设 127

～与科学咨询服务 270

United States Department of Agriculture 美国农业部

～与土壤保持教育 149

～与尘暴天气 67

估算的世界可耕地面积 27

United States Department of Interior 美国内政部

～与国会拨款减少 140

～与土壤保持教育 149

United States Department of State 美国国务院 42，219，227

United States of Europe 整个欧洲

人口与生活标准 211

United States Fish and Wildlife Service 美国鱼类和野生动物管理局 123

～与土壤保持教育 149

～与资源恢复 136 及以下诸页

United States Foreign Policy 美国外交政策 15

United States Forest Service 美国林业局 123

～与土壤保持教育 148 及以下诸页

～与限制牧场的木材采伐

～的建立 139

～与资源恢复 136 及以下诸页

United States Geological Survey 地质调查局 123

United States Government 美国政府

～与补助补贴 43

对外援助 77 及以下诸页，79
为佃农提供贷款 148
营养措施 77
卫生措施 76 及以下诸页
～与税收 7 及以下诸页，69
参见 Congress
United States Maritime Commission
美国海运委员会 42
United States National Park Service
国家公园管理局
～与土壤保持教育 148 及以下诸页，277
～与资源恢复 137
United States Navy 美国海军
United States Soil Conservation Service 美国土壤保持局
～的目标 104
土壤保持教育 148 及以下诸页
农场土壤保持计划 122
土壤保持措施 124
～的成立 139
～与资源恢复 136 及以下诸页
～与社会科学研究 271
～与田纳西河流域管理局 38 及以下诸页
UNRRA 见 United Nations Relief and Rehabilitation Administration
Ur 乌尔市
曾经的海港城市 19，151
Urban II 乌尔班二世 58，73

Urban man 城里人
殖民的概念 81
对自然资源的影响缺乏了解 81
参见 cities
Uruguay 乌拉圭
卡路里的摄入与人均年收入 172
参见 Latin America
USDA 见 United States Department of Agriculture

V

Vaillant, George 乔治·韦兰特
Valley Authority 流域管理局
～的概念 126
～与补贴养羊人 127
参见 Missouri Valley Authority, Tennessee Valley Authority
vegetation 植被
在亚马孙流域 83
与休止角 103
替代物黑莓 88
在智利 85
破坏～ 24
在土壤形成中的作用 85
～与水文循环 83，96
在原始条件下 94
保护性～ 83
植被的数量与质量 21
参见索引中的不同国家
Venezuela 委内瑞拉

人均年收入 172
土地负载力 25
土壤侵蚀 165
石油开发 165
降水 154
圣玛尔塔山脉 25
勉强维持生计的农业 165
参见 Latin America
vertical erosion 垂直侵蚀 见 erosion
Virginia 弗吉尼亚
烟草种植的影响 114 及以下诸页
volcanic soil 火山土壤 26
在哥斯达黎加 180
Von Tschudi 冯茨舒蒂
估算秘鲁鸟粪资源 185
Vosges Mountains 孚日山脉
侵蚀 104

W

war 战争 12
原子战 48
细菌战 48
～与人口过剩 239
战时合同 9
Washington, George 乔治·华盛顿
～与土壤保持 116
waste 浪费
自然资源～ 66 及以下诸页
water 水
吸收能力与侵蚀 98

冷凝 82
墨西哥井泉干涸 171
破坏 66 及以下诸页
休止角的影响 103
蒸发 83
墨西哥供水量减少 173 及以下诸页
在土壤形成中的作用 84 及以下诸页
渗透 97
作为限制性因素 27
对土地利用的限制 103
管理措施 104
城市和工业用水 129
污染 34
在原始条件下 94
总环境中水与人的关系 82
径流与生活标准 103 及以下诸页
～与表土侵蚀 96
越来越少 98 及以下诸页
参见索引中的不同国家; hydrologic cycle; precipitation
waterfowl sanctuaries 水禽禁猎区 108
watersheds 分水岭
资源管理的基础 126 及以下诸页
在中国 99
在殖民地时期的美国 112 及以下诸页
砍伐森林 119
墨西哥滥伐森林 170
～与电力垄断 144
在印度 225

密苏里-密西西比河流域 99
在国有森林 108
过度放牧 119
日本的～保护 129
缺乏保护的结果 99
water supply 水的供应
人类习惯的影响 82
地下水 128 及以下诸页
参见索引中的不同国家；rain
water tables 地下水位 42，79
在非洲 30，242
～下降的高昂代价 128
～与土壤侵蚀 98
美国～下降 127 及以下诸页
在俄国 230
在加利福尼亚圣克拉拉流域 128 及以下诸页
wealth 财富
～集中 75
～幻想 44
对苏联～的错误认识 228 及以下诸页
～与土地的关系 70 及以下诸页
真财富的来源 64
weather 天气
抑制野生动物数量 131
West Indies 西印度群岛
食糖 63，115
whales 鲸
～的灭绝 36

wheat 小麦
在非洲 256
1879 年～大丰收 64
～与竞争市场 37
欧洲～进口 60，196 及以下诸页
智利～产量下降 188
欧洲～生产数据 196 及以下诸页
破坏土壤 115 及以下诸页
wildlife 野生动物
拉丁美洲～保护 162
～与合作研究 268
捕杀～ 33，67，162，175
～栖息地 129 及以下诸页
～与土地分类 106 及以下诸页
抑制～数量 131
保护～ 132
栖息地 108
繁殖速度 131
濒危物种 131
～与田纳西河流域管理局 38 及以下诸页
有利于生态平衡 132
丰富了我们的文化 130
产业价值 132
作为自然财富的价值 129 及以下诸页
参见索引中的不同国家
Wildlife Management Institute 野生动物管理协会
～与资源恢复 137

wild turkey 野火鸡
  在殖民地时期的美国 113
wind 风
  ～与水分蒸发 83 及以下诸页
  构成限制性因素 24
  参见索引中的不同国家
wind erosion 风蚀 见 erosion
Wisconsin 威斯康星州
  开垦荒地 110
  生产力水平下降 110
wood 木头
  拉丁美洲的重要燃料 157
wool 羊毛
  出口旧世界 60
  进口 31
  价格 43
  关税 43
  羊毛生产者 43
  参见索引中与羊相关的条目
Woolgrowers' Association 羊毛生产者协会 52
World Health Organization 世界卫生组织 281
World Organizations 国际组织
  ～与元素化思维 53

World War I 第一次世界大战 6, 69
  经济萧条 64
  土壤研究取得的进展 110
World War II 第二次世界大战
  战争预算与弥补资源滥用的花费 123
  二战前英国的工业品生产 71
  ～与欧洲粮食状况 208 及以下诸页

Y

yellow fever 黄热病
  在拉丁美洲 164
Yellow River 黄河
  ～与洪涝 223
  淤塞 223
Yellow River Valley 黄河流域
  ～与分水岭 99
Yugoslavia 南斯拉夫
  卡路里的摄入与人均年收入 199
  农业周收入 201
  参见 Europe

Z

zebra 斑马
  ～与食物链 19

经济学名著译丛

第一辑书目

凯恩斯的革命	〔美〕克莱因 著
亚洲的戏剧	〔瑞典〕冈纳·缪尔达尔 著
劳动价值学说的研究	〔英〕米克 著
实证经济学论文集	〔美〕米尔顿·弗里德曼 著
从马克思到凯恩斯十大经济学家	〔美〕约瑟夫·熊彼特 著
这一切是怎么开始的	〔美〕W.W.罗斯托 著
福利经济学评述	〔英〕李特尔 著
增长和发展	〔美〕费景汉 古斯塔夫·拉尼斯 著
伦理学与经济学	〔印度〕阿马蒂亚·森 著
印度的货币与金融	〔英〕约翰·梅纳德·凯恩斯 著

第二辑书目

社会主义和资本主义的比较	〔英〕阿瑟·塞西尔·庇古 著
通俗政治经济学	〔英〕托马斯·霍吉斯金 著
农业发展：国际前景	〔日〕速水佑次郎 〔美〕弗农·拉坦 著
增长的政治经济学	〔美〕保罗·巴兰 著
政治算术	〔英〕威廉·配第 著
歧视经济学	〔美〕加里·贝克尔 著
货币和信用理论	〔奥地利〕路德维希·冯·米塞斯 著
繁荣与萧条	〔美〕欧文·费雪 著
论失业问题	〔英〕阿瑟·塞西尔·庇古 著
十年来的新经济学	〔美〕詹姆斯·托宾 著

第三辑书目

劝说集	〔英〕约翰·梅纳德·凯恩斯 著
产业经济学	〔英〕阿尔弗雷德·马歇尔 玛丽·佩利·马歇尔 著
马歇尔经济论文集	〔英〕阿尔弗雷德·马歇尔 著
经济科学的最终基础	〔奥〕路德维希·冯·米塞斯 著
消费函数理论	〔美〕米尔顿·弗里德曼 著

货币、就业和通货膨胀	〔美〕罗伯特·巴罗　赫歇尔·格罗斯曼 著
论资本用于土地	〔英〕爱德华·威斯特 著
财富的科学	〔英〕J.A.·霍布森 著
国际经济秩序的演变	〔美〕阿瑟·刘易斯 著
发达与不发达问题的政治经济学	〔美〕查尔斯·K.威尔伯 编

第四辑书目

中华帝国的专制制度	〔法〕魁奈 著
政治经济学的特征与逻辑方法	〔英〕约翰·埃利奥特·凯恩斯 著
就业与均衡	〔英〕阿瑟·塞西尔·庇古 著
大众福利	〔西德〕路德维希·艾哈德 著
外围资本主义	〔阿根廷〕劳尔·普雷维什 著
资本积累论	〔英〕琼·罗宾逊 著
凯恩斯以后	〔英〕琼·罗宾逊 编
价值问题的论战	〔英〕伊恩·斯蒂德曼　〔美〕保罗·斯威齐等 著
现代经济周期理论	〔美〕罗伯特·巴罗 编
理性预期	〔美〕史蒂文·M.谢弗林 著

第五辑书目

宏观政策	〔英〕基思·卡思伯森 著
经济学的边际革命	〔英〕R.D.C.布莱克　A.W.科茨　克劳弗德·D.W.古德温 编
国民经济学讲义	〔瑞典〕克努特·维克塞尔 著
过去和现在的政治经济学	〔英〕L.罗宾斯 著
1914年以后的货币与外汇	〔瑞典〕古斯塔夫·卡塞尔 著
政治经济学的范围与方法	〔英〕约翰·内维尔·凯恩斯 著
政治经济学论文五篇	〔英〕马尔萨斯 著
资本和收入的性质	〔美〕欧文·费雪 著
政治经济学	〔波兰〕奥斯卡·R.兰格 著
伦巴第街	〔英〕沃尔特·白芝浩 著

第六辑书目

| 对人进行投资 | 〔美〕西奥多·舒尔茨 著 |

经济周期的规律与原因	〔美〕亨利·勒德韦尔·穆尔 著
美国经济史 上卷	〔美〕福克讷 著
美国经济史 下卷	〔美〕福克讷 著
垄断资本	〔美〕保罗·巴兰，保罗·斯威齐 著
帝国主义	〔英〕约翰·阿特金森·霍布森 著
社会主义	〔奥〕路德维希·冯·米塞斯 著
转变中的美国经济	〔美〕马丁·费尔德斯坦 编
凯恩斯经济学的危机	〔英〕约翰·希克斯 著
就业理论导论	〔英〕琼·罗宾逊 著

第七辑书目

社会科学方法论探究	〔奥〕卡尔·门格尔 著
货币与交换机制	〔英〕威廉·斯坦利·杰文斯 著
博弈论与经济模型	〔美〕戴维·M.克雷普斯 著
英国的经济组织	〔英〕威廉·詹姆斯·阿什利 著
赋税论 献给英明人士 货币略论	〔英〕威廉·配第 著
经济通史	〔德〕马克斯·韦伯 著
日本农业的发展过程	〔日〕东畑精一 著
经济思想史中的经济发展理论	〔英〕莱昂内尔·罗宾斯 著
传记集	〔英〕约翰·梅纳德·凯恩斯 著
工业与贸易	〔英〕马歇尔 著

第八辑书目

经济学说与方法史论	〔美〕约瑟夫·熊彼特 著
赫克歇尔-俄林贸易理论	〔瑞典〕伊·菲·赫克歇尔 戈特哈德·贝蒂·俄林 著
论马克思主义经济学	〔英〕琼·罗宾逊 著
政治经济学的自然体系	〔德〕弗里德里希·李斯特 著
经济表	〔法〕魁奈 著
政治经济学定义	〔英〕马尔萨斯 著
价值的尺度 论谷物法的影响 论地租的本质和过程	〔英〕马尔萨斯 著
新古典宏观经济学	〔美〕凯文·D.胡佛 著
制度的经济效应	〔瑞典〕托斯坦·佩森 〔意〕吉多·塔贝林尼 著

第九辑书目

资本积累论	〔德〕罗莎·卢森堡 著
凯恩斯、布卢姆斯伯里与《通论》	〔美〕皮耶罗·V.米尼 著
经济学的异端	〔英〕琼·罗宾逊 著
理论与历史	〔奥〕路德维希·冯·米塞斯 著
财产之起源与进化	〔法〕保罗·拉法格 著
货币数量论研究	〔美〕米尔顿·弗里德曼 编
就业利息和货币通论	〔英〕约翰·梅纳德·凯恩斯 著 徐毓枬 译
价格理论	〔美〕米尔顿·弗里德曼 著
产业革命	〔英〕阿诺德·汤因比 著
黄金与美元危机	〔美〕罗伯特·特里芬 著

第十辑书目

货币改革论	〔英〕约翰·梅纳德·凯恩斯 著
通货膨胀理论	〔奥〕赫尔穆特·弗里希 著
资本主义发展的长波	〔比〕欧内斯特·曼德尔 著
资产积累与经济活动/十年后的稳定化政策	〔美〕詹姆斯·托宾 著
旧世界 新前景	〔英〕爱德华·希思 著
货币的购买力	〔美〕欧文·费雪 著
社会科学中的自然实验设计	〔美〕萨德·邓宁 著
马克思《资本论》形成史	〔乌克兰〕罗斯多尔斯基 著
如何筹措战争费用	〔英〕约翰·梅纳德·凯恩斯 著
通向繁荣的途径	〔英〕约翰·梅纳德·凯恩斯 著

第十一辑书目

经济学的尴尬	〔英〕琼·罗宾逊 著
经济学精义	〔英〕阿尔弗雷德·马歇尔 著
更长远的观点——政治经济学批判论文集	〔美〕保罗·巴兰 著
经济变迁的演化理论	〔美〕理查德·R.纳尔逊 悉尼·G.温特 著
经济思想史	〔英〕埃里克·罗尔 著
人口增长经济学	〔美〕朱利安·L.西蒙 著
长波周期	〔俄〕尼古拉·D.康德拉季耶夫 著

自由竞争的经济政策	〔美〕亨利·西蒙斯 著
社会改革方法	〔英〕威廉·斯坦利·杰文斯 著
人类行为	〔奥〕路德维希·冯·米塞斯 著

第十二辑书目

自然的经济体系	〔美〕唐纳德·沃斯特 著
产业革命	〔美〕查尔斯·A.比尔德 著
当代经济思想	〔美〕悉尼·温特劳布 编
论机器和制造业的经济	〔英〕查尔斯·巴贝奇 著
微积分的计算	〔美〕欧文·费雪 著
和约的经济后果	〔英〕约翰·梅纳德·凯恩斯 著
国际经济政策理论（第一卷）：国际收支	〔英〕詹姆斯·爱德华·米德 著
国际经济政策理论（第二卷）：贸易与福利	〔英〕詹姆斯·爱德华·米德 著
投入产出经济学（第二版）	〔美〕沃西里·里昂惕夫 著

图书在版编目（CIP）数据

生存之路/（美）威廉·福格特著；贾文娟译.
北京：商务印书馆，2025.——（经济学名著译丛）.
ISBN 978-7-100-24044-4

I. F0
中国国家版本馆CIP数据核字第2024J4A954号

权利保留，侵权必究。

经济学名著译丛
生存之路
〔美〕威廉·福格特　著
贾文娟　译

商　务　印　书　馆　出　版
（北京王府井大街36号　邮政编码100710）
商　务　印　书　馆　发　行
北京市艺辉印刷有限公司印刷
ISBN 978 - 7 - 100 - 24044 - 4

2025年3月第1版　　开本 850×1168　1/32
2025年3月北京第1次印刷　印张 11 7/8
定价：68.00元